최고의 선택을 위한

최고의 질문

✦ **일러두기**

독자들이 자신만의 창조적인 질문 목록을 작성할 수 있도록 도움을 주기 위해 이 책에 실린 모든 질문은 본문 안에서 별색으로 다루고, 339쪽 질문 색인에 따로 수록했다.

당신의 인생을 업그레이드 하기 위해 지금 물어야 할 것들

최고의 선택을 위한 최고의 질문

워런 버거 지음 | 이경남 옮김

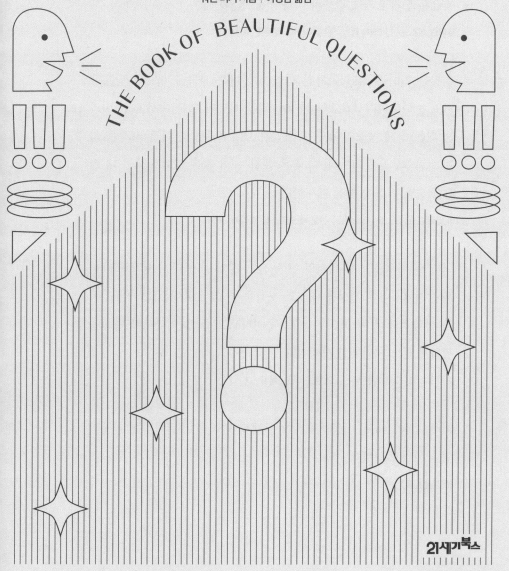

21세기북스

이 책에 쏟아진 찬사

워런 버거는 질문을 예술로 승화시킨다. 『최고의 선택을 위한 최고의 질문』은 창의력과 리더십과 의사결정과 대인 기술에서 남다른 능력을 발휘하고 싶은 사람을 위한 필독서다. 버거는 마에스트로의 예술혼을 자극하는 질문의 교향악을 제공한다.

프랭크 세스노, 전 CNN 앵커, 「판을 바꾸는 질문들」 저자

유능한 리더는 정답을 가진 사람이 아니라 정곡을 찌르는 질문을 던지는 사람이다. 『최고의 선택을 위한 최고의 질문』에서 워런 버거는 질문이 왜 성공의 필수 요소인지 보여주면서 더 나은 생각을 하는 사람, 더 좋은 파트너, 더 좋은 해결사, 더 좋은 리더가 되는 데 필요한 수백 가지 질문을 제시한다.

마셜 골드스미스, 〈뉴욕타임스〉 선정 베스트셀러 「트리거」 저자

『최고의 선택을 위한 최고의 질문』은 우리의 삶을 다시 생각해볼 힘을 준다. 더 나은 결정을 내리고 조직을 좀 더 효율적으로 이끌고 싶은 사람들에게 이 책은 수시로 들여다보고 또 들여다보며 변신을 꾀하게 만드는 귀중한 자원이다.

도리 클라크, 「기업하는 당신」, 「스탠드 아웃」 저자

회사와 학교에서, 직장생활과 일상에서 변화를 촉발시키는 질문의 힘을 바라보는 매혹적인 시선.

〈허프포스트〉

버거의 책을 다 읽고 나서 책장을 덮을 즈음에는 현명한 질문의 중요성을 새삼 깨닫게 된다.

〈뉴욕타임스〉

심오하면서도 경이롭다.

〈더 데일리 비스트〉

워런 버거는 세상을 변화시킬 수 있는 질문의 힘이 무엇인지 보여준다.

가이 가와사키, 애플의 전 수석 에반젤리스트

이런 강력한 게임체인저를 접한 독자들이라면 스스로 기회를 찾아내 그것을 움켜쥘 수 있을 것이다.

〈퍼블리셔스 위클리〉

지칠 줄 모르는 탐구심이 어떻게 사람의 마음을 사로잡는지 보여주는 책.

〈블룸버그 비즈니스위크〉

서문

왜 질문하는가?

나는 질문학자다. 그러면 다들 속으로 생각할 것이다. 그런 것도 있어? 나도 몇 해 전까지는 그랬다. 그래서 조사를 해보니 수백 가지의 다양한 '학자님'이 있었다. 'A' 항의 진드기학자Acarologist부터 'Z' 항의 동물학자Zoologist까지 별의별 '학자님'들이 다 나왔다. 그러나 'Q' 항을 아무리 뒤져봐도 '질문학자Questionologist'는 없었다. 그래서 물었다. 질문학자는 왜 없지? 질문도 진드기만큼이나 따로 연구해볼 만한 분야 아닌가?

내 질문은 "왜 없지?"에서 곧 "만약 있다면?"으로 바뀌었다. 만약 내가 질문학자를 자처하고 나선다면?[1] 〈뉴욕타임스〉 지면을 통해 실제로 그렇게 했다. 놀랍게도 그게 뭐냐고 묻는 사람은 아무도 없었다.

그 후로 〈포천〉 500대 기업이나 NASA 같은 정부기관, 초등학교부터 대학교에 이르는 여러 교육기관 등을 방문할 때마다 질문학자라는 용어를 사용했다. 농민, 회계사, 예술가, 과학자, 군인, 정치관계자, 할리우드 에이전트, 덴마크 제약회사 이사, 호주의 교사 등 각계

각층에 속한 사람들의 모임에 초청받았다. 막상 그들을 만나보니 질문하는 문제에 관한 관심은 누구나 어느 정도 있는 것 같았다.

당연히 그래야 한다. 일이든 생활이든 감당하기 어려운 상황을 마주했을 때, 잠깐 짬을 내어 세심하게 질문하기만 해도 보다 나은 결정을 내리고 보다 생산적인 조치를 할 수 있다. 그러나 그때의 질문은 제대로 된 질문이어야 한다. 까다로운 난제의 핵심을 찌르거나 낡은 문제를 새로운 시각에서 바라보게 해주는 질문이어야 한다.

『최고의 선택을 위한 최고의 질문』에는 그런 질문이 200개 이상 실려 있다. 이들 질문은 직장생활의 무기력함을 떨쳐내는 것부터 개인적인 관계를 돈독하게 만드는 것까지 여러 가지 일상적인 상황을 다룬다. 이 책은 중요한 순간에 신중한 질문으로 최선의 선택을 하는 요령을 소개한다. 사상가, 창작가, 문제해결사, 의사결정자들이 이 책이 타깃으로 삼는 대상이다.

'해답'을 제시하는 책은 어디서든 쉽게 구할 수 있다. 그런 책들은 "당신의 문제는 4단계로 해결할 수 있으니 4개의 머리글자로 된 약어만 기억해두면 된다"라고 말한다. 하지만 이 책은 기본 철학부터 다르다. 직장생활이든 개인적인 삶이든 우리가 마주하는 복합적이면서도 개별적인 도전에 대해서는 각자 나름의 해법과 해답이 있어야 한다는 것이 평소 내 지론이다. 우리에게는 마음먹은 대로 활용할 수 있는 타고난 도구가 있으므로 좀 더 괜찮은 결과를 얻을 방법을 생각하고 '해킹할' 수 있다고 생각한다.

내가 질문의 중요성을 처음 깨달은 것은 몇 해 전 신문사 기자로 일할 때였다. 나도 그렇지만 일반적으로 기자에게 예리하고 수준 높은 질문은 스토리에 담긴 진실의 한쪽 끝을 파헤치는 일종의 삽 같은 기능을 한다. 몇 해 동안 질문이란 일차적으로 다른 사람으로부터 정보를 캐내기 위한 것이라고 생각했다. 변호사나 여론조사원이나 정신과 의사 등 '직업상 질문을 던질 수밖에 없는 사람'들도 나처럼 생각할 것이다.

기자 신분으로 취재하다 보니 발명가·기업가·경영자·예술가·과학자 등 다양한 분야의 사람과 접촉할 기회가 잦았고, 이들을 주제로 글을 쓰기도 했다. 그리고 그들이 대부분 질문이라는 도구를 다양한 방식으로 사용한다는 사실을 알아냈다. 그들의 질문은 대개 자신의 내면을 향하고 있었다. 그들은 어떤 문제를 해결하려 하거나 뭔가 독창적인 것을 구상할 때 스스로 이런 질문부터 던진다. 왜 이런 문제나 상황이 존재하는가? 근원적인 힘, 즉 지금 여기서 더 큰 이슈는 무엇인가? 이런 난제를 다루다 보면 어떤 흥미롭고 새로운 방법이 나오지 않을까?

창의적 사고를 하는 사람들은 이런 유형의 자문을 통해 독창적인 아이디어를 생각해내고 효율적인 해법을 찾아냈다. 이런 관찰은 『어떻게 질문해야 할까』의 토대가 되었다. 그 책은 질문이 혁신의 출발점임을 보여준다. 거기서 폴라로이드부터 휴대폰에 이르는 여러 발명과 넷플릭스나 에어비앤비 같은 스타트업도 그 출발은 하나의 '멋진 질문'이었다는 사실을 밝혔다. 그것은 지금까지의 생각을 바꾸고 새로운 가능성을 열어 획기적인 약진으로 이끄는 질문이었다.

그 책을 낸 계기로 기자들과 인터뷰를 하고 강연을 하고 독자와의 만남을 이어가던 중 책의 내용과 '질문을 더 많이 하라'는 메시지에 공감하면서도 보다 목표가 분명하고 구체적인 어떤 것에 대한 갈증에 답답해하는 사람들이 많다는 사실을 알게 되었다. 그들은 그들이 마주한 특정 문제나 추구하는 목표와 관련해 어떤 질문을 해야 하는지 알고 싶어 했다.

기업가들은 회사를 운영하는 데 도움이 되는 질문에 관심이 많은 반면 창작 활동을 하는 사람들은 아이디어를 촉발시키는 질문 요령을 알고 싶어 했다. 인간관계를 향상시키려는 사람들이나 일자리 제의를 받아들일지 아니면 새로운 열정을 추구할지 선뜻 결정을 내리지 못하는 사람도 예외는 아니어서, 너나 할 것 없이 모두가 특정 상황에서 더 나은 선택을 하거나 가장 좋은 결과를 낼 수 있는 데 도움이 되는 질문을 찾으려 했다.

그래서 이 책에서는 일상 상황에 적용할 수 있는 생산적인 질문과 질문 전략을 설명하는 데 집중하기로 했다. 여기에서 제시한 질문들은 기업가, 인생상담사, 유치원 교사, 인지행동 치료사, 회사 중역, 심리학 교수, 신경과학자 등 다양한 전문가의 아이디어와 통찰력 등에서 나온 것이다. FBI 요원, 인기 작가, 벤처캐피털리스트, 즉흥연주자, 퓰리처상 수상 극작가, 노벨상 수상 물리학자, 미국 해병대 장교, 인질 협상가, 리스크 관리 전문가 등으로부터도 좋은 질문에 관한 아이디어를 얻었다.

여러 상황에서 질문을 어떻게 활용할 수 있는지와 관련해 많은 사람의 다양한 관점을 이 책에 담으려 했다. 이 책에 실린 질문 중에는 몇 해 전에 처음 선을 보였지만 막상 그 질문을 한 사람은 이 세상 사람이 아니어서 질문만 남아 생명을 이어가는 경우도 있다. 질문 중에는 『어떻게 질문해야 할까』에 처음 소개한 것도 있지만, 이 책에서는 그 질문의 폭을 확장해 보다 구체적인 맥락에서 다뤘다.

많은 질문을 공식화하는 과정에서 다른 사람들의 종합적 의견을 참작했다. 그리고 역설계를 많이 활용하기도 했다. 의사결정 과정에서 흔히 볼 수 있는 문제나 함정을 확인할 때는 향후 의사결정에서 그런 문제나 함정을 피하는 데 도움이 될 수 있는 질문을 하나 이상 만들 수 있는가 하는 문제와 씨름했다.

그렇게 해서 나온 결과가 점검표다. 점검표에는 멋진 질문만 실려 있다. 무엇이 이것들을 멋진 질문으로 만드는가. 내가 보기에 사람들의 생각을 바꿔주는 질문이라면 멋진 질문이다. 그런 질문이 멋진 이유는 그것이 천천히 더 많이 생각하게 하고, 시야를 넓혀주고, 과거의 편협성과 창작 활동의 장애물과 정서적 반응을 볼 수 있게 해주기 때문이다. 그 과정에서 그런 질문은 올바른 방향으로 나아가야 할 중요한 순간에 (1) 결정을 하고 (2) 창작하고 (3) 다른 사람들과 연결하고 (4) 훌륭하고 능률적인 리더가 되도록 해준다. 이것이 이 책을 관통하는 4가지 주제다. 내 책의 독자나 강연장에 온 청중과의 대화에서도 이 4가지 주제가 가장 자주 등장한다. 사람들의 생각에도 이 4가지가 많은 비중을 차지하는 것 같다.

결정하고 창조하고 연결하고 리드하는 데 질문은 어떤 도움을 주는가?

질문하는 행위는 이 4가지 주요 분야에서 핵심 역할을 한다. **의사결정**, 적어도 좋은 의사결정은 비판적인 사고를 요구하는데 그 뿌리는 질문하는 행위에 있다. 요즘 들어 비판적 사고가 위기에 처했다는 말을 많이 한다. 진짜 뉴스와 가짜 뉴스, 진짜 리더와 엉터리 리더를 점점 더 구분하지 못하는 집단적 무능이 그 증거다. 미디어나 페이스북이나 정치가들을 탓할 수 있을 것이다. 문제를 해결해야 할 사람은 우리 자신이다. 그 성패는 보다 현명한 판단과 현명한 선택을 가능하게 해주는 어려운 질문을 할 수 있느냐에 달려 있다. 후보를 고르는 일, 직업이나 삶에서 꾀할 수 있는 변화, 개인적 혹은 사업적 기회 등 어떤 결정을 내리기 전에 충분히 생각해 만든 질문 몇 가지를 스스로에게 던지면 흔히 볼 수 있는 의사결정의 덫을 효과적으로 피해갈 수 있다.

창의력도 마찬가지다. 창의력은 보통 상상력에 불을 지피는 도전적인 질문과 그 질문에 당당히 맞설 수 있는 의지와 능력에 의해 결정된다. 참신한 아이디어로 제품 판매에 혁신을 꾀하려는 사람이나 독창적이고 매혹적인 방법으로 어떤 비전을 나타내려는 사람에게 창의력을 발휘하는 과정은 지속적인 질문의 여정이다. 그것은 종종 '왜'나 '만약에' 같은 저돌적인 질문을 확인하는 것으로 시작한다. 그래서 사업이나 예술에서 유명한 창의적 전환점은 이런 유형의 질문으로 출발하는 경우가 많다.

그러나 그것이 끝은 아니다. 아이디어를 찾아내는 초기 단계부터 그 아이디어를 '문밖으로' 끌어내 세상에 선보이는 마지막 도전까지 창의적 과정의 각 단계에서 제기해야 할 질문을 정확히 알아야 계속 앞으로 나아갈 수 있다.

다른 사람들과의 관계를 **연결하는** 문제도 상대방이나 우리 자신에게 더 많은 질문을 던짐으로써 크게 개선할 수 있다. 질문으로 상대방의 호감을 살 수 있다[2]는 연구 결과도 있다. 물론 올바른 유형의 질문을 올바른 방법으로 해야 한다. 질문 방법이 잘못되면 짜증을 불러일으키거나 심지어 적대감을 유발할지 모른다.

대부분은 "요즘 어떠십니까?" 같은 상투적인 질문 정도에서 머무르지만, 낯선 사람과의 어색한 분위기를 깨고 동료나 고객과 유대감을 다지는 데는 상대방을 좀 더 배려하고 목적이 뚜렷한 질문이 좋다. 그런 질문은 아주 가까운 사람들과의 관계를 더욱 끈끈하고 돈독하게 해준다. 특히 요즘처럼 모든 분야가 지나칠 정도로 세밀하게 나뉘고 있는 시대일수록 좋은 질문은 나와 다른 시각으로 세상을 보는 사람들을 이해하고 그들과 새로운 관계를 시작하는 데 큰 도움이 된다.

마지막으로 **리더십**은 질문하는 행위와 직접적인 연관이 없지만(리더는 모든 해답을 가지고 있어야 하니까), 아무도 묻지 않는 야심 차고 예상하지 못한 질문을 자신 있게 그러면서도 겸손하게 던질 줄 알아야 진정한 리더라고 할 수 있다. 기업의 고위 임원뿐 아니라 민간단체의 리더, 사회운동가, '사상적 리더', 교육자, 심지어 한 집안의 가장까지 요즘의 리더는 급변하는 세상 속에서 예상치 못한 도전에 직면하고 있다.

그럴수록 그들은 조직과 그 구성원의 니즈를 예측하고 처리하는 데 필요한 질문, 흔치 않은 탐구와 혁신에 필요한 분위기를 조성할 수 있는 질문, 사람들을 주변에 모을 수 있는 더 큰 도전의 성격을 규정하는 질문을 던져야 한다. 사명 선언서로는 부족하다. 새로운 리더는 '사명 질문서'를 제시해야 한다.

이 4가지 주제 속에는 각기 다른 유형의 효율적인 질문이 포함되어 있다. 의사결정에 필요한 질문은 대부분 자신의 편견을 효과적으로 억제할 수 있도록 고안되었다. 창의적 질문은 보다 탐구적이고 고무적이다. 관계를 다루는 질문은 공감에 치중하는 편이다. 리더십 질문은 보다 미래 지향적으로 남다른 예지력을 요구한다.

그러나 이런 질문에는 모두 공통점이 있다. 이것들은 가장 단순하고 가장 강력한 질문으로, 우리 스스로에게 던지는 순간 생각할 수밖에 없도록 만든다는 사실이다. 구체적으로 말해 마음속으로 이런 질문을 할 때 우리는 '느리게 생각한다'.[3]

'느린 생각'은 노벨상 수상자인 심리학자 대니얼 카너먼Daniel Kahneman이 더 좋은 결정과 선택과 행동으로 이끄는 신중하고 공들인 인지 활동을 설명하면서 사용한 용어다.

결정을 하기 전에 잠깐 멈추고 행동의 방향을 가늠하면서 내가 지금 정말로 이루려는 것이 무엇인가라고 물어보라. 아주 단순하다. 하지만 기본적인 질문일수록 생각을 많이 하게 한다. 그것은 썩 괜찮은 출발이다. 그러나 좀 더 세련되고 상황에 맞는 질문으로 무장한다면 훨씬 더 많은 것을 해낼 수 있다. 그런 질문을 던지면 상황을 다양한 시각에서 볼 수 있고 기왕에 세워놓았던 가설에 도전하도록 스스로를 자극하거나 일깨울 수 있다. 그런 식으로 더 많은 가능성과 선택의 폭을 넓혀가야 한다. 그렇게 되면 주어진 과제에 대해 더 많이 그리고 보다 포괄적이고 균형적으로 생각할 수 있다.

특정 상황에 맞춰 활용할 수 있는 질문을 공유하기 위해 이 책을 썼지만, 내가 지향하는 더 큰 목표는 질문을 아예 습관화하는 것이다. 따라서 여러분은 이 책에 실린 질문을 사용하는 데 만족하지 말고 자신만의 특화된 질문을 개발하고 그중 효과가 있는 질문을 확인해 그것을 토대로 새로운 질문을 생각해야 한다.

질문을 잘하는 능력은 근육과 같아서 단련시키려면 꾸준히 노력해야 한다. 질문하는 요령을 알고 있는 것 같아도 살펴보면 개선할 여지는 얼마든지 있다. '사색적인 물음'부터 '심미적인 물음'까지 배워야 할 것도 수두룩하다. 이 책 전반에서 이런 물음과 방법을 다룰 것이다. 여기에는 어조와 말투 등 여러 뉘앙스를 비롯해 더 좋은 질문을 만들고 그것을 다른 사람들과 공유하는 기법이 포함된다. 주변 사람으로 하여금 질문을 더 많이 하도록 격려하는 방법도 있다. 리더이거나 리더를 꿈꾸는 사람들에게 이 부분은 특히 중요하다.

그러나 이를 위해서는 다른 사람과 우리 자신에 대해 의미 있는 질문을 던지기 꺼리는 태도부터 극복해야 한다. 이 책에서 질문을 더 잘하는 데 필요한 구체적인 조언과 도구를 제시하겠지만, 우선은 질문을 잘하기 어렵게 만드는 장애물부터 다루려 한다. 그것을 극복하기 위해 노력하는 것이 요즘 세상에서 왜 그렇게 중요한지도 얘기하고 싶다.

왜 4살짜리 여자아이에게 배워야 하는가?

"어떻게 하면 좋은 질문을 할 수 있는가?"라는 질문을 받을 때마다 나는 아인슈타인이나 소크라테스를 찾을 것이 아니라 4살짜리 여자아이에게 배우라고 조언한다. 그들은 진짜 '질문의 달인'이다. 4살 정도 된 아이는 하루에 100개에서 300개의 질문을 쏟아낸다[4]고 한다. 이 또래의 여자아이는 남자아이보다 훨씬 더 많은 질문을 한다. 질문 기계라고 해도 과언이 아니다.

이 또래에는 질문하는 행위가 놀이처럼 보일 수 있지만, 그것은 복잡하고 고차원적인 사고 과정이다. 질문하려면 자신이 모른다는 사실을 알아야 하고 그 모른다는 사실을 해결하기 위해 무언가를 시도할 만큼 똑똑해야 한다. 하버드대학 아동심리학자 폴 해리스Paul Harris의 지적대로, 어린아이들은 어휘와 억양을 알맞게 조합해 질문 형태를 만들면 상대방으로부터 자신이 찾는 정보를 쉽게 끌어낼 수 있다는 사실을 일찍부터 터득한다.[5]

질문하는 아이의 마음속을 들여다볼 수 있다면 왜 아이들이 '왜'라고 묻기 좋아하는지 그 이유를 짐작할 수 있을 것 같다. 신경학자들의 말에 따르면, 어떤 흥미로운 문제에 관해 궁금해하기만 해도 보상 처리와 관련된 두뇌의 부위가 활성화된다[6]고 한다.

호기심, 즉 의문을 갖는 행위는 그 자체로 기분이 좋고 따라서 질문은 더 많은 질문을 낳는다. 신경학자 차란 란가나스Charan Ranganath는 호기심을 가리켜 '어떤 근질거림 같은' 상태[7]라고 말한다. 호기심은 곧잘 질문이라는 행동으로 이어지는데 그것은 근질거리는 곳을 긁는 식으로 해결된다.

4살짜리 아이는 그만하라고 할 때까지 긁어댄다. 비록 한때지만 묻는 버릇이 최고조에 달하는 이 시기의 아이는 조금도 거리낌 없이 아주 기초적인 질문부터 시작해 종류나 수준을 가리지 않고 닥치는 대로 묻는다. 아이들은 우리가 바보처럼 보일까 두려워 묻지 못하는 그런 기초적인 질문도 거침없이 "왜요?"라고 묻는다.

질문하는 아이는 세상이 어떤 식으로 돌아가고 왜 세상일이 그런 식으로 되는지에 대한 축적된 지식이나 편견이나 가설에 조금도 위축되지 않는다. 아이의 마음은 열려 있고 팽창력 또한 대단하다. 열린 마음과 팽창력은 궁금해하고 질문하고 성장하는 데 가장 이상적인 조건이다.

이런 조건은 5살이나 6살 언저리 어딘가에서 바뀌기 시작한다. 질문, 적어도 학교에서 어린 학생들이 언어로 표현하는 질문을 하는 횟수는 나이를 먹으면서 꾸준히 줄어든다[8]고 질문을 연구하고 질문 연습 방법을 고안해 학교에 보급하는 비영리기관인 바른질문연구소는 주장한다. 하루에 100번 넘게 질문하던 어린아이도 10대가 되면 횟수가 몇 번으로 줄어들거나 아예 질문을 단념하고 만다.

질문의 5가지 적은 무엇인가?

교육 탓이라고 하면 마음은 편하다. 교육은 보통 시험과 정답을 중심으로 돌아간다. 그런 학생들에게 질문할 수 있도록 격려한다면 아이들은 훨씬 더 많은 것을 할 수 있을 것이다. 그러나 질문을 하지 못하게 하는 어떤 힘과 압력이 수도 없이 가해지는 것도 부인할 수 없는 현실이다.

내가 보기에 '5가지 적' 가운데 최고는 **두려움**인 것 같다. 어린아이들은 처음에 두려움을 모르고 질문을 던지지만, 질문하면 알고 있어야 할 것을 모른다는 사실을 들키는 등 여러 위험이 뒤따른다는 메시지를 선생님이나 부모나 다른 아이들로부터 받게 된다. 그러니 입이 얼어붙을 수밖에 없다.

또래를 의식하게 되는 중고등학교에 올라가면 이런 증세는 더욱 심해진다. 학생들은 주제를 벗어나거나 뻔해 보이는 '잘못된' 질문을 했다가 망신당하지 않을까 두려워한다. 10대 아이들은 그런 것쯤은 알고 있고 관심도 없는 듯 행동해야 멋있어 보인다고 생각한다. 그런데 질문하는 것은 모른다, 관심 있다는 고백이다. 그래서 이중으로 못나 보인다.

어른이 되어도 '모른다'라는 사실을 들킬까 봐 겁먹는 태도는 사라지지 않는다. 아니 어떤 면에서는 증세가 더욱 심해진다. 적어도 아이들에게는 어리다는 변명거리라도 있지만 중요한 사실을 모르면 어른은 변명할 여지가 없다. 질문하기 두려워하는 태도는 직장에서 두드러진다.

괜히 질문했다가 자기 분야의 일도 잘 모르는 사람으로 찍히지 않을까? 동료나 상사가 짜증 내지 않을까? 더구나 어떤 면에서 내 질문으로 인해 상대방이 위기감을 느끼지는 않을까?

당연히 있을 수 있는 우려다. 질문은 때로 상대를 귀찮게 하거나 반감을 유발하기도 한다. 뒤에서 설명하겠지만 이런 문제를 처리하는 방법은 있다. 그러나 대부분 그런 방법을 모른다. 학교나 대학이나 직원 연수 프로그램에서 '질문하는 법'을 가르치지 않기 때문이다.

질문하기 꺼리는 태도는 교실이나 직장으로 그치지 않고 가정이라는 사적 영역까지 확대된다. 아주 가까운 관계도 질문을 많이 하면 이로운 점이 많다. 정말로 이해하려는 욕구와 관심을 보여주는 질문은 특히 그렇다. 그러나 우리는 습관적으로 의견이나 조언부터 내놓는다. 상대방에게 묻기보다 내 말을 더 많이 하는 편이다.

우리는 마음속 은밀한 곳에서도 걱정하고 마음 졸이고 괴로워한다. 너무 괴로우면 아예 생각하지 않으려 한다. 어떤 문제와 힘겨운 씨름을 하거나 어려운 결정을 내려야 하는 순간에는 더더욱 그렇다. 이럴 때는 문제를 해체해 문제의 핵심에 다가설 수 있는 질문을 자신에게 해야 한다. 그러나 우리는 이런 질문을 만들 줄 모른다. 질문을 만들어도 답을 구하지 못할까 두려워한다.

두려움이 질문의 1번째 적이라면, 근소한 차이로 2위를 차지하는 적은 **지식**이다. 많이 알수록 질문의 필요성을 느끼지 못한다. 이런 문제는 이중의 위험을 안고 있다.

우선 '전문성의 덫'에 갇히기 쉽다.[9] 한번 덫에 갇히면 알고 있는 것에 지나치게 의존해 그 지식을 꾸준히 확장하고 업데이트할 생각을 하지 못한다. 변화가 빠른 시대에 이런 태도는 위험하다. 갖고 있는 지식에 지나치게 의존하면 또 다른 위험, 즉 아는 줄 알지만 실제로 생각만큼 알지 못하는 위험에 빠지기 쉽다.

이렇게 되면 3번째와 4번째 적을 부르게 된다. **편견**과 **오만**이다. 이 둘은 서로 연관되어 있다. 편견에는 내재된 편견과 제한적인 경험으로 인한 편견이 있다. 어느 쪽이든 그런 편견에 도전하는 질문을 생각하기는 쉽지 않다. 우리가 아무리 생각하도록 만들어진 존재라고 해도 어려운 것은 어렵다. 의사결정을 다룬 제1부에서 스스로에게 질문을 던짐으로써 편견이나 전제의 성격을 더 잘 이해하고 그에 도전하는 방법을 살펴볼 것이다.

그렇게 하려면 오만과 싸워야 한다. 오만은 편견이 옳은 것이며 오히려 그것은 편견이 아니라고 믿게 만든다. '편견을 가진 쪽은 내가 아니라 다른 사람들이다!' 겸양과 질문하는 행위의 관계는 흥미롭다. 겸양이 부족하다면 질문을 덜 할지 모른다. 그래서 이런 식으로 생각하고 말한다. "내가 모르고 있다면 중요한 것일 리가 없어." "그냥 직감대로 하는 거야. 보통은 그게 맞으니까." "난 아는 게 많으니까 이런 정보 브리핑 따위는 끝까지 들을 필요가 없어."

질문의 마지막 적은 **시간**이다. 또는 시간이 부족하다고 여기는 것이다. 학교에 입학한 순간부터 질문할 시간을 내기 어려워진다. 아무 교사나 붙들고 물어보라. '내려받을' 자료가 많아 질문을 허락할 시간이 거의 없다는 답이 돌아올 것이다. 어른은 더욱더 질문할 시간이 없다.

기업을 방문할 때마다 이 점을 강조하기 위해 지금은 고인이 된 코미디언 조지 칼린George Carlin의 말을 자주 인용한다. "뻔히 있는 것을 보면서 '왜'라고 묻는 사람이 있다.[10] 또 있지도 않은 것을 꿈꾸며 '왜 없지?'라고 묻는 사람이 있다. 그런가 하면 일하러 가야 하니 그딴 질문할 시간조차 없는 사람도 있다."

칼린의 조크는 자신의 생각을 말한 것이 아니라 그 어느 때보다 질문하지 않는 작금의 세태를 꼬집은 것이다. 그는 무엇이든 질문하는 것이 매우 중요하다고 생각했다. 생활이 빨라지고 복잡해지면서 묻고 생각하고 비판적으로 사고할 시간은 더 부족해진다. 우리는 번개처럼 판단하고 빠르게 결정해야 한다는 압박에 쫓긴다. 지금 하고 있는 것을 왜 하는지, 하기는 해야 하는지 묻지 않고 그저 하고 또 하고 계속할 뿐이다.

정해진 시간 내에 더 많은 것을 하기 위해 서두르다 보면 성급한 결정과 조치를 하거나 잘못된 경로로 빠지게 되고, 따라서 시간도 능률적으로 사용하지 못하게 되는 역설에 빠진다. 하지만 누구보다 바쁜 와중에도 이런 문제를 제대로 파악한 사람들은 아주 놀라운 성과를 거둔다.

애플 창시자 스티브 잡스가 대표적 사례다. 그는 지구상에서 가장 바쁜 사람에 속했지만, 의식적으로 회사의 여러 부서를 돌며 수시로 '왜'라는 기본적인 질문을 던졌다. 마케팅 부서이든 회계 부서이든 들르는 곳마다 "지금 그 일을 왜 꼭 그런 식으로 해야 하는가?"[11]라고 물었다. 잡스는 회사 곳곳을 다니며 묻기 좋아하는 4살짜리 노릇을 했고, 그런 그의 행동은 자신과 주변 사람들에게 신선한 자극이 되어 수시로 기본 전제를 재검토하게 했다.

생산성이 높은 사업가나 창작가들을 대상으로 연구했을 때 그들에게도 이와 비슷한 질문 습관이 있다는 사실을 확인할 수 있었다. 그들은 아무리 바빠도 짬을 내어 자신이나 다른 사람들에게 의미 있는 질문을 던지곤 했다. 새로운 도전을 마주하고, 새로운 과제를 시작하고, 새로운 관계를 만들 때는 특히 그랬다. 두려움 없이 열린 마음으로 질문을 던지는 어린 시절의 태도를 유지하는 능력과 성향은 그들을 성공으로 이끌어준 핵심 요인이었다.

우리도 그들처럼 우리 안에 갇혀 있는 4살짜리 아이를 풀어주어야 한다. 대학교와 기업과 정부기관에서 브레인스토밍이 아닌 퀘스천스토밍을 여러 차례 시행해봤다.

그 과정에서 조건만 갖춰지면 사람들은 기본 질문도 스스럼없이 할 뿐 아니라 다른 질문도 많이 하고 그런 질문 방식에 금방 능숙해진다는 사실을 확인할 수 있었다. 호기심 많은 아이처럼 적절히 격려하고 자극하면 모두 오래지 않아 질문을 스스럼없이 던졌다. 그런 자극은 혼자서도 할 수 있다. 그것이 이 책의 주요 논점이다. 4살짜리처럼 대상을 보고 싶다면 이렇게 자문하는 것으로 시작할 수 있다. 4살짜리는 이 상황을 어떻게 볼까?

질문을 습관으로 만들 수 있을까?

무엇보다 가장 어려운 부분은 질문을 습관으로 만드는 것이다. 질문하기를 체계적으로 연습하면 질문이 조금씩 나아지겠지만 정말로 영향력 있는 질문을 던지려면 질문하기를 일상화해야 한다. 즉 질문이 생활이 되어 아침에 출근할 때나 사람들을 만날 때나 매사에 질문이 튀어나와야 한다. 그러려면 질문을 가로막는 5가지 세력과 타협해야 한다.

사람들 앞에서 질문하기 두렵다면 질문하는 것으로 두려움을 극복할 수 있다. 한 번에 하나씩 질문하면 된다. 그룹을 만들어 연습하는 것도 방법이다. 이 책에서도 그런 방법을 일부 확인할 수 있을 것이다. 다른 사람들이 순진하다고 여길까 봐 걱정하는 사람이 있다. '왜' 같은 기초적인 질문이나 상상력이 필요한 '만약에' 같은 질문을 할 때 특히 그렇다. 하지만 그 정도는 해볼 만하다.

순진하다고 해도 이런 질문은 사태의 본질을 깨닫게 해주고 변화를 끌어내는 경우가 많으므로 오히려 가장 강력한 질문일지 모른다. 그래서 대담하게 질문해야 하고, 질문하지 않는 사람들도 어떻게든 질문하도록 만들어야 한다.

질문하기가 두려운 것은 나 자신에게 물을 때도 마찬가지다. 누가 뭐랄 사람도 없는데 이런 걱정이 든다. 나 자신에게 진지한 질문을 했다가 쉽게 답이 나오지 않으면 어떻게 하지? 무슨 질문이든 빨리 답할 수 있고 그래야 한다는 기대를 조장한 것은 학교이고 그런 기대를 한층 부풀린 것은 구글이다. 그러나 아무리 도전적이고 중요한 질문에도 그런 기대는 대부분 충족되지 않는다.

당신은 멋진 질문을 하는 편인가? 스스로에게 이렇게 물어보라.

- 순진하게 보여도 좋은가?
- 당장 답이 나오지 않을 질문도 쉽게 하는가?
- 지금까지 알고 있던 사실을 부인할 자신이 있는가?
- 내가 틀렸을지 모른다고 인정할 수 있는가?
- 마음을 차분히 가라앉히고 생각해볼 의지가 있는가?

답이 금방 생각나지 않을 때도, 아니 바로 그런 순간에 도전적인 질문을 해야 한다. 쉽지 않은 결정이나 창의력을 요구하는 문제나 삶의 변화를 시도해야 할 때 그런 질문을 해야 한다. 어렵고 도전적인 질문을 떠올리기만 해도 문제를 진지하게 바라볼 수 있고 더 나아가 상황을 분명하게 인식하고 문제의 본질을 파악할 수 있다. 그래서 질문을 생활화하고 진지한 태도로 질문을 통해 배우면서 답이 당장 나오지 않아도 그만이라고 편하게 생각할 수 있어야 한다.

지식이나 편견이나 오만 같은 '질문의 적'과 싸울 때는 내가 알고 있거나 안다고 생각하는 자리에서 한 걸음 물러나 새로운 관점, 새로운 아이디어, 새로운 가능성에 기꺼이 마음을 열어야 한다. 어떻게 하면 이것을 할 수 있도록 훈련할 수 있을까? 이런 질문은 멋진 질문이고 요즘 사람들 사이에서 화두가 되고 있는 질문이다. 실제로 더 열린 마음으로 '우리가 만든 거품을 걷어낼' 의지가 있어야 한다는 기사와 글을 요즘 자주 접하게 된다.

이 책에는 당신의 견해와 생각을 바꿔줄 여러 형태의 질문이 실려 있다. 상식과 비판적 사고와 '편향성' 이론을 토대로 만든 질문들이다. 그러나 그런 질문을 습관화할 의지가 있고, 그런 질문을 통해 알아낸 것을 토대로 생각을 조율할 만큼 겸손하고 태도가 유연하지 않다면 그 어떤 질문도 도움이 되지 않을 것이다.

질문의 마지막 적이자 가공할 적은 시간이다. 시간이란 적을 다루려면 진지하게 자문할 시간을 더 많이 마련해야 한다. 그러나 결정하고 창의력을 발휘하고 관계를 맺는 문제에서 질문의 위력을 효과적으로 활용하려면 질문이 필수적인 요소가 되어 의사결정을 하고 창의적인 프로젝트를 추진하고 사람들과 어울리는 과정 자체에 녹아들어야 한다. 그러려면 그런 활동과 절차의 진행 속도를 얼마간 줄여야 한다. 매사 '빨리빨리'를 외치는 성급한 세상에서 속도를 줄이라는 말은 무리한 주문일지 모른다.

그러나 아주 중요하게 보이는 문제를 만나면 어떻게든 시간을 내는 것 또한 일반적인 현상이다. 그래서 질문 시간을 더 많이 할애해야 할 문제에 부딪히면 이렇게 묻게 된다. 이것이 과연 시간을 들일 만한 문제인가?

왜 지금 질문이 중요한가?

질문하는 능력을 키우는 일은 예전이나 지금이나 늘 중요했다. 그러나 급변하는 21세기에 그런 능력은 사느냐 죽느냐 하는 문제와 직결된다. 한 사람의 경력을 놓고 봐도 성공을 이어가려면 알고 있는 사실을 업데이트하고 상황에 맞게 조정하는 한편으로 계속 배우는 능력을 갖춰야 한다. 매일 하는 일도 새로운 일을 보듯, 발명가가 발명품을 만들 듯 대해야 한다. 그러려면 끊임없이 물어야 한다.

개인과 마찬가지로 조직도 이런 역동적인 환경에서 살아남고 번창하려면 끊임없이 탐구하고 배워야 한다. 아무리 안정적 궤도에 오른 기업이라 해도 요즘 같은 대격변의 시대에는 어쩔 수 없다. 기술 변화와 세계화와 그 밖에 여러 형태의 힘은 산업 전반을 재편하고 비영리 조직과 정부기관과 모든 단계의 학교에 영향을 미치면서 세상을 들었다 놨다 한다.

100년 된 기업을 운영하는 경영진과 얘기해보면 한 치 앞을 내다보기 어려울 뿐 아니라 그간 믿고 의지해왔던 사업 방식도 예전처럼 잘 통하지 않는다고 하소연한다. 어떤 CEO는 "지금까지 해왔던 방식을 전부 재검토해야 할 정도입니다"라고 말했다.

그녀는 직급과 관계없이 회사 내 직원 거의 모두가 기존의 업무 방식을 바꿔야 한다는 은근한 압력에 눌려서 스트레스를 심하게 받고 있으며 일부는 그런 압력을 못마땅해한다고 덧붙였다. 자신의 영역에서 전문가를 자처하며 기존의 방식대로 능숙하게 일을 처리했던 사람들이 이제는 낯설고 새로운 사고방식 앞에 많은 것을 버려야 할 처지에 놓인 것이다. 그들은 단순히 관리하고 유지하던 관례에서 벗어나 혁신하고 창조하라는 요구에 시달린다.

이런 변화에 적응하기 쉽지 않겠지만, 믿거나 말거나 우리에게는 누구나 창의적인 기질이 어느 정도 있다. 그래서 우리는 그런 창의적 자신감을 보강하고 잠재적 기회를 찾아내는 새로운 방법을 개발하고 그것을 기반으로 일에 착수해야 한다.

질문에는 사람들이 제대로 인식하지 못하는 특성이 있다. 올바른 질문이 갖는 무서운 추진력이다. 이는 대상에 대한 생각의 속도를 줄이거나 의심으로 우리를 마비시키는 잠재적 영향력과는 아주 대비되는 특징이다. 창의력이 고갈되었다고 느낄 때 던지는 올바른 질문은 새로운 사고의 지평을 열어젖힌다.

'옴짝달싹하기 힘들어' 당장에라도 프로젝트를 포기하고 싶은 그 순간 자신에게 멋진 질문을 함으로써 벼랑 끝에서 내려올 수 있다. 내 아이디어가 무엇이 좋고 어디에 도움이 될지 판단이 서지 않을 때, 이런 질문 하나는 필요한 분석을 가능하게 하고 사람들로부터 피드백을 받을 수 있게 해준다.

요즘은 기업이 아니더라도 여러 분야에서 창의력에 대한 요구가 무척 거세다. 그래서인지 아이디어를 실현시킬 장소나 기회도 아주 많아졌다. 그런 아이디어가 있으면 경력을 쌓을 수 있고 삶의 질을 높일 수 있다. 창의적 일을 하면 더 행복하고 더 건강해진다는 연구 결과도 있다. 무엇보다 우리는 창의적 해결책이나 의욕을 자극하는 비전이 절실한 세상에서 그런 아이디어를 펼칠 수 있다.

질문만으로 팀워크를 만들 수 있을까?

"사람들은 질문으로 단합된다. 그들을 분열시키는 것은 대답이다."[12] 엘리 위젤Elie Wiesel의 말이다.

'대답'이라 해도 알고 보면 확실성으로 그럴듯하게 포장한 의견인 경우가 많다. 그런 대답은 그 어느 때보다 요즘 우리 사이를 갈라놓는다. 그러나 우리는 여전히 다른 사람들과 관계를 맺으며 지내야 하고 그런 요구는 더욱 깊고 절박하다. 행복하고 의미 있는 삶을 영위하는 데 인간적인 관계만큼 중요한 요소도 없다.[13]

요즘 사람들은 관계를 더 많이 만들기 위해 기술에 더욱더 의존하는 편이다. 하지만 많은 관계가 꼭 깊은 관계는 아니다. 삶을 풍족하게 하는 것은 깊은 관계이지 많은 관계가 아니다. 질문은 인간관계를 더 깊고 더 의미 있게 만드는 데 아주 유용한 도구이고 그 도구는 첨단 기술의 힘을 빌리지 않아도 된다. 하지만 사람들은 그런 질문의 위력을 잘 모른다.

아주 기초적인 차원의 질문만으로도 사람들을 이해하고 공감대를 만들 수 있다. 누군가에게 질문한다는 것은 그 사람에게 관심을 보이면서 내 생각·느낌·사연을 공유할 기회를 주는 것이다. 좋은 질문일수록 공유하는 것도 더 많아진다.

그러나 배우자나 가족이든 사업 파트너나 평생의 친구이든 상대방과 가까워지고 잘 알게 되면 질문을 많이 하지 않게 된다. 그런 관계에서는 충고나 비판, 함부로 의견을 제시하지 말고 상대방에게 묻고 그들의 말을 듣는 등 태도를 바꾸면 관계를 크게 개선할 수 있다. 이렇게 '질문 모드'로 전환하면 마을회관의 모임이나 명절 때 가족 모임에서 사람들을 분열시키고 으르렁거리게 하는 요인을 미리 제거할 수 있다.

문제는 소리를 지르지 않고 대화의 실마리를 풀 질문을 찾는 것이다. 라디오 대담 프로의 진행자이자 질문의 대가인 크리스타 티펫Krista Tippett은 이렇게 말했다. "시비조의 질문을 받고 태연하기는 쉽지 않다. 하지만 사심 없는 질문에는 반박하기 꽤나 어렵다. 우리는 누구나 정직함과 품위와 계시를 유발하는 질문을 만들 능력이 있다."[14]

질문은 다른 사람과 관계를 맺는 데 아주 유용한 도구이므로 질문을 잘한다면 훌륭한 리더가 될 자질이 있다고 봐도 좋다. 그래서 요즘 논란이 되고 있는 질문을 할 수밖에 없다. 리더가 되어서 불확실성을 받아들이고 질문을 하고 자신의 취약성을 인정할 수 있겠는가? 그러면서도 강인하고 자신감 넘치는 리더로 행세할 수 있겠는가?

하나는 확실하다. 거의 모든 영역에서 리더가 맞닥뜨리는 도전은 점점 더 복잡하고 까다로워지고 있다는 사실이다. 과거에 리더라 하면 어떤 분야나 조직에서 어느 정도의 전문성과 권위를 가진 사람을 뜻했다. 따라서 리더는 다른 사람에게 무얼 하라고 자신 있게 말할 수 있었다. 그러나 급변하는 시대에 모든 해답을 가지고 있다고 큰소리치는 사람은 무리를 절벽으로 끌고 가기 쉽다.

앞날에 대한 남다른 비전으로 늘 전향적으로 생각해야 하는 요즘의 리더는 팀과 조직과 산업 전반에서 그들의 잠재력을 억누르고 있는 가설을 찾아 도전할 수 있어야 한다. 리더십을 다룬 제4부에 실린 질문과 탐구 기법은 각자 자신의 영역에서 '질문하는 리더'가 되는 방법을 알려준다.

질문하는 행위는 우리를 이끌 훌륭한 리더를 찾고 택하기 위해 꼭 거쳐야 하는 중요한 절차다. 올바른 질문을 하지 못하면 누구를 믿고 어떤 정보에 귀를 기울이고 어수선한 세상에서 어떻게 해야 합리적인 선택을 할 수 있는지 알기 어렵다.

민주주의의 미래가 질문에 달려 있다면?

천문학자이자 평소 질문의 중요성을 역설했던 칼 세이건은 1996년 세상을 떠나기 몇 달 전에 한 인터뷰에서 질문자인 찰리 로즈Charlie Rose에게 이렇게 말했다. "의심에 찬 질문을 던지고 … 사실이라고 주장하는 사람에게 심문하듯 따지고 권위를 내세우는 사람을 의심할 수 없다면 … 다음에는 정치가 됐든 종교가 됐든 조금씩 다가오는 협잡꾼을 피하기 어려울 겁니다."[15]

20여 년이 흐른 지금, 세이건의 말은 어느 때보다 더 큰 울림으로 다가온다. 요즘 같은 '대안적 사실'의 시대에는 이런 질문을 던져야 한다. 우리는 과연 세이건이 말한 의심에 차서 심문하듯 다그치는 질문을 할 줄 아는가? 그런 질문을 할 때, 우리가 갖고 있던 기존의 견해와 상충되는 정보가 있다면 기꺼이 받아들일 생각이 있는가?

이 2가지를 함께한다면 그것이 곧 비판적 사고다. 심리학자이자 비판적 사고 전문가인 대니얼 레비틴Daniel J. Levitin은 우리에게 주어지는 정보의 양이 엄두를 내기 어려울 정도로 많아서 요즘은 올바른 판단을 내리기 어렵다고 말한다. "우리는 정보 과부하 시대를 맞고 있다.[16] 그래서 체념하며 말한다. '너무 많아 생각을 못 하겠어.'"

그렇게 되면 중요한 문제도 증거나 논리보다는 정서나 '본능적 반응'에 따라 결정하고 만다. 의사결정 능력을 높이려면 비판적 사고를 예리하게 다듬을 줄 알아야 한다. 그리고 몇 가지 비판적 질문으로 무장한 다음 판단에 앞서 끊임없이 그런 질문을 던지고 곰곰이 따져봐야 한다.

이런 유형의 질문을 던지면 칼 세이건이 말하는 '헛소리 탐지'가 가능하다.[17] 정치가나 광고주들의 거짓 주장과 왜곡된 논법 또는 편향된 뉴스의 출처를 찾아 무력화시킬 때 필요한 것이 '헛소리 탐지' 기능이다. '헛소리'가 난무하고 그럴듯하게 포장된 가짜가 판치는 세상에서는 이런 기술이 절실하다. 사람들은 믿을 수 없는 정보를 걸러내려 애쓰지만, 거짓 정보의 늪에서 헤어나기는 점점 어려워 보인다. 그래서 우리 안에 내장된 헛소리 탐지기에 의지해 질문을 계속해야 한다.

더 나은 사고를 위한 다목적 질문 5가지

- 어떻게 하면 참신한 시선을 가질 수 있을까?
- 나는 무엇을 추측하는가?
- 판단을 서두르지는 않는가?
- 내가 놓치고 있는 것은 무엇인가?
- 가장 중요한 것은 무엇인가?

정치적 선택이나 소비자 선택뿐 아니라 다른 여러 결정에 대해서도 비판적으로 생각해봐야 한다. 일자리 제의를 받아들이거나 벤처 사업을 시작하거나 새로운 직업을 택할 때도 엄밀히 생각하고 질문하는 태도가 필요하다. 일상의 개인적 결정이 외부의 어떤 힘에 의해 잘못된 방향으로 비틀리는 경우는 거의 없지만 그런 결정은 인지적 편향에 취약한 편이어서 내면의 영향에 의해 왜곡되기 쉽다. 물론 '가짜 뉴스'라 해도 업무에서 내 선택을 헷갈리게 하려는 것은 아니다. 일상의 순간순간 더 좋은 결정을 내리려면 그런 편견을 알아야 하고 그 부분을 집중적으로 질문할 수 있어야 한다.

제1부에서는 전략을 짜고 실천하는 데 필요한 질문들을 다룰 것이다. 질문을 통해 우리는 위험을 보다 정확하게 측정하고 불필요한 두려움을 극복하고 장기적인 관심사를 자세히 분석할 것이다. 헛소리를 탐지하고 가짜를 식별할 것이다. 정작 중요한 것을 확실하게 알아내고 좇아야 할 열정을 찾을 것이다. 그렇게 하려면 결정을 잘해야 하고, 결정을 잘하려면 질문을 잘해야 한다.

서문 왜 질문하는가?

제1부 답이 없는 문제에도 답을 찾아야 할 때

제2부 뇌를 깨우고 창의적으로 생각해야 할 때

제3부 사람의 마음을 읽고 확실하게 소통하기 위해

제4부 공감하고 존경받는 리더가 되기 위해

제5부 일상에서 질문을 탐구하라

제1부

답이 없는 문제에도 답을 찾아야 할 때

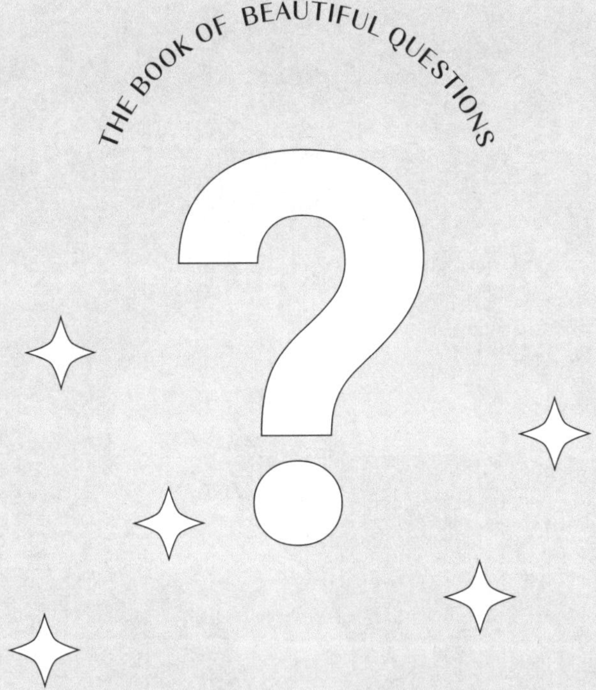
THE BOOK OF BEAUTIFUL QUESTIONS

왜 내가 한 결정을 놓고 질문해야 하는가?

우리는 하루에도 몇 번씩 결정을 요구하는 질문과 만난다. 그중에는 대수롭지 않은 질문도 있다. 아침은 뭘 먹지? 이 기사를 읽을까? 아니면 건너뛰고 다음 기사를 읽을까? 좀 더 중요한 질문도 있다. 새 프로젝트를 맡아야 하나? 이 문제를 팀장님께 얘기해야 하나? 집을 새로 알아봐야 하나?

이런 질문에 대해 가능한 한 빨리 답을 얻고 싶은 것은 아주 당연한 심리다. 우물쭈물할 이유가 어디 있겠는가? 무얼 입을까, 새로운 일자리 제의를 받아들일까 고민하는 사이 시간은 똑딱거리며 흘러간다. 이런 일에는 정답이 없다. 있다 해도 어찌 알겠는가? 그래서 우리는 생각한다. 고민해봐야 소용없어. 느낌이 좋은 쪽으로 가는 거야. 그러니까 '직감을 따르면 돼.'

'대단한 본능'을 믿고 중요한 결정을 내리는 대기업 리더가 많다는 사실을 언급하면서 이런 태도를 정당화할 수 있을지 모른다. 경제신문에 자주 등장하는 경영계 스타에 관한 기사도 그들의 탁월한 본능을 꾸준히 언급한다. 2005년에 맬컴 글래드웰Malcolm Gladwell의 베스트셀러 『블링크』가 나온 뒤로 이 '직감'은 말 그대로 유행어가 되었다. 이 책은 본능에 충실한 찰나의 결정과 놀라우리만치 좋은 결과를 얘기한다.

그러나 본능이 생각만큼 믿음직스럽지 못하다는 연구 결과도 많다. 본능은 결정적인 순간에 어떤 식으로 생각하거나 반응하는 자연스러운 성향이지만, 우리는 편견에 휩쓸리고 터무니없는 자신감을 갖는가 하면 심하다 싶을 정도로 위험을 싫어하며 수도 없이 의사결정의 함정에 빠진다.

의사결정을 연구하면서 이 분야에 많은 논문을 발표한 펜실베이니아대학 와튼스쿨의 캐서린 밀크먼Katherine Milkman의 말에 따르면, "과학은 직감을 따르는 것의 유용성을 전혀 인정하지 않는다.[1] 의사결정에 관한 한 과학은 완전히 그 반대의 접근법을 지지한다." 심리학자이자 결정 전문가인 대니얼 레비틴도 같은 주장을 한다. 본능에 따라 결정을 한다면 "그 직감은 맞기보다 틀릴 확률이 높다."[2]

그렇다면 우리가 할 수 있는 것은 무엇일까? 중요한 결정을 내릴 때는 느낌보다 증거를 더 신뢰해야 한다. 외부 소식통이나 우리와 관점이 다른 사람들에게 정보를 구해 자신의 편견과 한계가 있는 과거의 견해를 직시해야 한다. 결정할 때 고를 수 있는 선택지를 더 많이 만들어야 한다. 전문가들은 더 나은 결정을 내리려 할 때 이 부분을 특히 강조한다. 지나칠 정도로 조심하거나 눈앞의 혜택에만 집중하는 우리 내면의 성향을 고려해 좀 더 대담하고 보다 전향적인 결정을 내릴 수 있다.

그렇게 결정을 해도 우리가 내린 결정에 대해 생각해보고 그 결정에 관해 질문하지 않는다면 원하는 결과를 얻기 어렵다. 제1부에서 우리가 내린 결정을 놓고 질문을 해야 하는 이유와 어떤 것이 효과적인 질문 전략인지 살펴볼 것이다. 자문의 방법론을 통해 더욱 용기를 내어 실패의 두려움을 극복하고 보다 균형 있는 결정을 내리는 법을 생각해볼 것이다. 올바른 질문을 할 수 있어야 우리의 열정을 정확히 알 수 있고 어떤 목표와 꿈을 추구해야 하는지 결정할 수 있다는 것도 알게 될 것이다.

입고 나갈 코트를 고르거나 아침 출근길을 택하는 등 하루를 지내는 동안 내리는 모든 결정에 대해 일일이 엄격한 질문을 해야 하는 것은 아니다. 그런 일은 어떤 식으로든 되게 되어 있다. 『결정 번복The Decision Makeover』의 저자 마이크 휘터커Mike Whitaker는 사소한 결정을 분석하느라 시간을 허비하지 말고 그냥 '결정을 즐기라'[3]고 충고한다. 결정을 창의력을 발휘할 자연스러운 기회로 삼으라는 말이다. 아침으로 아이스크림은 어떨까? 이런 건 직감을 따라도 된다.

그러나 사업이나 경력 또는 개인적인 관계나 금융 투자, 투표소에서의 선택 등 중요한 결정은 좀 더 생각해볼 필요가 있다. 여기서 의사결정과 관련해 문제점이 슬며시 고개를 든다. 우리는 어려운 결정에 대해 생각하기를 좋아하지 않는다는 사실이다. 불편하고 불안하기 때문이다.

어려운 결정은 확실한 것이 하나도 없는 상태에서 선택을 요구한다. 그런 결정은 미지의 것과 마주할 것을 강요한다. 다행히 우리에게는 이런 상황에 맞게 설계된 도구가 있다. 질문이다. 질문을 하면 '모르는 것에 대한 생각을 정리할' 수 있다[4]고 질문을 연구하는 바른질문연구소 스티브 콰트라노Steve Quatrano는 말한다.

누구나 본래부터 갖고 있는 질문 능력을 손전등이라고 하고, 앞에 놓인 결정을 어두운 방이라고 해보자. 각각의 질문은 새로운 영역에 빛을 밝힌다. 질문이 좋을수록 더 밝게 비춘다. 결정을 어렵게 하는 다양한 미지의 것을 마주했을 때, 지금 이 순간 무엇을 결정하려는가? 정작 중요한 것은 무엇인가? 중요한 정보 중에 내가 가지고 있는 것은 무엇이고 가지고 있지 않은 것은 무엇인가? 같은 질문을 하면 대상이 조금 더 분명해져 불확실한 상황에서도 한발 앞으로 나아갈 수 있다.

질문은 결정을 두고 고민하는 힘든 작업을 좀 더 쉽게 만들어준다. 때로는 재미있게도 해준다. 질문은 생각하게 만든다. 생각하지 않으려 해도 생각하게 된다. 흥미로운 질문을 스스로에게 던져보라. 그렇게 풀어야 할 퍼즐을 주어보라. 중요한 결정을 내릴 때는 생각을 더 많이 할수록 좋다. 어려운 결정은 생각을 멀리하도록 만드는 힘이 있기에 특히 그렇다.

우리는 빠르고 본능적인 결정을 내리도록 만들어진 존재다. 이 문제라면 밀림 속에서 살던 조상을 탓하는 수밖에 없다. 대니얼 레비틴은 우리는 나뭇잎이 바삭거리는 소리 등 제한된 정보를 바탕으로 빨리 결정을 내리도록 기능이 개발되었다고 지적한다. 본능에 따라 결정을 내릴 때 그런 기능은 필요 이상으로 빨리 반응하라고 우리를 재촉한다.

그래서 천천히 더 생각해보고 시간을 들여 증거를 수집하고 평가한 다음 결정하라고 설득하기 쉽지 않다. "그것은 진화를 거스르는 행위다"[5]라고 레비틴은 말한다. 새로운 정보의 양이 급증하고 변화의 속도가 빨라지고 있지만 우리는 '훨씬 더 단순한 세상을 다루도록 인식 세트를 개발했다.' 이런 인식 세트는 '두뇌에 고착화되어 요즘 같은 세상에서 결정을 내릴 때 별다른 도움이 되지 않는다.'

그나마 말할 때는 조금 느려지고 생각도 하지만, 그래도 인간은 성급한 판단에 의존하는 편이라고 캐서린 밀크먼, 잭 솔Jack Soll, 존 페인John Payne 등 의사결정 습관을 연구한 교수들은 지적한다. "우리는 인지적 구두쇠로, 정신적 에너지를 써가며 불확실성을 즐기는 것을 좋아하지 않는다."[6]

이유야 어찌 됐든 이제는 이렇게 물어야 한다. 왜 우리는 아직도 밀림을 헤맬 때와 같은 방식으로 결정을 내리는가? 맞춰야 할 마감 시간은 있을지 몰라도 우리를 향해 달려드는 사자는 없다. 대개 생각할 시간은 있다. 중요한 결정을 해야 할 때는 특히 그렇다.

현대인들은 당장 위험에서 살아남는 문제보다 복잡한 세상에서 좀 더 생산적이고 행복한 삶을 누리는 데 필요한 결정을 내리는 경우가 더 많다. 육감에 의존해야 했던 우리 조상과 달리 우리에게는 결정을 내리는 데 당장 활용할 수 있는 정보가 풍족하다. 많아서 걱정일 정도다.

활용할 수 있는 시간과 도구가 있는데도 깊이 생각하지 않고 엄중한 질문을 하기 싫어 대충 결정한다 해도, 그것 역시 하나의 결정이다. 좋은 결정이 아닐 뿐. 결정을 내릴 때는 흔히 '덫의 뗏목'에 빠지기 쉽다[7]고 존 해먼드John Hammond, 랠프 키니Ralph Keeney, 하워드 레이파Howard Raiffa는 말한다. 이들은 결정을 논하면서 여러 종류의 덫을 언급한다. 이런 것들이다.

- 미지의 것에 대한 두려움. 이런 두려움은 안전한 쪽을 택하도

록 결정을 비튼다. 어떤 변화를 요구하는 결정을 내릴 때 '지금 그대로 두고 싶은 자석 같은 매력'을 외면하기 어렵다고 전문가들은 말한다.

- 잘못된 정보에 쏠리는 경향. 아침에 읽은 신문 기사가 오후에 내리는 결정에 큰 영향을 끼친다.
- 자신의 예측에 대한 과신.
- 기존의 억측과 편견을 굳혀주는 정보에 대한 편애.

이런 성향이 결정에 어떤 영향을 미칠지 생각해보라. 뉴욕에 근무하는 내게 상사가 새로 문을 연 시애틀 지사의 지사장을 맡아주면 연봉을 올려주겠다는 제의를 했다고 하자. 제안을 듣는 순간 '현상 유지 편향'은 본능적으로 거절하라고 속삭인다. 변화는 위험하다. 시애틀이라는 덤불 속에 흉측한 포식자가 도사리고 있을지 누가 알겠는가? 마침 시애틀에서 며칠 지냈던 친구로부터 마음에 들지 않는 도시라는 말을 얼마 전에 들은 터였다. 게다가 조금만 더 있으면 뉴욕 지사장 자리도 따놓은 당상이다. 아무도 그런 말을 하지는 않았지만 느낌으로 볼 때 틀림없다.

좀 더 확실히 하기 위해 10분 동안 인터넷으로 시애틀 정보를 빠르게 검색해본다. 많은 정보가 튀어나오지만, 도시가 붐비고 어디를 가나 커피밖에 모른다는 어떤 여행 작가의 혹평이 눈에 들어온다. 나는 커피도 좋아하지 않는다. 마음은 정해졌다.

이 시나리오에서 나는 해먼드, 키니, 레이파가 설명한 4가지 덫에 모두 빠졌다. 시애틀 문제를 결정하는 데 필요한 근거를 확보했다고 생각했지만, 그것은 과도한 두려움과 과신에 의한 예측과 정체를 알 수 없는 여행가의 개인적인 의견일 뿐이다. 하나같이 대단할 게 없는 정보다. 물론 결정을 내려야 하는 그 순간에는 대단한 것처럼 보일 수도 있지만.

성급하게 판단할 때는 제한적이고 왜곡된 견해에 귀를 기울이는데 그러면서도 우리는 상황을 완벽하고 정확하게 본다고 착각한다. 심리학자 대니얼 카너먼은 이를 가리켜 WYSIATI 현상이라 했다. '보이는 것이 전부다What you see is all there is'를 줄인 말이다. 이 경우 다 알 수는 없다는 사실을 인정하지 않은 채 얼마 안 되는 지식을 기초로 머릿속에서 스토리를 지어낸다[8]고 카너먼은 설명한다.

카너먼은 경우에 따라 다급하게 판단해도 훌륭한 결과를 내는 사람이 있지만, 그것은 오직 과거의 경험 덕분이라고 말한다. 다른 사람들에 비해 비슷한 상황을 두루 겪어서 대처하는 법을 더 많이 알기 때문이라는 얘기다. 이를테면 체스의 고수는 말을 움직일 때 직감을 따른다. 비슷한 상황에서 내렸던 결정으로 좋은 결과를 얻었던 기억이 축적되어서 그렇다. 그래서 "결정을 내릴 때 직감에 의존해야 하는가?"라는 질문에 과학적으로 말하면, 체스처럼 특정 상황에서의 결정이 반복적으로 행해지되 오랜 세월 구체적인 경험이 쌓인 경우에만 그렇게 하라고 말할 수밖에 없다.

우리는 그들과 다르다. 다르지 않다고 생각하는 사람도 없지는 않겠지만. 카너먼은 "지나친 자신감은 자신의 무지를 모르는 데서 비롯된다"[9]라고 썼다. 그들은 "전문적인 지식이 있다고 믿고, 전문가 행세를 하며, 그래서 실제로 전문가처럼 보이기도 한다." 그러나 대부분 "그것은 착각일 뿐이다."

"내 직감을 믿어야 할까?"보다 더 좋은 질문은 "어떻게 해야 이런 직감을 무시할 수 있을까?"다. 이것이 제1부의 중심 주제다. 결정을 내릴 때 질문 수를 늘리기만 해도 직감을 무시하고 '함정의 뗏목'을 피하고 '자신의 무지를 모른 채' 저지르는 오판을 줄일 수 있다. 카너먼의 말대로 제한적인 견해로 인해 서투른 결정을 한다면, 질문의 손전등을 사용해 폭넓은 견해를 받아들인다면 어떻게 될까?

나는 왜 내가 믿는 것을 믿는가?

먼저 손전등을 켜는 것부터 해야 한다. 더 나은 결정으로 가는 길은 자신의 믿음·편견·억측에 의문을 제기하는 것에서 시작된다. 하지만 그렇게 하는 사람은 아주 드물다. 그렇게 하기도 쉽지 않다. 열심히 찾아보려 해도 여전히 보이지 않는 편견이 있기 때문이다. 요즘처럼 곳곳에 '메아리 방'이 도사린 시대에는 유난히 어렵다. 메아리 방에서는 쉽게 믿고 쉽게 견해를 얻은 다음 그 견해에 맞지 않는 정보를 피하고 그 견해를 굳혀주는 정보를 쉽게 찾아낸다. 페이스북의 뉴스피드 알고리즘은 내가 가진 확고한 선호도에 들어맞는 뉴스나 정보를 노출시켜 확증 편향을 계속 부추긴다.[10]

노벨 물리학상 수상자인 아노 펜지어스는 성공 비결이 무엇이냐는 질문에 매일 버릇처럼 '급소를 찌르는 질문'을 던졌다[11]고 답했다. "아침에 일어나면 맨 먼저 나 자신에게 이렇게 묻는다. '나는 왜 내가 믿는 것을 철석같이 믿는가?'" 펜지어스는 '끊임없이 자신의 억측을 점검'하는 태도가 중요하다고 생각했다. 억측과 선입견은 결정에 큰 영향을 미치므로 결정을 내릴 때마다 그렇게 해야 한다. 억측을 사실로 믿고 싶은 충동은 4가지 '결정의 덫' 중 하나다.

결정해야 하는 특정 이슈와 관련해 자신의 억측에 대해 보다 전지적인 관점을 가지려면, 펜지어스의 급소를 찌르는 질문을 '무엇' '왜' '만약에' 등 3가지 단계로 분해해야 한다.

(1) '무엇'에서는 질문으로 자신의 편견이나 억측을 찾아야 한다. 이 문제에 대해 무엇을 믿는 편인가? '시애틀로 가라는 권유'에서 1번째 질문은 시애틀이라는 낯설고 새로운 도시에서 일해야 하는 문제와 새로 개설한 지점에서 근무하는 어려움 등에 대해 내 느낌과 억측이 무엇인지 찾을 수 있게 해준다.

(2) '무엇'을 끝내고 '왜'로 옮겨갈 때 우리는 펜지어스의 질문을 해야 한다. 그 질문은 이 문제에 대해 어떤 느낌이나 믿음을 갖든 그에 대한 편견을 찾으려는 노력이다. 이 문제를 생각해보거나 조사하거나 다른 사람과 얘기해봄으로써 그 믿음이나 직감이 어느 정도 타당한지 알 수 있다. 어쩌면 그것을 뒷받침할 만한 증거가 거의 없다는 사실을 확인할지 모른다. 한때는 통했으나 이제는 맞지 않는 견해일 수도 있다. 그런 일은 흔히 있는 일이어서 대니얼 핑크는 수시로 "예전에 내가 믿었던 것 중 더는 사실이 아닌 것은 무엇인가?"[12]라고 자문해보라고 권한다.

내가 믿는 것을 왜 믿는지 물을 때는 '바람직성 편향'을 꼭 확인해야 한다.[13] 바람직성 편향의 위력은 생각보다 대단하다. 입에 자주 올리는 '확증 편향'보다 훨씬 강할지 모른다. 어떤 이슈에 대한 바람직성 편향이 무엇인지 알려면 "내가 사실이었으면 하고 바라는 것이 무엇인가?"라는 간단한 질문을 해보면 된다. 어떤 회사로부터 일자리 제의를 받았을 때 당신은 그 회사에 들어가면 일이 순조롭게 풀리게 될 것이라는 직감이나 믿음을 갖는다. 그렇게 생각하는 이유는 그렇게 되기를 바라서다. 낙관주의도 나쁘지 않지만 지나친 희망 사항은 비판적 사고에 방해가 될 수 있다.

(3) '무엇'과 '왜'를 생각했으면 '만약에' 하고 물어야 한다. 이런 것이다. 이 문제에 대한 내 신념이나 억측이 명백히 잘못되었다면? 이런 가능성을 따질 때 쓸 수 있는 단순하지만, 효과적인 전략이 있다. 그 이슈에 대해 내가 어떻게 믿고 있는지 생각한 다음 반대 경우의 진위를 따져보는 것이다. 듀크대학 교수로 '탈편향' 연구의 권위자인 리처드 래릭은 이렇게 말한다. "반대의 경우를 따져보려면 이렇게 물으면 된다. '내 첫 판단이 틀렸다면 그 이유가 무엇일까?'"[14] 이런 질문이 효과적인 것은 '그렇지 않았으면 생각하지 못했을 상반된 증거에 관심을 갖게 만들기 때문이다.'

드라마 〈사인펠드〉에 등장하는 조지 콘스탄차의 '반대편의 조지' 전략에는 적어도 몇 가지 과학적인 근거가 있다.[15] 1994년 에피소드에서 조지는 제리에게서 조언을 듣는 순간 뭔가를 깨닫는다. 그간 본능을 따랐다가 낭패를 본 경우가 적지 않아서 이제부터는 내키는 것과 반대로 하기로 한다. '반대편의 조지'에게 일을 맡긴 것이다.

4가지 질문으로 자신의 편견과 믿음을 점검하라

- **이 문제에 대해 무엇을 믿는 편인가?** 자신의 믿음 또는 편견을 말로 분명하게 표현해보라.
- **왜 내가 믿는 것을 믿는가?** 노벨상 수상자인 물리학자 아노 펜지어스에 따르면, 이런 '급소를 찌르는 질문'은 자신의 믿음에 담긴 편견을 다시 생각해보게 해준다.
- **내가 사실이었으면 하고 바라는 것이 무엇인가?** '바람직성 편향'은 어떤 것이 사실이기를 바라기 때문에 사실이라고 생각하게 만든다.
- **그 반대가 맞는다면?** 이 질문은 '탈편향' 전문가와 〈사인펠드〉의 조지 콘스탄차로부터 영감을 받은 것이다.

이 드라마에서 무조건 본능과 반대로 행동하는 조지의 작전은 그의 일상과 경력에 놀라운 결과를 가져다준다. 그러나 현실에서 '반대로 생각'하는 전략은 확실하고 신뢰할 만한 해법을 찾기 위한 것이 아니다. 오히려 그것은 일차적 충동을 뛰어넘을 수 있도록 마음을 열기 위한 것이다. 반대의 선택이 좋은 결과를 낳을 수 있다. 하지만 최초의 본능이 맞을 수 있다. 아니면 둘 사이 어딘가에 가장 좋은 선택이 있다는 것을 알게 될지 모른다.

나는 전투병처럼 생각하는가, 정찰병처럼 생각하는가?

자신의 생각에 의문을 제기해 원래의 견해와 상반된 아이디어나 견해를 확인하려면, '무엇을 안다거나 모른다는 내 생각이 틀렸을 수도 있다고 시인할 만큼 겸손'해야 한다[16]고 대니얼 레비틴은 말한다. 이와 반대로 내가 믿는 것이 옳다고 생각하는 것이 사람들의 자연스러운 성향이다. 여러 관점을 따져보고 증거를 살펴 신중하게 결정하려 할 때는 이런 자연스러운 성향이 방해된다.

실용합리성센터를 공동설립한 줄리아 갤럽Julia Galef은 이 문제를 비유적으로 설명하기 위해 멋진 질문을 던진다. 갤럽은 "나는 전투병인가 정찰병인가?"[17]라고 자문해보라고 권한다. 전투병의 마음가짐은 정찰병과 정반대다. 전투병은 적으로부터 자신을 방어하는 것이 목적이지만 정찰병은 적을 찾고 정확한 정체를 파악하는 것이 본연의 임무다. 이 2가지 본능적 태도는 우리가 정보나 아이디어를 처리하는 일상의 방식에도 적용할 수 있다. "좋은 결정을 내린다는 것은 어떤 마음가짐을 갖느냐의 문제다."

정찰병이나 탐험가의 마음 밑바탕에는 호기심이 깔려 있다. 정찰병은 새로운 정보를 알아내거나 수수께끼를 풀었을 때 쾌감을 느낀다. 그들은 예상과 맞지 않는 상황을 만나는 순간 호기심이 동한다. 정찰병은 현실적이다. 즉 한 인간으로서 그들의 가치는 어떤 주제에 관해 얼마나 맞고 틀리는지에 크게 얽매이지 않는다.

다시 말해 정찰병은 '지적 겸손'을 가진 사람이다. 지난 몇 해 동안 이 용어는 신문 기사나 블로그, 책 등 여러 지면에 자주 등장했다. 구글 임원인 라즐로 복도 사람을 채용할 때 확인하는 자질 중 하나가 지적 겸손[18]이라고 말해 이런 유행에 부채질했다.

저술가이자 버지니아대학 교수인 에드워드 헤스는 지적 겸손을 가리켜 '새로운 아이디어에 마음을 여는 자세, 새로운 증거를 받아들이려는 의지'[19]라고 정의하면서 지적 겸손을 앞으로 인류의 번영을 판가름할 핵심 요소로 꼽았다. 끊임없이 배우고 실험하고 창작하고 적응하지 않으면 인공지능과 경쟁할 수 없다[20]고 헤스는 말한다. 평생 겸손한 태도로 계속 묻지 않으면 아무것도 이룰 수 없다. 헤스는 그가 쓴 책 제목에서도 "겸손은 뉴 스마트다"라고 선언한다.

좀처럼 실수를 하지 않고 정답을 많이 알고 높은 점수를 받는 쪽이 '올드 스마트'라면 '뉴 스마트'는 계속 변신을 꾀하며 적응해가는 능력이다. 그렇게 하려면 자신의 아이디어와 전문성에 과하게 투자를 하지 않아야 한다고 헤스는 말한다. "신념과 에고를 분리해야 한다. 신념을 하나의 가설 정도로 생각해 끊임없이 검증하고 더 좋은 데이터로 수정하려는 열린 마음을 가져야 한다."

겸손이라면 흔히 온순함을 먼저 떠올리지만 실제로 겸손은 '세상을 향해 문을 여는' 태도라고 헤스는 말한다. "에고, 두려움, 싸우거나 달아나려는 행위 등 반사적인 대응 방식을 극복해야 한다." 그런 점에서 겸손은 용기라고 해도 좋을 듯하다. 지적 겸손을 받아들이면 '더는 누가 옳은지가 아니라 정확한 것이 무엇이냐의 문제'로 바뀌므로 혁신부터 세간의 담론까지 여러 면에서 도움이 된다. '옳았으면' 하는 바람을 극복하려면 의식적으로 노력해야 한다. 벤처캐피털리스트인 크리스토퍼 슈뢰더는 열린 마음을 유지하기 위해 "나는 옳은 쪽인가 이해하는 쪽인가?"[21]라고 묻는다고 한다.

지적 겸손을 검증할 수 있는 질문

- **나는 전투병처럼 생각하는가, 정찰병처럼 생각하는가?** 전투병은 방어가 목적이지만, 정찰병은 탐구하고 발견한다.
- **나는 옳은 쪽인가 이해하는 쪽인가?** 옳은 것을 중요시하면 '방어' 모드가 되어 배우고 이해하기 어렵다.
- **나와 상반되는 견해를 찾는가?** 상대방에게 나와 의견이 같은지 묻지 말라. 의견이 다른 사람에게는 그 이유를 알려달라고 말하라.
- **나는 내가 잘못 알고 있었다는 사실을 발견하는 '뜻밖의 기쁨'을 즐기는가?** 내가 틀렸다는 것을 알았다고 해도 부끄러워할 이유는 없다. 그것은 지적인 면에서 마음을 열고 성장할 준비가 되었다는 신호다.

슈뢰더는 "옳은 쪽을 고집하면 메아리 방에 갇혀 잘못된 결정을 내리기 쉽다"라고 지적한다. 내가 만나본 또 다른 벤처캐피털리스트도 스타트업에 투자를 결정할 때 슈뢰더와 비슷한 질문을 한다고 했다. 다른 점이라면 질문을 조금 바꿔 자신이 아닌 스타트업 창업자를 평가한다는 것뿐이다. "이 사람은 옳은 사람이 되고 싶어 하는가 아니면 성공한 사람이 되고 싶어 하는가?"라고 묻는다고 한다. 그는 후자 쪽에 투자하는 편이다.

이론적으로 창업자가 자신이 구상한 아이디어가 옳은 것으로 판명날지에 너무 신경을 쓰면 그것을 시장에 선뜻 내놓기 어렵다. 아이디어를 수정하기 싫어하거나 자신이 구상한 사업 계획에 실수가 있었다는 점을 인정하지 못하기 때문이다. 언급한 벤처캐피털리스트는 경험을 통해 하나를 배웠다. 성공하는 창업자는 피드백을 겁내지 않고 자신이 틀렸다는 사실이 밝혀지는 것도 개의치 않아서 배우고 적응해 자신의 아이디어나 제안을 개선한다는 사실이다.

'옳아야 할 필요성'은 단순한 사업적 결정 이상으로 큰 영향을 미칠 수 있다. 정치에서도 마찬가지다. 사람들은 특정 후보를 찍은 자신의 결정이 잘못되었다는 확실한 증거가 나와도 실수를 인정하지 않으려 한다. 인간적 관계에서 '옳고 그름'의 문제는 논쟁과 불화를 오래 지속시킨다. 어느 경우이든 자존심이 크게 작용하는 점에는 의심의 여지가 없다.

당신이 옳다고 누가 말해주거나 마음이 맞는 사람들로부터 당신이 늘 옳았고 이번에도 옳다는 말을 들으면 기분이 좋다. 그러나 배우고 이해하고 결정하는 능력을 향상시키거나 전반적으로 사태를 진전시키는 데 그런 말은 도움이 되지 않는다.

'개인이든 단체든 판단력을 향상시키려면'[22] 옳거나 그른 것으로 밝혀졌을 때 갖는 느낌을 바꿔야 한다고 갤럽은 말한다. "내 생각이 틀린 것 같다는 사실을 알아차렸을 때 부끄러워할 것이 아니라 오히려 자랑스레 생각해야 한다. 평소 신념과 모순되는 어떤 정보를 접했을 때도 내 입장을 방어하려 하지 말고 호기심부터 갖는 법을 배워야 한다." 갤럽은 '옳아야 할 필요성'과 관련해 그녀만의 질문을 제시한다. 그녀는 사람들에게 "바라는 것이 무엇인가? 자신의 신념을 지키는 것인가? 아니면 세상을 분명하게 보는 것인가?"라고 자문하라고 조언한다. 후자를 위해 애쓸 수 있다면 보다 개방적이고 현명한 마음으로 결정을 내릴 위치에 있는 셈이다.

왜 남의 말을 들어야 하는가?

그러나 새로운 정보에 마음을 열어야 한다고 해서 묻지도 않고 받아들이라는 말은 아니다. 질문이라는 손전등을 들었으면 새로운 주장이나 견해, 증거에도 빛을 비춰야 한다. 정보를 따져보고 평가하면서 합리적으로 결정하고 판단하려 노력한다면 그것이 곧 비판적으로 생각하는 것이다.

'비판적 사고'라고 하면 진부하고 부정적인 느낌부터 든다. '그것은 참기 힘든 용어'[23]라고 비판적 사고의 전문가 닐 브라운Neil Browne은 말한다. 그런 말로는 이런 유형의 사고를 배워야 하는 어린 학생들의 관심을 끌기 어렵다. 비판적 사고를 하려면 민첩하면서도 유연한 마음으로 잘못된 논지를 쳐낼 줄 알아야 한다고 그는 생각한다.

결정을 내리거나 판단을 해야 할 때 비판적 사고를 하는 사람은 확실한 증거를 바탕으로 객관적이고 공정한 마음을 유지하려 한다. 억측하거나 무조건 수긍하지 않고 열린 마음으로 비판적 사고를 하려면 노력이 필요하다. 다행히도 기본적 수준의 비판적 사고는 어렵지 않게 습득할 수 있다. 기초적인 질문 몇 가지만 할 수 있으면 된다.[24] 그때도 주어진 상황에 가장 적합한 질문이 무엇인지 알아야 하고, 그런 질문을 하는 데 시간과 수고를 아끼지 말아야 한다.

어떤 것이 그런 질문일까? 살펴보면 여러 목록에서 '비판적 사고'에 해당하는 질문을 찾을 수 있다. 그러나 브라운 등 여러 전문가의 말에 따르면, 첫 단계에서 해야 할 좋은 질문은 '증거' 질문이다. 증거 질문은 새로운 정보에 감춰진 본질을 파악하기 위한 것이다. 비판적으로 사고하는 사람은 세일즈맨이나 정치가의 말 또는 기사에서 어떤 종류의 주장을 접했을 때 버릇처럼 이렇게 묻는다. 그 주장을 뒷받침할 만한 증거는 무엇이고, 그것은 얼마나 확실한가? 이렇게 물으면 증거 질문을 좀 더 구체적으로 이어갈 수 있다. 이 증거는 믿을 만한 소식통에서 나온 것인가? 이 주장에 혹시 다른 의도가 있지는 않은가?

이런 질문에 답하려면 조사할 게 몇 가지 있다. 이 정보의 출처가 진실을 전달한 확실한 실적이 있는지, 아니면 이런 주장을 전해야 할 특별한 이해관계가 있는 것은 아닌지 확인해봐야 한다. 후자라면 꼭 이렇게 묻게 된다. 퀴 보노Cui bono? 라틴어로 '누가 이득을 보는가?'라는 뜻이다.

다시 '시애틀로 옮기는' 문제로 돌아가자. 내 결정은 친구의 말과 구글에서 찾은 여행 블로거의 포스트 등 별로 근거가 뚜렷하지 않은 의견을 바탕으로 했다. 나는 바보가 아니어서 이런 증거에 의문을 제기한다. 이 두 사람의 견해와 경험이 여러 사람의 의견을 대표할 수 있을까? 시애틀에서 잠깐 머물렀던 두 사람이 이 도시를 얼마나 잘 알까?

정보는 거기에 담긴 것이 아니라 담기지 않은 것이 더 중요할 때가 있다. 취재를 제대로 하지 않고 쓴 기사나 중요한 세부 내용은 보여주지 않는 광고 문구 등이 그렇다. 따라서 비판적으로 생각하는 사람은 부작용이나 말하지 않은 비용, 부정적 결과의 가능성 등을 확인하기 위해서라도 솔루션이란 것에 대해 "그들이 말하지 않는 것은 무엇인가?"라고 물어야 한다.

당신을 설득하려는 사람들은 B이므로 A를 믿어야 한다며 문제가 있는 논리를 사용하거나, A를 하면 꼭 B라는 결과가 나올 것이라고 장담한다. 이럴 때 비판적인 사고에 입각한 질문은 잘못된 억측에서 비롯되었을지 모르는 '논리적 오류'나 잘못된 결론을 내리도록 만드는 계략을 사전에 차단한다.

헛소리를 가려내기 위한 5가지 질문

- **이 증거는 얼마나 확실한가?** 비판적 사고는 어떤 주장에 감춰진 본질을 묻는 것에서 시작된다. '증거' 질문은 이런 것들이다. 이 증거는 믿을 만한 소식통에서 나온 것인가? 이 주장에 혹시 다른 의도가 있지 않은가?
- **그들이 말하지 않는 것은 무엇인가?** 정보는 거기에 담긴 것이 아니라 담기지 않은 것이 더 중요할 때가 있다. 취재를 제대로 하지 않고 쓴 기사나 중요한 세부 사항을 말하지 않는 광고 문구 등이 그렇다.
- **논리에 조리가 있는가?** 사람들은 당신을 설득할 때 B 때문에 A를 믿어야 한다며 잘못된 논리를 들이댈지 모른다.
- **이와 대립하는 견해는 무엇인가?** '약한 의미의 비판적 사고'를 피하려면 결정하려는 이슈와 대립하는 의견을 확인해 열린 마음으로 따져봐야 한다.
- **대립하는 견해 중 어느 쪽이 증거를 더 많이 확보하고 있는가?** 유력한 증거가 많은 쪽을 택하라.

칼 세이건의 '헛소리 진단 키트'는 흔히 저지를 수 있는 논리적 오류를 찾는 데 쓸모 있는 도구다.[25] '헛소리 진단 키트'란 용어는 1996년에 발표한 『악령이 출몰하는 세상』에서 처음 쓰였다. 비판적 사고를 다룬 이 글은 마리아 포포바Maria Popova의 인기 블로그 〈Brain Pickings〉에 소개되어 세간의 관심을 끌었다.

세이건은 키트를 설명하면서, 비판적으로 사고하는 사람이 늘 경계해야 할 계략 20가지를 목록으로 만들어 제시했다. 권위에 기대는 주장(나는 대통령이니 내 말을 믿으시오), 잘못된 이분법(당신이 우리 편이 아니면 우리의 적이오), '위험한 비탈길' 경고(이처럼 겉으로만 합리적으로 보이는 조치를 취하다가는 틀림없이 좋지 않은 결과를 맞게 될 것이오) 등이 그것이다.

비판적 사고는 공정성이 핵심이고 공정성은 다양한 관점을 고려해야 하므로 비판적으로 사고하려면 평소에 이런 질문을 연습해두어야 한다. 이 이슈의 이면은 무엇인가? 이렇게 물으면 해당 문제나 주장을 생각해보고 반대의 견해를 제시하는 습관을 들일 수 있다.

'이면'을 고려할 때는 이렇게 물어도 좋다. 정말로 또 다른 면이 있는가? "우리가 실제로 달에 착륙했는지에 대한 질문에는 또 다른 면이 없다"라고 대니얼 레비틴은 단정한다. "우리는 달에 갔다." 또 다른 면이 있다면 양면을 모두 생각하고 물어야 한다. 대립하는 견해 중 어느 쪽 증거가 더 많은가? 판단은 개인의 몫이어서 "이쪽을 믿어야 할 유력한 논리는 3가지이고, 저쪽을 믿어야 할 논리는 하나다. 따라서 좀 더 확실한 쪽을 택하겠다"라고 말할 수도 있다.

내 비판적 사고에는 의도가 있는가?

비판적 사고에는 재미있는 구석이 있다. 정치적으로 좌우 어느 한 쪽에 치우친 블로그를 골고루 왔다 갔다 하다 보면 특이한 점을 발견하게 된다. 좌우를 가릴 것 없이 모두가 비판적 사고를 자주 입에 올리는데, 요즘 사람들은 비판적 사고가 심각할 정도로 부족하다는 불평이 대부분이다. 그러면서 문제는 저쪽이라고 탓한다. '저쪽 사람들'은 죄다 정치적 선동에 넘어가 회의적 질문을 던질 줄 모르고 무엇 하나 제대로 판단하지 못한다는 주장이다.

이는 어제오늘의 이야기가 아니다. 지금은 고인이 되었지만, 대학 교수로 1970년대에 비판적사고재단을 설립한 리처드 폴 박사는 그가 '약한 의미의 비판적 사고'라고 이름 붙인 아주 흔히 볼 수 있는 행동[26]을 연구했다. 사람들은 비판적 사고랍시고 질문하고 조사하고 평가하는 등 기본 도구를 적용하지만 그래 봐야 자신의 견해를 확인하기 위한 절차에 지나지 않는다는 말이다. 그런 사람들은 다른 꿍꿍이가 있다고 해도 좋을 듯하다.

볼링그린주립대학 닐 브라운도 약한 의미의 비판적 사고를 연구했는데 이 정도의 사고에 만족하는 사람들은 자신의 논리나 판단이 편향될 수 있다는 사실을 인식하지 못하는 경우가 많다고 지적한다. "나와 의견이 다른 저 사람들이 편향된 것이지 나는 편향되지 않았다고 믿는 사람들이 적지 않다. 이것이 비판적 사고의 가장 큰 걸림돌이다."

따라서 비판적으로 생각하는 사람을 단순히 '비판적인 질문을 하는 사람'이라고만 생각하면 중요한 부분을 놓치게 된다. 그렇게 말하면 당파적 색채가 뚜렷한 정치꾼들도 모두 비판적으로 생각하는 사람이 된다. 기후 변화를 부정하거나 지구가 평평하다고 믿는 사람들도 마찬가지다.

'회의적인 질문을 하는' 정도로는 비판적으로 생각한다고 보기 어렵다. 회의론이 외곬으로 흐를 때는 특히 그렇다. 비판적으로 생각하려면 마음이 기우는 측면 외에 모든 면을 고려해 질문하는 유연성이 있어야 한다.

정답이 없는 문제에는 어떤 질문을 던져야 할까?

비판적 사고에 입각한 질문은 상충하는 선택지를 평가하고 증거를 찾는 데 도움이 되므로 양자택일에 유용하다. 이 제안을 받아들여야 하나? 인터넷에서 이런 이야기가 떠돌고 있는데 믿어야 하나? 이 후보를 믿어야 하나? 그러나 우리가 만나는 중요한 결정 중에 '예/아니오'나 'A인가 B인가'로 선택해야 하는 경우는 거의 없다. 아니 적어도 그렇게 결정해서는 안 된다. 양자택일의 결정은 폐쇄형 질문에 대한 답이다. 폐쇄형 질문은 선택지가 한정되어 있으므로 '예/아니오'나 '이것이냐 저것이냐' 등 양단 간의 결정이라는 틀에서 선택해야 한다. 그래서 선택이 쉽다.

대니얼 카너먼은 "어려운 질문을 받은 사람은 자신도 모르게 쉬운 질문으로 대체해 대답하는 경우가 잦다"[27]라고 말한다. 이런 질문은 어렵다. 나는 직장 상사와 문제가 있다. 이 문제를 어떻게 처리해야 할까? 반면 쉬운 질문도 있다. 상사와 문제가 있는데 직장을 그만두어야 하나? 예/아니오 어느 쪽인가? 1번째 질문에 대한 답은 무수히 많아서 창의적인 사고가 필요하다. 2번째 답은 머뭇거릴 것 없이 그 자리에서 답할 수 있다.

그러나 이런 '예/아니오' 결정은 여러 가능성을 닫아버린다. 의사결정에서, 적어도 어떤 결정을 해야 할지 생각하는 초기 단계에서 고려해볼 수 있는 선택지가 더 많다는 것은 대체로 좋은 일이다. 밀크먼, 솔, 페인의 연구에 따르면, 어떤 결정이든 생각해볼 수 있는 최고의 선택보다 더 나은 결정은 없다.[28] 이들은 사람들이 "대안을 생각하는 대신 예/아니오 질문으로 결정의 틀을 고정시키는" 경향이 있다고 지적한다. 『자신 있게 결정하라』의 저자 칩 히스와 댄 히스는 "의사결정의 1번째 악당은 편협한 프레이밍으로, 선택의 범위를 이분법적 조건으로 편협하게 규정하는 성향"[29]이라고 말한다.

어떻게 하면 더 많은 선택에 마음을 열 수 있을까? 간단하다. 이 질문을 자신에게 하면 된다. '예/아니오' 선택의 프레임을 버리고 좀 더 개방적인 질문으로 바꾸면 전혀 다른 결정을 내릴 수 있다. 직장을 그만두어야 하나? 예/아니오 어느 쪽인가도 '어떻게'나 '무엇'으로 질문 방식을 바꾸면 좀 더 개방적이 된다. 어떻게 하면 내가 처한 상황을 개선할 수 있을까? 무조건 참고 견디거나 직장을 그만두는 것 외에 다른 방법은 없을까?

핵심은 어려운 결정을 피하지 않는 것이다. 직장을 그만두는 것도 하나의 방법이지만 그런 결정을 하기 전에 생각해볼 수 있는 더 많은 가능성에 마음을 열어야 한다. 물론 너무 많은 결정을 놓고 갈팡질팡해서는 안 된다. 하지만 밀크먼, 솔, 페인은 어떤 결정이든 최소한 3가지 선택지는 마련하라[30]고 제안한다.

사업을 확장하기로 했다면 3가지 선택은 이렇게 된다. (1) 새로운 지점을 연다. (2) 규모를 확장하되 지금 있는 지점의 규모를 확장한다. (3) 사업을 확장하지 않는다. 이들 선택은 장밋빛 전망에서 한심한 결정까지 여러 시나리오를 바탕으로 이뤄질 수 있다. 선택지를 만들 때는 이렇게 물어봄으로써 3가지 결정이 초래할 각각의 가능한 결과나 시나리오를 고려하라. 대단한 것, 좋은 것, 한심한 것은 무엇인가?

컨설턴트인 폴 슬로언Paul Sloane은 3가지 선택을 생각할 때 3번째는 앞의 2가지와 상반되도록 특이하게 만들라[31]고 말한다. 그래서 가능성을 생각할 때는 "직관에 반하는 선택은 무엇인가?"라고 질문하면 된다. 슬로언은 이런 예를 든다. 나는 실적이 시원치 않은 프레드를 해고할 생각이다. 선택 ① 그를 해고한다. 선택 ② 그에게 연수 과정을 밟게 해 실력을 향상시킨다. 선택 ③ 프레드를 승진시킨다! 3번째 선택은 상식에 맞지 않지만 슬로언은 "관례에 어긋나는 방식을 고려해보도록 생각을 자극하고 도발하기 위해 일부러 포함시킨 것"이라고 설명한다.

가능성을 활짝 열어주는 5가지 질문

- **어떻게 하면 결정과 관련된 질문의 폭을 '열어젖힐' 수 있을까?** 우리는 보통 '예/아니오' 또는 '이것이냐 저것이냐'처럼 이분법적으로 결정하지만, 이렇게 되면 선택의 폭이 좁아진다. 가장 좋은 방법은 무엇인가? 어떻게 하는 것이 좋을까? 등 개방형 질문으로 결정의 틀을 바꿔야 한다.
- **대단한 것, 좋은 것, 한심한 것은 무엇인가?** 결정할 때는 최소한 3가지 선택지를 만드는 것이 좋다. 결과가 매우 긍정적인 것, 보통인 것, 부정적인 것 등 3가지 다른 시나리오를 예상해 선택지를 만들어보라.
- **지금 이들 선택 중 어느 것도 소용이 없다면 어떻게 해야 하는가?** 기존의 선택들이 갑자기 쓸모없게 되었다고 생각해보라. 그러면 다른 가능성을 생각해낼 수밖에 없다. 냉정하게 현실로 돌아가 기존의 선택과 새로 생각해낸 선택을 비교해보라.
- **직관에 반하는 선택은 무엇인가?** 역발상의 선택을 덧붙여보라. 꼭 그것을 택하지 않더라도 관습에 얽매이지 않는 사고를 자극할 수는 있다.
- **다른 사람이라면 어떻게 판단할까?** 답을 구하는 데 도움을 줄 아웃사이더를 실제로 만날지 모른다. 만나지 못한다 해도 아웃사이더의 시선으로 볼 필요가 있다.

그 이상의 선택을 생각해내기 어렵다면 히스 형제가 제시한 요령이 도움이 될 수 있다. 기존의 선택들을 놓고 결정을 할 때마다 '소용없는 선택' 질문을 해보는 것이다.[32] 지금 이들 선택 중 어느 것도 소용이 없다면 어떻게 해야 하는가? 이렇게 질문하면 기존의 선택을 모두 버리고 대안을 고려할 수 있다.

다른 사람이라면 어떻게 판단할까?

의사결정 과정에서 질문이 갖는 가장 중요한 기능은 한발 물러나 다른 관점에서 볼 수 있도록 일깨워주는 것이다. 캐서린 밀크먼이나 히스 형제 등 카너먼의 획기적인 연구의 영향을 받은 결정 전문가들은 당면 문제와 아주 가까워 '견해가 편협할' 수밖에 없는 흔한 문제를 언급한다.

문제를 신선한 관점에서 다시 볼 수 있는 간단하고도 효과적인 질문이 있다. 내 친구가 이런 결정을 한다면, 나는 어떤 조언을 해줄 것인가? 이런 '조언' 질문은 듀크대학 심리학자 댄 애리얼리Dan Ariely 등 많은 결정 전문가가 권하는 방법이다. 애리얼리 교수는 조금 어색해 보여도 자기 자신에게 조언할 때보다 다른 사람들에게 조언할 때 더 적절한 아이디어가 나온다[33]고 설명한다.

왜 그럴까? 히스 형제는 "다른 사람에게 조언할 때는 가장 중요한 한 요소만 보고 결정하게 된다"고 지적한다. 반면 자신의 문제를 생각할 때는 크고 작은 여러 요소를 모두 걱정하게 된다. 히스 형제는 "친구를 생각할 때는 숲을 본다. 우리 자신을 생각할 때는 나무에 시선이 고정된다"[34]라고 말한다.

조금은 이상해 보여도 문제와 어느 정도 거리를 유지해야 할 때 쓸모 있는 기법이 있다. 제3자를 설정해 자문하는 방법이다.[35] 이렇게 물어보라. 워런이라면 이런 상황에서 어떻게 할까? 나라면 어떻게 할까가 아니다.

심리학 교수 이선 크로스Ethan Kross는 이렇게 하면 외부의 관점에서 자신과 자신이 처한 상황을 볼 수 있어 좀 더 냉정하고 합리적인 사고를 할 수 있다고 말한다. 그러면서 크로스는 자신을 3인칭으로 지칭하며 혼잣말을 하는 버릇 때문에 놀림을 받는 농구 스타 르브론 제임스를 예로 든다. "르브론은 목요일 경기에 출전할 준비를 끝냈어." 혼자 이렇게 중얼거리면 이상한 사람처럼 보이겠지만, 르브론의 혼잣말은 썩 괜찮은 방법이라고 크로스는 말한다.

자신과의 거리를 좀 더 벌리려면 다른 사람의 관점에서 물어보면 된다. 이런 식이다. 워런 버핏이라면 어떻게 할까? 르브론이라면? 그때의 '아웃사이더'는 해당 이슈와 아무런 관련이 없는 사람일 수 있고 그 문제에 대한 관점이 조금 다른 사람일 수 있다.

인텔을 공동설립한 앤드루 그로브와 고든 무어는 인텔 초기 시절에 핵심 제품을 포기하고 새로운 방향을 모색해야 할지를 놓고 중요한 결단을 해야 했다. 그때 그로브는 "이사회가 우리를 쫓아내고 새로운 CEO를 영입한다면 그는 어떻게 할까?"[36]라고 물었다. 이런 질문으로 두 사람은 사태를 좀 더 균형적으로 보는 데 필요한 거리를 확보할 수 있었다. 새 CEO는 기존 제품에 대한 특별한 감정이 없으므로 좀 더 전향적인 입장에서 납득할 만한 자료를 근거로 결정을 내릴 것이라고 그들은 생각했다. 그로브와 무어는 낡은 전략을 버렸고, 그 결정은 이후에 나타난 인텔의 지속적인 성공이 보여주었듯이 현명한 결정으로 판명되었다.

어떤 결정을 해야 할 순간 '외부의 견해를 취해보면' 그로브와 무어처럼 아웃사이더의 입장을 세심하게 따져볼 수 있다. 비슷한 결정을 내려야 했던 다른 사람의 경험도 참고할 수 있다. 그런 사람을 찾아 질문해도 좋고 비슷한 상황을 다룬 사례 연구를 뒤져봐도 된다. 조언자나 컨설턴트를 찾는 방법도 있다. 그들은 비슷한 결정을 내렸던 다른 사람들의 경우를 다룬 경험이 있을지 모른다. 컨설턴트도 좋은 아웃사이더가 될 수 있다.

단, 주의해야 할 점이 있다. 아웃사이더의 견해를 취하면 내린 결정을 완전히 다른 프레임으로 재구성해야 할지 모른다. 린엔터프라이즈연구소의 컨설턴트 데이브 라호트Dave LaHote는 판매 승인 절차를 개정하는 문제로 고민하는 한 회사의 사연을 들려준다. 당시 회사의 절차대로라면 여러 단계의 승인을 거쳐야 해서 판매를 요청하면 승인이 나기까지 2주 정도의 시간이 걸렸다.

아주 더디다고 판단한 회사의 리더는 승인 절차를 간소화해 2주가 아니라 2일 만에 해결해보려 했다. 그러나 아웃사이더인 라호트는 문제를 다르게 보았다. 그는 내부 사정을 살펴본 다음 승인 절차가 과연 필요한지 의문을 제기했다. 예상치 못한 질문을 받은 리더는 그런 절차를 있게 한 근본 이유를 검토하기 시작했고 그것이 의미가 없다는 사실을 확인했다. 그들은 '기존 절차에서 한발 물러나 나처럼 객관적으로 볼' 필요가 있었다[37]고 라호트는 회상했다.

좋은 결정에 도달하기 위해 아무리 많은 질문을 생각해본다 해도, 어느 지점에서는 질문을 멈추고 결정을 해야 한다. 언제가 그 시점인지 어떻게 아는가? 벤처캐피털리스트 슈뢰더는 이렇게 말한다. "결정에 필요한 정보를 수집하다 보면 필요한 만큼 수집하는 경우와 너무 많이 수집하는 경우 그사이 어딘가에 이르게 된다." 어느 정도에서 멈출지는 제프 베이조스의 원칙을 참조할 만하다. "결정은 보통 확보했으면 하고 바라는 정보의 70% 안팎에서 내려진다. 90%가 되기를 기다린다면 대부분 때를 놓치게 된다."[38]

그러나 70%가 '눈 깜짝할 사이'에 수집되는 일은 거의 없다. 결정을 꼭 서둘러야 하는 것은 아니다. 이유야 많지만, 특히 쫓기는 상황에서는 잘못된 결정을 내리기 쉽다. 그래서 중요한 결정을 내려야 할 때는 "이 결정을 꼭 지금 내려야 하는가? 지금이 과연 결정할 적시인가?"라고 물어야 한다. 피곤하거나 스트레스가 심하거나 마무리를 해야 한다는 등 조바심이 날 때는 감정이나 충동에 휩쓸리기 쉬우므로 차라리 결정을 미루는 것이 좋다.[39]

마음을 정했어도 결정은 두 번으로 나눠서 하는 것이 좋다. 한번 결정한 다음 하루나 이틀 뒤에 다시 결정하는 것이다. 내린 결정을 다시 생각하는 일이 썩 내키지는 않겠지만, 확고하고 신중한 결정일수록 시간적 여유를 두어야 한다. 어느 정도 확실성을 보장해주는 결정인지 검증할 수 있는 한 방법은 다음 2가지 질문을 해보는 것이다. 이 결정에는 흠이 없는가?[40] 나중에 이 결정을 그대로 밀고 나간다면 그 이유가 무엇일까?

그렇다고 해서 마냥 시간을 끌면서 결정을 미룰 수는 없다. 오래 끌면 막바지에 쫓기듯 결정을 해야 한다. 작가이자 경영 컨설턴트인 토드 헨리Todd Henry는 생활에서든 사업에서든 불확실성 때문에 결정을 미루다 보면 매사 지지부진하게 되어 앞으로 나가지 못한다고 지적한다. 그는 주기적으로 "지금 나는 어디에서 우유부단의 안갯속을 헤매고 있는가?"[41]라고 자문해보라고 권한다.

모든 것이 불확실하거나 위험성이 높아 결정하지 못할 수도 있다. 그럴 때는 '뚝심 있는' 질문을 던져야 한다. 이런 질문은 허공을 향해 힘차게 뛰어오를 수 있는 과단성과 자신감을 주기 위한 것이다.

부정 편향에서 벗어나려면?

우리는 지나친 자신감이나 '직감'을 믿고 결정했다가도 시간이 지나면 슬슬 겁이 난다. 선택이 잘못되면 사업이 망하지 않을까, 출셋길이 막히지 않을까, 히마리드 하이Khemaridh Hy의 말대로 "죽어서 길 한쪽에 널브러져 있지"[42] 않을까 걱정한다.

하이는 잘나가는 기업 금융 전문가로서 흔치 않은 경력을 쌓았다. 그에게 치열한 직업관을 심어준 이민자 부모 덕에 30대 초반에 헤지펀드 블랙록의 최연소 매니징디렉터가 되었다. 숨 가쁘게 열심히 달렸지만, 그는 좀처럼 두려움을 떨칠 수 없었다. 그는 두려움이 생활과 업무 속에서 이뤄지는 수많은 결정에 미치는 영향을 연구하기 시작했다. 그래도 여전히 만족하기 힘들었고 늘 불안했다. 그는 인생상담사를 찾았다. 상담사는 물었다. 뭐가 그렇게 두렵습니까?

질문을 받은 그는 곰곰이 생각해보았다. 따져보니 돈을 더 벌어야 하고 더 높은 지위를 얻어야 하는 욕구가 두려움을 부추기고 있었다. 돈을 그렇게 벌었어도 파산할지 모른다는 두려움은 사라지지 않았다. 세상에 뚜렷한 족적을 남기지 못한 채 죽으면 어쩌나 하는 불안도 그를 괴롭히는 문제였다. 다른 사람들의 기대를 충족시키지 못할 것 같다는 걱정도 늘 따라다녔다.

하이는 회사를 그만두었다. "이런 질문을 받으면 생각할 시간과 공간이 필요하다"라고 그는 말한다. 그는 자신의 두려움과 걱정은 물론 그런 것들을 이해하고 대처하는 방법 등을 블로그에 쓰기 시작했다. 그의 블로그는 금방 인기를 끌었다.

처음에는 금융계에서였다. "젊고 성공한 금융맨들이 제게 글을 보냅니다. 당신은 내가 미처 생각지도 못한 얘기를 하는군요." 그다음에는 테크놀로지 분야에서 반응이 왔다. 하이의 블로그, 팟캐스트, 스냅챗 메시지가 큰 인기를 끌자 CNN은 그를 가리켜 '밀레니얼 세대를 위한 오프라'라고 추켜세웠다.[43]

그는 삶의 의미와 성취 등을 조언하지만, 그의 글은 여전히 두려움에 초점이 맞춰져 있다. 그는 "불안감은 어디에나 있다"라고 말한다. 그 불안감은 우리의 선택에 많은 영향을 미치고 심지어 정말로 가고 싶지 않은 방향으로 끌어당겨 일상의 삶을 제대로 즐기지 못하게 만든다.

의사결정에 관한 연구도 하이의 말을 뒷받침한다. 그 연구는 부정적 결과를 두려워하는 '부정 편향'[44] 탓에 합리적이지도 않고 큰 관심도 없는 쪽으로 선택을 강요한다고 주장한다. 부정 편향은 현재의 생각이나 행동에 부적절한 영향을 주는 과거의 어떤 경험에서 그 뿌리를 찾을 수 있다. 심리학자들은 9·11 이후 비행기를 타지 않고 장거리 운전을 택하는 사람들의 사례[45]를 지적한다. 하지만 이렇게 '안전한' 쪽을 택하는 운전자가 늘면서 자동차 사고도 증가했다.

이런 두려움은 아주 먼 옛날 현대인의 생활과는 아무런 관계가 없는 위험까지 거슬러 올라간다. 『본능보다 똑똑하다Outsmart Your Instincts』의 공동저자인 애덤 핸슨Adam Hansen은 '밀림의 본능'이 위험을 피하라고 우리 등을 떠민다[46]고 설명한다. 그것은 빨리 반응하고 결정하게 만드는 것과 같은 본능이다.

밀림이 아니더라도 사느냐 죽느냐 하는 상황에서는 위험을 피해야겠지만 사업이나 경력이나 심지어 일상에서 무조건 위험을 피하다 보면 무엇 하나 제대로 하기 어렵다. 창의적 기업 컨설턴트인 핸슨은 사업에서 부정 편향은 모든 것을 마비시킨다고 말한다. "기업이 새롭고 대담한 시도를 두려워하면 정체될 수밖에 없다. 그것은 혁신을 멈추게 한다."

두려움과 불안감에서 벗어나려면 어떤 질문이 필요한가?

질문은 결정과 행동에 영향을 주는 두려움을 찾는 데 도움이 된다. "정말로 무엇이 두려운지 알아내기는 어려울지 모른다. 그러나 일단 그것을 확인하고 말로 표현하면 두려움을 이해하고 빠져나갈 길을 찾을 수 있다. 이렇게 말이다. 나는 파산하거나 죽을 거야." 하이는 그렇게 말한다.

평생을 탐험가로 두려움과 싸워온 TV 시리즈 〈어메이징 레이스The Amazing Race〉의 진행자 필 코건Phil Keoghan은 두려움의 정체를 묻는 질문을 하는 것이 두려움을 극복하는 첫출발[47]이라고 말한다. 고소공포증부터 상어에 대한 두려움까지 갖가지 두려움을 극복하는 요령을 사람들에게 일러주는 코건은 사람들에게 이런 질문부터 던진다고 한다. 이런 두려움을 처음 느꼈던 때를 어떻게 기억하십니까? 그때 어떤 반응을 보였습니까? 그래서 무엇을 못했습니까? 두려움을 극복했다면 상황이 어떻게 달라졌을까요?

두려움을 해부하는 과정에서 '우리는 두려움이 얼마나 터무니없는 것이었는지 그리고 실제의 위험과 상상 속의 위험이 얼마나 다른

지 알게 된다.'

코건의 마지막 두 질문은 두려움을 극복했을 때의 긍정적 혜택에 초점을 맞춘다. 인생상담사인 커트 로즌그렌Curt Rosengren은 두려움을 극복하려 할 때는 왜를 강조하는 것이 중요하다[48]고 말한다. 이런 식이다. 왜 나는 이것을 두려워하면서도 포기하지 않고 이런 선택을 하는가? "하려는 것(두려움을 유발하는 것)에 초점을 맞추기보다 바람직한 결과의 긍정적 에너지에 초점을 맞추라"고 로즌그렌은 충고한다. 그렇게 하면 자신에게는 물론 다른 사람에게도 긍정적인 영향을 준다. 어느 쪽이든 왜 나는 이것을 하는가에 대한 답이 상황을 바꾸는 문제일 때 '그것은 용기를 주고 우리를 앞으로 끌어준다.' 그러면 두려움을 극복하기가 쉬워진다.

마음이 편치 않은 문제를 결정할 때는 위험을 무릅쓸 때처럼 긍정적인 감정에 초점을 맞춰야 한다. 애덤 핸슨은 고객에게 "두렵기는 해도 혹시 여기에 내 호기심을 자극하는 것은 없는가?"라고 자문할 것을 권한다. 그러나 위험을 무릅쓸 때처럼 부정적 감정을 검토하는 것도 중요하다. 그런 감정을 갖는 데는 일이 잘못될 수도 있다는 나름의 이유 있는 염려가 바탕에 깔려 있기 때문이다. 이런 문제를 대하면 생각하지 않으려 하기보다 정면으로 맞서 "최악의 경우 어떻게 될까?"[49]라고 묻는 편이 더 낫다.

이것은 흔히 하는 질문이고 매우 기초적인 질문이지만 그렇다고 해서 가볍게 여길 수 없다. 이 질문은 리스크 전문가나 스포츠 감독, 심리학자가 좋아하는 질문이다. 최악의 경우를 생각하게 하므로 부정적인 질문처럼 보일 수 있지만, 그러면 어떻게 해야 이를 극복할 수 있을까라는 질문을 함께 던지면 두려움을 완화시키고 위험을 무릅쓸 자신감을 얻을 수 있다.

작가이자 기업가인 조너선 필즈Jonathan Fields는 사람들이 실패를 생각할 때는 '막연히 생각하거나 과장하는 편'[50]이라고 지적한다. "우리는 심지어 실패를 구체적으로 생각하는 것도 겁을 낸다." 그러나 위험도가 높은 일에 도전하기 전에 실패했을 때 벌어질 일과 사태를 수습할 방도를 머릿속에 그려본다면, 필즈의 다음 말에 공감이 갈 것이다. "무슨 일이든 절대적인 실패는 드문 법이다. 웬만하면 되돌릴 방법이 있기 마련이다. 그렇게 생각하면 자신감을 가지고 나아갈 수 있다."

과학자이자 의사결정 전문가인 게리 클라인Gary Klein은 '사전 부검'을 제안한다.[51] 잠재적 실패를 머릿속에 그려보는 방법이다. 그러면 실패할 가능성을 근본으로 돌아가 따져볼 수 있다. 사전 부검을 질문으로 바꾸면 이렇게 된다. 실패한다면 원인이 무엇일까? 사전 부검은 지나친 낙관주의를 자제하고 위험을 좀 더 현실적으로 평가하게 해준다. 다시 한번 강조

실패의 두려움을 극복하기 위한 뚝심 있는 질문

- **실패할 리 없다는 것을 알면 무엇을 하겠는가?** 실리콘밸리에서 즐겨 인용하는 이 질문으로 시작해 용기가 필요한 가능성을 확인하라.
- **최악의 경우에는 어떻게 될까?** 이런 질문은 부정적으로 들릴지 모르지만 막연한 두려움을 좀 더 구체적으로 생각하게 해준다. 그러면 대부분 두려움이 많이 사라진다.
- **실패한다면 원인이 무엇일까?** 있을 수 있는 실패를 '사전 부검'해보고 잠재적 원인을 목록으로 작성해보라. 그렇게 하면 피해야 할 함정을 알아낼 수 있다.
- **그러면 어떻게 해야 실패를 딛고 일어날 수 있을까?** 실패를 수습할 방법을 생각하기만 해도 실패에 대한 두려움을 줄일 수 있다.
- **성공한다면 그것은 어떤 성공일까?** 이제 최악의 경우에서 최상의 시나리오로 시선을 바꿔보라. 성공을 그려보면 자신감이 생기고 앞으로 나가야 할 동기를 갖게 된다.
- **어떻게 하면 두려움을 향해 작은 첫발을 내디딜 수 있을까?** 큰 도약으로 이어질 수 있는 '걸음마'가 무엇인지 생각해보라.

하지만, 실패를 미리 생각할 때 가장 큰 이점은 그것이 있을 수 있는 실패의 불확실성과 두려움을 덜어준다는 사실이다. 실패를 미리 상상해보면 그것이 꼭 재앙은 아니라는 것, 실제로 그런 일이 일어나도 대처할 방법이 있다는 것을 알게 된다.

실패할 가능성을 그려볼 때는 꼭 이런 질문도 함께해야 한다. 성공한다면 그것은 어떤 성공일까?[52] 이런 질문은 부정 편향에 맞서 균형을 맞춰주므로 더욱 중요하다고 조너선 필즈는 지적한다. 필즈는 가장 좋은 시나리오를 구체적으로 그려볼 것을 추천한다. 현실은 거기에 미치지 못할 수 있지만 그런 상상만으로도 모험을 무릅쓸 용기와 확실한 동기를 얻을 수 있다.

물론 그런다고 일이 쉬워지지 않을 것이다. 두려움을 연구하는 사람들은 질문하고 상상해보고 미리 계획해도 두려움을 극복하는 데는 한계가 있다고 입을 모은다. 어느 단계에서는 행동하는 것 외에 다른 대안이 없다. 물이 아무리 무서워도 물에 들어가야 한다. 그러나 이때도 유용한 질문은 있다. 어떻게 하면 두려움을 향해 작은 첫발을 내디딜 수 있을까? 필 코건은 사람들에게 두려움을 극복할 방법을 조언하면서, 작은 일부터 시작해 두려운 대상에 조금씩 자신을 노출시키는 방법을 제시한다. 고소공포증을 극복하려는 사람에게 그는 낮은 구조물 위에 서는 것부터 시작해 차차 높은 곳으로 올라가라고 말한다.

위험도가 높은 모험에는 대부분 이와 비슷한 전략을 구사할 수 있다. 기업이 신제품을 내놓을 때는 완성된 제품을 본격적으로 출시하기 전에 저비용의 '베타' 버전을 한정판으로 선보이는 방식으로 걱정거리를 해결할 수 있다. 혁신을 꾀하는 사업체라면 2가지 질문을 해야 한다. 어떻게 하면 아이디어를 더 많이 만들 수 있을까? 어떻게 하면 이 아이디어를 저비용으로 신속하게 실험할 수 있을까? 2번째 질문에 대한 답만 알아도 1번째 답을 찾기 쉬워지고 위험도 줄어든다.

질문함으로써 현실을 잠깐이나마 바꿀 수 있다는 것, 그것이 질문의 위력이다. 실패할 리 없다는 것을 알면 무엇을 하겠는가[53]는 현실을 바꾸는 질문의 대표적인 사례다. 나는 지난 몇 해 동안 이 질문의 중요성을 청중에게 역설해왔다.

나만 이런 질문을 좋아하는 것은 아니다. 구글과 미국 방위고등연구계획국DARPA에서 근무했던 기술개발자 리기나 두건Regina Dugan이 2012년 TED 강연에서 비슷한 말을 한 이후로 이것은 실리콘밸리에서 자주 인용되는 질문이 되었다. 이 질문의 기원은 그보다 훨씬 전으로 거슬러 올라간다. 1980년대 초 미국의 목사 로버트 슐러Robert H. Schuller가 설교와 저술 등에서 이 질문을 사용한 것이다.

현실을 바꾸는 질문을 하면 다른 렌즈를 통해 세상을 바라볼 수 있다. "번창하는 모습을 상상하려면 대상을 실제 지금의 모습과 다르게 볼 기회가 있어야 한다."[54] 딜로이트센터포디에지에서 일하는 개발자이자 미래학자인 존 실리 브라운John Seely Brown은 그렇게 설명한다. "이것은 간단한 질문으로 시작한다. 만약에 …라면? 이 질문은 뭔가 낯설고 심지어 전혀 사실이 아닌 것을 현 상황이나 관점으로 끌어들이는 방법이다."

실패할 리 없다면이라고 물음으로써 우리는 머릿속에 하나의 조망을 설정하고 거기서 실패라는 제약을 걷어낸다. 이 질문은 좀 더 대담한 생각과 상상력을 발휘하도록 격려하는 수단으로, 현실의 한계와 제약을 무너뜨리는 데 흔하게 쓰이며 효과도 좋다. 제품 개발자는 때로 비용이 그렇게 중요하지 않다면? 같은 가설에 입각한 질문을 함으로써 일시적이나마 사고의 실질적 한계를 제거한다. 비용이라는 제약을 걷어내면 훨씬 더 폭넓게 아이디어를 탐구할 수 있다.

물론 현실 세계에는 어김없이 제약이 따라붙는다. 예산은 한정되어 있고 실패할 가능성 또한 떨쳐낼 수 없다. '실패할 리 없다면?'이라고 생각할 때 떠오른 아이디어는 나중에 시들해지거나 아예 폐기될 수 있다. 그러나 앞서 '반대의 경우를 생각하는' 기법과 마찬가지로 핵심은 더 대담하고 더 위험한 가능성까지 고려 대상으로 열어두는 것이다.

작가 론 리버Ron Lieber는 〈뉴욕타임스〉에 기고한 글에서 '실패할 리 없다면'의 여러 흥미로운 변종을 탐구했다.[55] 그는 대니얼 앤더슨Daniel L. Anderson의 사연을 소개했다. 앤더슨은 리노에서 부동산중개사로 일하는 것에 염증을 느껴 휴스턴에서 '안전한' 직장을 주겠다는 제의와 샌프란시스코에서 제시한 좀 더 위험성이 높은 직업을 두고 고민하고 있었다. 앤더슨이 선뜻 결정하지 못하자 멘토가 그에게 물었다. "두려울 것이 없다면 어떻게 하겠는가?"

앤더슨은 그 질문을 듣는 순간 "내 처지를 다시 검토하게 되었고, 쉽고 편한 일은 하지 말아야겠다고 생각하게 되었다"[56]면서, 어머니가 들려준 은퇴한 친구들의 후회를 떠올렸다고 덧붙였다. "나는 그런 사람이 되고 싶지 않았다." 그는 위험도가 더 높은 샌프란시스코의 일을 맡았고 잘나가고 있다. 그가 거절했던 휴스턴의 '안전한' 직장은 어디였을까? '엔론'이었다.

'미래의 나'라면 어떤 결정을 할까?

우리는 변화와 위험을 싫어한다. 그래서 때로는 삶을 향상시킬 수 있는 선택과 멀어지기도 한다. 그러나 격려의 말 한마디에 좀 더 대담한 선택을 한다면 어떻게 될까? 그러면 좀 더 만족하게 될까? 이를 알아보기 위해 경제학자 스티븐 레빗Steven Levitt은 사람들을 대상으로 어려운 결정을 하도록 하는 실험을 했다.[57] 참가자들은 동전을 던져 나온 결과에 따라 결정하기로 동의했다. 그래서 앞면이 나온 사람들은 약속대로 일자리 제의나 청혼 등 심사숙고해야 할 모든 제안에 대해 수락하겠다고 말했다.

6개월 뒤에 참가자들을 다시 인터뷰했을 때 레빗은 앞면('예')이 나온 사람이 뒷면('아니오')이 나온 사람들보다 행복도가 훨씬 높다는 사실을 확인할 수 있었다. 이것은 무엇을 말해주는가. 칼럼니스트 아서 브룩스Arthur C. Brooks는 〈뉴욕타임스〉에 이 연구 결과를 소개하면서 이렇게 분석했다. 동전 던지기에 맡기지 않고 우리 자신에게 결정권을 준다면 "기회를 만났을 때 우리는 아니오라는 말을 심하게 많이 한다."

브룩스는 더 나아가 위험을 기피하는 현상은 요즘 '어디에서나' 볼 수 있고 "젊은 사람들이 유독 심하다"라고 지적한다. 대표적인 예로 브룩스는 30세 이하 청년들이 과거에 비해 좀 더 나은 경력을 위해 근무지를 옮기는 경향이 크게 줄었다[58]고 지적한다. 다시 말해 새로운 기회를 잡겠는가 아니면 지금 이 상태를 유지하겠는가라는 질문을 받았을 때 우리는 현상유지 편향에 굴복하는 편이다.

그러나 질문의 프레임을 바꿔 미래로 가서 지금 순간을 돌이켜본다면 어떻게 될까?

합리적사고센터의 줄리아 갤럽은 이런 식으로 결정할 경우 현상유지 편향을 벗어나는 데 얼마나 도움이 되는지 일화를 소개한다. 그녀의 친구가 연봉을 7만 달러 올려준다는 일자리를 제안받은 적이 있었다.[59] 그는 거리가 매우 멀어 제안을 탐탁하게 여기지 않았다. 잠시 후 그는 자문해보았다. 내가 그 지역에서 일하고 있고 거기서 지금 이 곳 고향집과 가까운 곳으로 돌아올 기회가 생겼는데, 연봉 7만 달러 삭감이라는 단서가 붙는다면? 그 제안을 받아들이게 될까?

질문을 고쳐보자 답은 아니오로 나왔다. 그 제안을 받아들여야 한다는 의미였다. 그는 그렇게 했다. 질문의 프레임만 살짝 바꿨을 뿐인데 왜 같은 제안이 더 매력적으로 다가왔을까? 갤럽의 말을 따르면, 그녀의 친구가 처음에 그 제안을 탐탁지 않게 여겼던 것은 변화를 싫어하는 일반적인 성향 때문이다. 그러나 시나리오의 시점을 미래로 바꿔 그 지역으로 옮긴 모습을 상상하자 해볼 만한 시도라는 생각이 들었다.

미래의 시나리오를 상상해 지금 이 순간의 결정에 도움을 주는 질문을 '수정 구슬' 질문이라고 하자. 수정 구슬 질문이 효험이 있는 것은 우리가 지금 이 순간에 매우 집중하는 경향이 있기 때문이다. 단기적 사고에 치우치는 이런 성향 탓에 우리는 눈앞에 좋은 것만 보고 장기적인 목표나 결과는 소홀히 한다.

여기에 대처하는 방법은 미래의 어떤 상황을 설정하고 그 느낌을 상상해보는 것이다. "좋은 결정은 미래의 정서 상태를 예견하는 능력과 밀접하게 연결되어 있다."[60] 그래서 스탠퍼드대학 리더십 코치인 에드 바티스타Ed Batista는 "가끔 미래의 시나리오를 설정해 우리 자신의 모습을 그려볼 필요가 있다"라고 말한다.

기회가 왔을 때 잡을지 말지 망설여진다면 작가 롭 워커Rob Walker가 제시한 이런 질문을 생각해보는 것도 괜찮다. 몇 년 뒤에 지금 이 순간을 돌아본다면 기회가 무르익었을 때 변화를 시도하지 못했다며 아쉬워할까?[61] 이처럼 '미래의 나'의 기분을 상상할 수 있다면 장기적으로 더 좋은 결정을 내리는 데 도움이 될 것이다.

어떻게 해야 계속 발전할 수 있을까?

'미래의 나'는 '현재의 나'와 전혀 다를 수 있다. 장기적인 결정이 어려운 것은 그 때문이다. "인간은 진행 중인 작품이다. 그런데도 사람들은 자신을 완성품으로 오해한다."[62] 심리학자 댄 길버트Dan Gilbert의 말이다. 그는 연구를 통해 사람들이 가치와 선호도 면에서 앞으로 10년 동안 일궈낼 수 있는 변화의 크기를 과소평가한다는 사실을 확인했다.

새로운 조직에 들어가거나 다른 지역으로 옮기거나 경력에서의 변화를 시도하는 등 오랜 시간이 흐른 뒤에야 결과가 나타날 문제를 결정할 때 먼저 생각해야 할 질문은 이것이다. 어떤 선택을 해야 빛을 보고 계속 발전할 수 있을까?

새로운 회사에 들어가는 문제를 놓고 이런 질문을 하면 임금 인상처럼 당장 눈앞의 인센티브를 넘어 성장의 기회 등 앞으로 기대할 수 있는 혜택에 눈을 돌리게 된다. 애덤 그랜트는 〈뉴욕타임스〉에 기고한 칼럼에서 방금 말한 폭넓은 질문에 답할 수 있도록 목표가 좀 더 명확한 질문들을 몇 가지 제시한다.[63]

그랜트에 따르면, 자신에게 맞는 회사를 찾을 때 해야 할 가장 중요한 질문은 이것이다. 말단직원도 정상에 오를 수 있을까? 그러려면 그동안 이 회사에서 비서나 엘리베이터 안내원 중 임원이 된 사람들에 관한 이야기가 있어야 한다. 그러면 이 회사에서 큰 포부를 갖고 '미래의 나'를 그려볼 수 있다. 그랜트는 관련된 질문을 하나 더 덧붙인다. 이 조직에서 내 운명을 개척하고 영향력을 행사할 수 있을까? 승진 가도를 달리는 것도 중요하지만 회사에서 벌어지는 일에 대해 실질적인 결정권을 갖는 것 역시 못지않게 중요하다.

새 회사에서 뭔가 배울 것이 있고 경험을 쌓고 창의적인 일을 할 수 있는지 알아봐야 한다. 그래야 발전하고 전진할 수 있다. 그것을 그랜트는 이런 질문으로 요약한다. 상사는 부하직원이 실수했을 때 어떤 반응을 보이는가? 이에 대해서는 과거의 실패 사례를 찾아보면 답이 나온다.

그랜트는 1,000만 달러의 손해를 끼친 IBM 직원의 이야기를 예로 든다. IBM 회장 톰 왓슨 앞에 불려간 그 직원은 해고 통지를 예상했지만, 왓슨의 반응은 달랐다. "해고하라고? 자네를 교육하는 데 무려 1,000만 달러를 썼는데, 해고라니?"

어떤 회사에 몸을 담아야 발전하고 성장할 수 있을지 알고 싶을 때는 먼저 이렇게 질문해보라. 다른 사람들은 이 회사에서 어떤 식으로 새로운 기술을 익히고 책임을 늘리는가? 그리고 직장에서의 인간관계도 고려해야 한다. 사람들은 일에서 얻는 행복을 생각할 때 흔히 이 부분을 과소평가한다[64]고 인적관리 전문가이자 이그나이트80의 설립자 론 프리드먼Ron Friedman은 말한다. 프리드먼은 이런 질문을 권한다. 이 조직은 직원 간의 '유대감'을 어떻게 북돋우는가?

동료 의식을 증진하기 위해 특별히 남다른 노력을 기울이는 회사들이 따로 있다.

새로운 일자리를 제안받았을 때 일이 재미있고 마음에 드는 사람들과 함께 지낼 수 있는 곳인지 알고 싶으면 사람들은 보통 현재에 더 관심을 쏟는다. 그러나 시카고대학 행동과학 전문가인 아일릿 피시바흐Ayelet Fishbach는 사람들이 미래는 아무래도 좋다고 생각하는 것 같다고 말한다. 그래서 그녀는 이렇게 묻는다. "왜 현재 직장을 따질 때는 지금의 이점이 중요하다는 것을 잘 알면서, 미래에는 그런 것이 크게 문제가 되지 않을 거라고 생각하는가. 지루한 2시간짜리 강의는 견디지 못하는 학생이 왜 지루해도 보수만 좋다면 그 직업에 만족할 것이라고 생각하는가."[65]

피시바흐는 이것이 미래를 생각할 때 현실적인 측면을 고려하지 못하는 인간의 기본적 성향 탓이라고 말한다. 그래서 그녀는 이렇게 충고한다. "즐거운 마음으로 일을 계속할 수 있는 경력이나 프로젝트를 선택하라." 그러면 '반복되는 일상에서도 소소한 기쁨'을 얻을 수 있고 일에서도 커다란 만족을 얻을 수 있다.

직장을 택하기 전에 물어야 할 질문

- **말단직원도 정상에 오를 수 있을까?** 승진 가도를 달렸던 사람들의 사연이 얼마나 많은지 알아보라.
- **이 조직은 실수에 대해 어떤 반응을 보이는가?** 이 질문으로 그 조직에서 자신의 아이디어를 실험하고 성장할 수 있는지 판단할 수 있다. 이렇게 물어도 된다. 내 모험적 시도가 잘못되었을 때 징계를 받을까?
- **내가 이 조직에서 영향력을 행사할 수 있을까?** 지위가 있는 사람들이 나름의 결정권을 갖는지 알아보라.
- **다른 사람들은 어떤 식으로 기술과 책임을 늘리는가?** 그곳에서 발전할 수 있는지를 판단할 수 있는 또 하나의 핵심 요소다.
- **이곳은 동료 의식을 증진시켜주는가?** 직장에서 인간관계는 생각보다 중요하다.
- **반복되는 일상에서 내가 '작은 기쁨'을 누릴 수 있을까?** 직장에서의 행복은 매일 하는 사소한 일에서 결정된다.

내 결정을 사람들에게 어떻게 설명할까?

장기적인 관점에서 결정할 때는 중요한 결정 하나하나를 전체 이야기 속의 한 장章으로 생각하라[66]고 하버드대학 경영대학원 직업윤리학 교수 조지프 바다라코Joseph Badaracco는 말한다. 그러니 이렇게 질문해보라. 이 장은 전체 서사와 잘 어울리는가?

바다라코는 더 큰 맥락에서 합리적인 결정을 하려면 그 결정이 장기적 목표와 긴밀하게 연결되어야 한다고 말한다. 그런 결정을 내릴 때는 의무나 인간관계나 가치도 생각해야 한다고 덧붙인다. 바다라코는 이렇게 물을 것을 권한다. 조직이나 고객, 커뮤니티, 가족을 생각할 때 내 핵심 임무는 무엇인가? 이렇게 물으면 내 결정이 관심사에 어느 정도 기여하는지 평가할 수 있다.

마지막으로 그는 결정을 내리고 난 뒤 마음이 개운할지 알고 싶을 때는 이런 '수정 구슬' 질문을 해보라고 말한다. "내 결정을 가까운 친구나 멘토 등 존경하고 믿을 만한 상대에게 설명한다고 상상해보라. 기분 좋게 설명할 수 있겠는가. 그 사람은 어떤 반응을 보일까?"

물론 '미래의 나'와 나를 신뢰하는 '미래의 다른 사람들'이 후회할 결정은 피하고 싶겠지만, 가장 큰 후회는 지나치게 조심하고 몸을 사린 결정일 때가 많다.

레빗의 연구에 참여해 동전 던지기에 따라 대담하게 '예'라고 말한 자신의 결정에 만족한 사람들을 위해, 종잡을 수 없는 동전 던지기가 아닌 대안을 제시하겠다. 이것은 마음이 어느 한쪽으로 기울도록 만들어진 질문이다. 용기가 필요한 결정에 대해 예라고 말하는 편이 낫다면 이것도 예라고 하는 것이 어떨까? 이런 식으로 질문하면 '아니오'라고 말하기가 부담스러워진다.

결정할 때 '예' 쪽으로 치우친다고 생각되면 몇 가지 질문을 더 해도 된다. 이것을 예라고 하면 어떤 경우에 아니오라고 말할 것인가?[67] 리더십 코치 마이클 번가이 스태니어Michael Bungay Stanier가 만든 이 질문은 어떤 결정에 대한 '기회비용'을 상기시키기 위한 것이다. A를 선택하면 B를 할 수 없다. 실제로는 B가 더 좋고 게다가 가능성이 크지만, 그렇다고 해서 A에 대해 예라고 못해서는 안 된다. 대부분 실제로 할 만한 가치가 없는 것에 대해서는 예라고 하기가 조심스럽다. 그랬다가 나중에 더 좋은 것을 할 기회를 놓칠지 모르니까. 달력에 비어 있는 날짜를 앞으로 올지 모르는 괜찮은 기회로 채우고 싶을 때 방금 질문을 자신에게 던져보라.

자꾸 '예' 쪽으로 치우치는 선택을 계속한다 해도 경솔하게 수락하거나 의무감에 예라고 해야 한다는 뜻은 아니다. 어떤 프로젝트에 합류해달라는 초대를 받았을 때 어떻게 반응해야 할지 망설여지는 경우가 여기에 해당한다. 대부분 예의상 예라고 해놓고 나중에 일이 닥쳤을 때 대개 후회한다.

초대를 받았을 때 예라고 했다가 나중에 후회할지 알 방법이 있다. 여기에는 또 다른 '수정 구슬' 질문이 필요한데, 심리학자 댄 애리얼리가 제시한 것이다. 그는 그것을 '취소 다행' 질문[68]이라고 했다. 누군가로부터 초대를 받았을 때는 이렇게 자문해보라. 초대를 받아들였는데 나중에 그 일이 취소되었다는 소식을 들으면 기분이 어떨 것 같은가? 애리얼리는 이렇게 말한다. "다행이라고 여기면 가고 싶지 않았던 것이다. 아니오라고 말하기가 거북해 마지못해 수락했던 것이다."

미래를 염두에 두고 결정할 때 마지막으로 생각할 것은 기억할 만한 경험은 '미래의 나'에게 대단한 가치를 지닌다는 사실이다. 아마도 얼마 있으면 사라질 현금 보너스 등 단기적 혜택보다는 그런 경험 몇 가지가 더 나을지 모른다.

칼 리처즈Carl Richards는 〈뉴욕타임스〉에 기고한 글에서 이런 질문을 제시했다. "경험을 으뜸으로 여길 때 더 행복하고 더 만족스럽고 더 창의적이 되고 남에게도 기억에 남는 사람이 된다면?"[69] 리처즈는 곧이어 이 질문에 대한 답으로, 실제로 풍부하고 기억할 만한 경험이 여러모로 우리의 삶을 향상시킨다는 연구 결과를 제시했다.

지금 예라고 말한 경험은 '미래의 내가' 기억하고 남과 공유하는 이야기가 될 것이다. 이것은 작가이자 컨설턴트인 존 헤이글John Hagel이 제시한 '수정 구슬' 질문으로 이어진다. 헤이글은 2가지 선택의 갈림길에서 결정해야 할 때 이렇게 자문해보라고 권한다. "5년 후에 돌아봤을 때 어떤 선택이 더 좋은 이야깃거리가 될까?[70] 더 좋은 이야깃거리가 되는 쪽을 택해놓고 후회할 사람은 없을 것이다."

내 테니스공은 무엇인가?

결정을 내려야 하거나 문제를 바라볼 때 질문 한마디로 신선한 시각을 가질 수 있다면, 어떤 목적의식을 찾거나 어려운 도전을 만났을 때도 이런 도구를 활용할 수 있을 것 같다.

어디를 가나 '열정을 따르라'라는 말을 유행어처럼 들을 수 있는 세상이지만 따라야 할 열정이 무엇인지 확실치 않다면 그것도 별다른 도움이 되지 못한다. 이것은 사회에 막 첫발을 들여놓은 사람뿐 아니라 기반을 잡았거나 크게 성공했지만 성에 안 차는 사람들에게도 문제가 되는 고민이다. 우리는 예기치 못한 일자리나 프로젝트를 제안받고 거절하기 아까워 수락했다가 뜻밖의 천직이 된 경우를 가끔 본다. 이처럼 다른 사람이 정해주거나 환경에 떠밀려 선택한다면 따로 고민할 일이 없다. 하지만 지금 우리는 그런 경우를 얘기하는 것이 아니다. 새로 시작하든 진로를 바꿀 생각이든 결정이 쉽지 않을 때 표적이 분명한 질문을 활용하면 해야 할 일에 대해 더 좋은 느낌을 가질 수 있다.

정말로 추구하고픈 열정이 무엇인지 알아보기 위한 질문을 찾기 전에, 생각을 뒤집어 질문해보는 것도 괜찮다. "내 열정이 무엇인가?"라는 질문이 꼭 필요한가? '열정' 질문은 좋은 점보다 나쁜 점이 많다고 생각하는 사람도 있다. "젊은 사람들은 '어차피 이 일을 하게 될 거야' 같은 생각 때문에 아무것도 못 한다.[71] 열정은 따르는 것이 아니다. 열정은 힘들어도 세상에 가치 있는 일에 뛰어들 때 저절로 따라오는 것이다."

작가 칼 뉴포트Cal Newport의 조언은 이렇다. 열정은 무시하고 흥미로워 보이는 커리어를 고르라. 그런 다음 그 일을 잘하는 데 초점을 맞추라. 그러면 그것이 나의 열정이 될 것이다.

작가 엘리자베스 길버트도 사람들에게 '열정을 따르라'라는 조언을 더는 하지 않는다[72]고 말한다. 자신의 진정한 소명이 무엇인지 모르는 사람들에게는 스트레스만 되기 때문이다. 그런 것이 있다 해도 마찬가지다. 길버트는 이제 "호기심을 따르라"라고 충고한다. 그렇게 되면 그것이 하나 또는 여러 가지 다양한 열정으로 안내할 것이다.

그래도 방향을 일러주고 동기를 부여하고 집중력을 발휘할 목표나 일을 찾는 데 도움이 될 말은 있다. 하이테크 스타트업 드롭박스의 공동설립자 드루 휴스턴Drew Houston은 크게 성공한 사람일수록 "중요한 문제를 해결하는 데 유별난 집착을 보인다"고 말한다. "그들을 보면 테니스공을 쫓아가는 개가 생각난다."[73] 행복과 성공의 확률을 높이려면 자기만의 테니스공, 즉 '내 마음을 사로잡는 것'을 찾아야 한다고 휴스턴은 말한다. 그 '테니스공'이 무엇인지 알아내는 것은 다가올 여러 가지 다른 결정과 선택에 분명한 영향을 미친다. 실제로 이렇게 물을 수 있기 때문이다. 이 일이 나의 테니스공을 좇는 데 어떤 도움이 될까?

나만의 테니스공이 무엇인지 알아내는 공식 같은 것은 없지만 자신에게 물을 질문은 3가지로 나눠 생각해볼 수 있다. 자신의 강점이나 자산, 자연스레 형성된 관심, 자신을 넘어 더 큰 대상에 기여할 수 있는 방법 등이다.

'자산' 질문은 단순하고 직설적이다. 나만의 장점은 무엇인가? 심리학자이자 펜실베이니아대학 긍정심리학센터에서 이 문제를 연구하고 있는 마틴 셀리그먼Martin Seligman은 가장 좋았던 시기를 구체적으로 써본 다음, 결과가 좋았던 에피소드를 깊이 분석해보면 자신의 자질을 알아낼 수 있다고 말한다. 가장 좋았던 시기에 내가 보여주었던 나만의 강점은 무엇이었나?[74] 그때 나는 창의력을 보여주었는가? 탁월한 판단은? 친절은? 자신의 주특기를 알아냈으면 다음 과제는 그런 강점을 발휘할 방법을 알아내는 것이라고 그는 말한다.

이것을 좀 더 유쾌하게 생각하려면 이렇게 물으면 된다. 나의 슈퍼파워는 무엇인가?[75] 경영 컨설턴트인 키스 야마시타Keith Yamashita가 제시한 이 질문의 배경에는 '어떤 상황에든 응용할 수 있는 성격적 특성과 적성의 조합을 힘들이지 않고 풀어놓는다'라는 생각이 깔려 있다. 자신의 능력과 강점을 열거하기 어렵다면 갤럽의 임원 톰 래스Tom Rath의 인기 프로그램 〈스트렝스파인더 2.0〉을 활용해보라.[76] 여기에 34가지 특성을 소개해놓았다. 자신의 강점을 찾으면 내가 갖고 있는 것을 최대한 활용하기 그만큼 쉬워질 것이다.

내가 잘하는 것이 무엇인지 물었으면 자연스레 관심이 가는 것을 물을 차례다. 이 2가지가 겹치기도 하지만 꼭 그런 것은 아니다. 마음을 비우고 자신의 활동이나 행동을 검토하기 전에는 정말 마음에 두고 있는 것이 무엇인지 잘 모를 때가 있다. 그래서 '자신의 인생의 인류학자'가 되어야 한다[77]고 코치이자 『에센셜리즘』의 저자 그렉 맥커운Greg McKeown은 말한다. 그는 이렇게 자문할 것을 권한다. 정말로 행복했던 적은 언제이며 무엇 때문에 행복했는가? 미련을 버리지 못해서 계속 다시 매달리게 되는 활동이나 주제는 무엇인가? 나는 언제 가장 나답게 보이는가?

여기에는 현재의 일뿐 아니라 어린 시절 등 과거의 활동까지 포함된다. 심리학자 에릭 메이젤Eric Maisel은 "10살 때 나는 무엇을 즐겼나?"[78]라는 질문을 추천한다. 어린 시절 좋아했던 일을 목록으로 작성했으면, 그중에서 "지금도 여전히 마음에 와닿는 것이 무엇인지 보라. 그것은 좋아했던 것을 업데이트하는 과정이다. 내가 즐겨 했던 것 중에는 더는 존재하지 않거나 지금 생각하면 터무니없는 어떤 것일 수 있다. 그러나 그런 애착을 새로운 형태로 발견할 수 있다."

자연스레 관심이 가는 일을 확인할 수 있는 질문은 또 있다. 끼니조차 잊게 하는 것은 무엇인가?[79] 〈포브스〉의 칼럼니스트 마크 맨슨Mark Manson은 이런 발상에 주목했다. 이 아이디어는 심리학자 미하이 칙센트미하이의 '몰입' 이론[80]이 그 바탕이다. 창작 활동 중에 몰입 상태에 빠지는 사람은 그 순간만큼은 시간이 가는 줄 모르고 일과 관련이 없는 것은 잊는다.

맨슨은 어렸을 때 비디오게임에 한 번 빠지면 끼니때가 되어도 몰랐다고 털어놓는다. 나중에 글을 쓸 때도 비슷한 몰입을 경험했다. 어떤 사람들은 가르치거나 문제를 풀거나 물건을 정리하면서 그런 기분을 느낀다. "무엇이 됐든 밤을 꼬박 새우게 만드는 일이 무엇인지 알아내고 그런 행동에 감춰진 인식적 원리를 들여다봐야 한다. … 그런 원리는 어디에나 쉽게 적용할 수 있다."

단순히 자연스레 생긴 관심만 볼 것이 아니라 그 이상을 보고 자신 이외의 다른 것도 볼 수 있다면 이런 질문으로 큰 세계를 배울 수 있다. 세상이 필요로 하는 것은 무엇이고 나는 어떤 도움을 줄 수 있는가? 저널리스트 데이비드 브룩스는 '설계가 잘된 삶'을 추구하는 사람들[81]의 특징을 설명한다. 그들은 개인의 실천 능력과 '소명 받은 삶'을 강조한다. 소명 받은 삶을 사는 사람들은 이렇게 묻는다. 나는 무엇을 하라고 소명 받았는가? 내가 할 수 있는 가장 유용한 사회적 역할은 무엇인가? 이는 심리학자이자 『그릿』의 저자인 앤절라 더크워스Angela Duckworth가 대학 졸업생을 위해 쓴 글의 주제다.

그녀는 '관심이 가는 쪽을 향해' 가되 '목표를 추구하라'라고 조언한다. 그래서 무엇을 할지 묻지 말고 이렇게 물으라고 권한다. "나는 세상이 어떻게 바뀌기를 원하는가?[82] 나는 어떤 문제를 해결하는 데 도움을 줄 수 있는가? 이렇게 되면 해결해야 할 문제가 있는 곳에 초점이 맞춰진다. 다른 사람들에게 어떻게 봉사할 것인가 하는 문제다."

사람들의 삶을 향상시킨다는 목표는 다소 거창하게 보이지만 대니얼 핑크의 지적대로 좀 더 겸손하게 표현하는 방법도 있다. "목적Purpose을 대문자 P로 생각할 수 있다."[83] 핑크는 그렇게 말한다. 굶주린 사람에게 먹을 것을 주고 기후 위기를 해결하는 일 등이 그것이다. "하지만 소문자 p로 시작하는 또 다른 목적도 있을 것 같다." 이렇게 물어보면 된다. "내가 오늘 출근하지 않으면 상황이 안 좋아질까?" 2가지 형태의 목적을 구분해 질문할 수 있다. '대문자 P'로 시작하는 목적의 질문은 "나는 뭔가 변화를 만들고 있는가?"이고 '소문자 p'로 시작하는 질문은 "나는 뭔가 보탬이 되는가?"다. 핑크는 2가지 유형의 목적이 다 가치가 있고 의미 있다고 지적한다. 하지만 아무래도 실행하기는 후자가 조금 더 쉬울 것이다.

새로운 사업을 모색하든 평생의 과업을 찾든, 진정으로 야심 찬 멋진 질문(궁극적인 테니스공을 찾는 질문)을 구한다면 이런 것은 어떤가. 어떻게 하면 나만의 강점을 내 관심사와 다른 사람을 돕는 일에 모두 적용할 수 있을까? 강점·관심·목적 등 3가지 '열정' 요소에 역점을 두면 자연스레 하고 싶은 일에 몰두하면서 타고난 재능을 이용해 상황을 바꿀 수 있다.

칼 뉴포트는 질문에 대한 답을 찾는다 해도 여전히 고난과 문제점은 떨치기 힘들다고 경고한다.[84] 테니스공이 늘 구미에 맞는 것은 아니다. 그는 소명이나 열정처럼 추구할 만한 이상적인 목표를 찾으면 일이 순조롭게 풀릴 것이라고 생각하기 쉽지만, 현실은 그렇지 않다고 지적한다. 그는 막상 정해진 분야에서 일정한 경지에 이르기 어렵다는 것을 깨닫는 순간 흥미를 잃고 금방 포기하는 학생을 적지 않게 봐왔다.

자신의 열정을 찾는 데 필요한 질문 6가지

- **내 테니스공은 무엇인가?** '내 마음을 사로잡는 것'을 확인하라. … 그것은 테니스공을 좇는 강아지처럼 외곬으로 몰두하게 만드는 힘이 있다.(드루 휴스턴)
- **끼니조차 잊게 하는 것은 무엇인가?** 먹는 것보다 더 중요한 일이 있다는 것은 그만큼 많은 의미가 담겨 있다는 말이다.(마크 맨슨)
- **10살 때 나는 무엇을 즐겼나?** 과거를 돌이켜보면, 앞으로 해야 할 일이 언뜻 보이기도 한다.(에릭 메이젤)
- **나의 슈퍼파워는 무엇인가?** '어떤 상황에든 응용할 수 있는 성격적 특성과 적성의 조합'을 목록으로 작성하라.(키스 야마시타)
- **나는 세상이 어떻게 바뀌기를 원하는가?** 이렇게 질문하면 "해결해야 할 문제가 있는 곳에 초점이 맞춰진다. 다른 사람들에게 어떻게 봉사할 것인가 하는 문제다."(앤절라 더크워스)
- **내 한 문장은 무엇인가?** 이 질문은 내가 누구이며 무엇을 이루고자 하는지를 단 한 줄로 요약함으로써 목적의 본질을 파악하게 해준다.(대니얼 핑크)

가치 있는 일이 쉽지 않다는 것을 알면 마크 맨슨이 말하는 이런 다소 황당한 질문을 마음에 담아두기 바란다.[85] 나는 그 개떡 같은 샌드위치 중에 어떤 맛을 가장 좋아하는가? 맨슨의 설명대로 "어떨 때는 되는 일이 하나 없다. … 그래서 질문은 이렇게 된다. 어떤 고통이나 희생이면 참겠는가?"

앞의 질문들을 모두 했는데도 테니스공을 찾지 못했다면 질문이 모자란 것이 아니라 결정적인 진술을 찾지 못하는 것인지 모르겠다. 내가 누구이고 이번 생에서 내가 이루고자 하는 것이 무엇인지 간단히 정리해주는 진술 말이다. 그런 진술은 생각해내기 어렵다.

그렇다면 이렇게 물어보라. 내 한 문장은 무엇인가?[86] 이것은 저널리스트이자 하원의원이었던 클레어 부스 루스Clare Booth Luce가 존 F. 케네디 대통령에게 했던 질문이다. 루스는 케네디에게 "위대한 인물은 하나의 문장"이라고 말했다. 뚜렷하고 강인한 목적을 가진 리더는 한 줄로 요약할 수 있다는 뜻이다. "링컨은 미합중국을 수호하고 노예를 해방시켰다." 루스의 이 표현을 높이 샀던 대니얼 핑크는 이 질문은 대통령뿐 아니라 누구에게나 던질 수 있다고 평가했다.

내 문장(개인의 사명선언문이라고 해도 좋다)이 무엇인지 궁금하면 이렇게 물어보라. 나는 무엇으로 기억되고 싶은가? 내게 가장 중요한 것은 무엇인가? 나는 어떤 변화를 만들고 싶은가?

목적을 찾는 것, 즉 테니스공을 좇는 일은 창의력과 밀접한 관련이 있다. 그것이 제2부의 주제다. 좀 더 창의적인 삶을 추구하기로 했다면(앞으로 살펴보겠지만 그런 결정에 대해 예라고 말해야 할 뚜렷한 이유가 있다) 무엇을 만들지, 어떻게 시작하고 계속 진척시킬 수 있도록 스스로 동기부여를 할지, 지금 하는 일이 좋은 것이라고 어떻게 판단할지, 어떻게 그 일을 개선할지, 어떻게 계속 진화하고 새로운 마음가짐으로 창의적인 일을 추구해갈 수 있을지 등을 파악하는 데 필요한 예리한 질문들을 계속 던져야 한다.

이런 질문들은 홀로 고독한 작업을 수행하는 개인이나 함께 새로운 것을 만들고 혁신하려는 집단에게도 그대로 적용된다. 이런 질문은 독창적인 생각을 표현하는 예술작품뿐 아니라 사업이나 사람들의 생활 방식을 바꿔주는 창의적인 제품과도 어울린다. 그런 질문은 자신을 '창의적'이라고 생각하든 그렇지 않든 여전히 유효하다.

제2부

뇌를 깨우고 창의적으로 생각해야 할 때

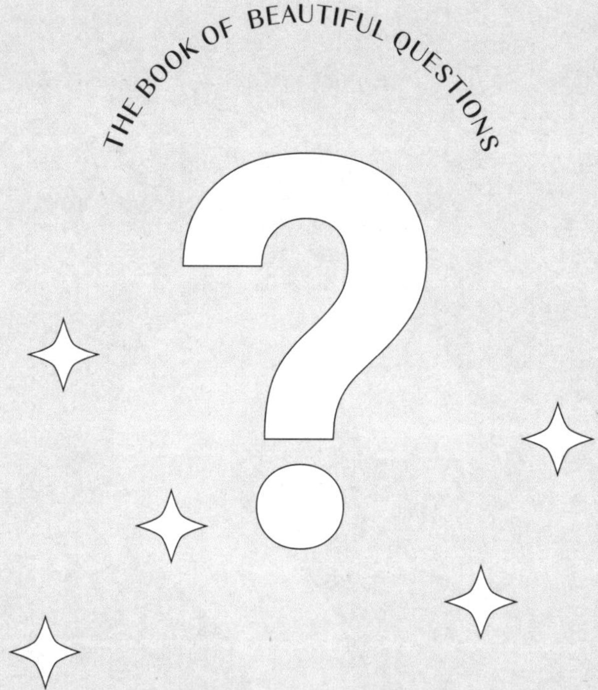
THE BOOK OF BEAUTIFUL QUESTIONS

왜 창작하는가?

세계적으로 손꼽히는 컨설팅회사를 설립한 데이비드 켈리David Kelley는 몇 해 전에 하루 휴가를 내어 4학년 딸아이의 수업에 갔다.[1] 그날 일일 교사로 봉사하기로 되어 있던 그는 학교에 있는 동안 의사로부터 전화를 받았다. 의사는 진단 결과가 나왔다며 인후암이라고 했다. 병세가 상당히 진전된 상태여서 심각하다는 말도 덧붙였다. 56세였던 그에게 의사는 생존 확률이 40% 정도라고 했다.

데이비드가 전화를 끊고 그 소식을 가장 먼저 전한 사람은 동생 톰이었다. 어렸을 때 방을 같이 썼던 톰은 나중에도 오랜 세월 데이비드와 함께 그들의 회사인 IDEO에서 파트너로 일하고 있었다. 당시 브라질에 있었던 톰이 데이비드의 전화를 받은 것은 프레젠테이션을 막 마쳤을 때였다. 톰은 데이비드의 곁을 지키기 위해 고향으로 돌아왔다.

이후 6개월간 화학 요법과 수술이 반복되는 투병 기간 중에 두 사람은 거의 매일 만났다. 치료는 순조롭게 진행되어 항암 치료가 끝나갈 무렵 병세는 크게 호전되었지만, 미래는 여전히 불투명했다. 어느 날 데이비드는 톰에게 요즘 심각한 화두를 붙들고 씨름하는 중이라고 털어놓았다. 나는 무얼 하기 위해 세상에 왔는가?

그는 훌륭한 사업을 일으켰고 사랑하는 가족과 아름다운 집도 있었다. 그래도 그는 세상에 두고 남길 만한 무엇이 더 없을까 계속 생각했다. 그러다 어느 순간 멋진 질문에 도달했다. 어떻게 하면 사람들이 창의적 자신감을 되찾도록 도울 수 있을까?

켈리 형제는 이 문제를 함께 생각해보기로 했고, 데이비드가 암에서 완치되고 두 사람의 노력은 한층 탄력을 받았다. 데이비드와 톰은 대학 강단에서 학생들을 가르치고 『유쾌한 크리에이티브』를 함께 쓰고 TED 강연을 하고 온라인 강좌를 개설하는 등 본격적으로 창의력 철학을 알리기 시작했다. 켈리 형제의 철학은 3가지 원리로 구성된다.

(1) 창의력은 사업과 직업의 성공에 필수적이다. 톰의 말에 따르면, "창의력은 어떤 길을 따라 당신의 온전한 삶으로 흘러 들어간다." 그것은 삶을 보다 충만하고 생산적으로 만들어준다.

(2) 우리는 누구나 창의력을 가지고 있다. 하지만 우리는 어린 시절부터 그렇지 않다고 믿도록 길들여졌다. 켈리 형제는 대학에서 학생들을 가르치고 IDEO에서 직원들과 일하고 고객을 상대하면서 그들에게 '창의적 자신감'을 불어넣었다. 그들에게 창의적인 아이디어를 생각해내고 거기에 생명을 불어넣을 능력이 있다는 믿음을 심어주면, 실제로 그들의 창의적 잠재력이 활짝 열리는 모습을 직접 눈으로 확인했다.

(3) 어떤 단계를 밟아 행동에 옮김으로써 창의적인 아이디어를 수면 위로 끌어올리고 발전시킬 방법이 있다. 이 과정을 따르면, 필요

한 만큼 창의력을 끌어낼 수 있다. 따라서 다윈의 말대로 '주의 천사가 나타나 무엇을 하라 말해줄'[2] 때까지 기다릴 필요가 없다. 켈리 형제는 창의적인 아이디어를 만들어내고 거기에 생명을 불어넣는 IDEO 방법론을 설명하기 위해 '디자인 싱킹'이라는 용어를 사용한다. 나는 그것을 '응용화된 질문'으로 받아들인다. 창의적 과정의 각 단계에서 특정 유형의 질문을 하는 것이 그 핵심이기 때문이다.

이 3가지 아이디어, 즉 창의력은 우리 모두에게 중요하다는 것, 우리 모두가 직장과 일상에서 창의력을 좀 더 적극적으로 발휘할 수 있다는 것, 창의력을 자극해 생산적인 결과를 낳게 해주는 기본 단계들이 있다는 것 등이 제2부의 주제다.

이 3가지 문제도 스스로에게 질문하는 방식으로 모두 해결할 수 있다. 게다가 질문을 하면 독창적인 아이디어를 찾고, 창의력에 방해가 되는 걸림돌을 극복하고, 매우 산만한 가운데서도 언제 어디서 창의력을 꽃피울 수 있는지 알아내고, 작업 방법을 개선하고, 일을 마무리해 '출시'할 방법을 알아내고, 창작 작품이 진부해지지 않도록 지속적으로 진화하는 방법을 찾는 등 창의력과 관련된 많은 난제를 상당수 해결할 수 있다.

창의력을 고취하고 육성하는 데 필요한 질문은 제1부에서 소개한 의사결정 질문과 마찬가지로 중요한 순간에 관점을 바꿀 수 있도록 설계된 것이다. 그렇게 하면 새로운 시각에서 창의적 기회와 도전을 바라볼 수 있다. 그런 질문은 들쭉날쭉한 창작 과정의 기복을 헤쳐 나가는 데 도움을 주고, 켈리 형제가 지적한 대로 우리가 깨닫든 깨닫지 못하든 누구나 내면에 지니고 있는 '창의적 자신감'을 찾아내

한껏 부풀려주기 위한 것이다.

다음에 소개할 질문들은 창작 중에서도 '어떻게'에 해당하는 부분을 주로 다루지만, 그래도 '왜'로 시작하는 것이 더 낫다고 본다. 창의적이 되겠다고 언약을 하는 것은 중요한 일이다. 왜 창의적이어야 하는가? 세상에는 위대한 창의적 작품이 차고 넘친다. 무엇 때문에 가뜩이나 많은 산더미에 돌 하나를 보태는가? 내 작품이 금전적으로 보상을 받을지, 사람들에게 호평을 받을지, 아니 내 마음에 들지 알 길이 없다. 왜 모험을 하려 하는가?

시작 단계에서 이러한 질문들을 생각해보면 창의력의 편에 서기로 마음먹는 데 도움이 되지만, 그런 결정은 그 자체로 놀라운 효과를 가져다준다. 창작 활동으로 성공한 사람들을 연구한 심리학자 로버트 스턴버그Robert Sternberg는 어느 지점에 이르러 의식적으로 창의력의 편에 서기로 작정한 순간 성공의 실마리가 풀린다는 사실[3]을 발견했다. "그런 결심이 없으면 창의력은 나타나지 않는다." 스턴버그는 그렇게 단정했다. 그의 연구 결과를 참고한다면 창의력과 관련된 1번째 질문은 이렇게 될 것이다. 나는 창의력을 지지할 의향이 있는가? 그렇다면 이유는 무엇인가?

대답은 여러 가지가 있을 수 있지만, 시작하기에는 이런 답이 좋을 듯하다. 비록 창작 활동이 땀을 쏟고 심혈을 기울이는 작업장을 벗어나지 않는다 해도, 그것 자체로 창작자에게 매우 긍정적인 영향을 미칠 수 있다. 아무리 사소해도 창의적인 일을 하는 것만으로도 행복해지고 행복감이 높아진다.[4] 생산성에 관한 글을 쓰는 필리스 코르키Phyllis Korkki의 말처럼 "창의력은 두뇌를 위한 요가다."[5]

심리학자 미하이 칙센트미하이도 본격적인 창의력 연구를 통해 비슷한 사실을 발견했다. 그는 사람들이 자신의 상상력과 역량을 극한까지 밀어붙여야 하는 과제에 매달릴 때 독특한 경험을 한다는 사실을 발견했다. "이젤 앞에 선 화가나 실험실에 있는 과학자의 흥분은 우리가 삶에서 얻고자 하는 이상에 가장 가깝다. 그래서 좀처럼 도달하기 힘들다."[6]

창작하는 순간만큼은 우주가 내 손에 있다. 아니면 적어도 우주의 아주 작은 일부라도 손에 넣을 수 있다. 다작 시인이자 작가인 콰메 도스Kwame Dawes는 이렇게 말한다. "내가 살고 있는 세상을 어떻게든 통제해보려고 글을 쓰면서 세상이 이래야 하고 이럴 것이다라고 생각하며 원하는 대로 세상을 재창조해보려 한다. 하지만 수포로 끝날 일인지 모르겠다."[7] 도스는 창작할 때의 기분을 이렇게 말한다. "세상의 아름다움과 힘과 공포를 기록하는 하나의 방편으로 보고 느끼는 것들을 언어로 담아내려고 하므로 나는 돌아가 그것들을 다시 체험할 수 있다. 그런 식으로 혼란스러운 세상을 어느 정도 통제한다고 생각하려 애쓴다."

뉴욕을 기반으로 하는 무용단의 예술 감독 지나 지브니Gina Gibney도 창작과 관련된 '통제 의식'[8]을 언급한다. "삶에서 우리는 매우 많은 사고와 감정의 파편을 경험한다. 나에게 예술 창작은 그런 조각들을 다시 하나로 모으는 작업이다." 지브니는 창작의 초기 단계는 '매우 사색적이고 교육적인' 경향이 두드러진다고 말한다. 그러나 그것은 갖가지 이질적인 요소들을 하나의 형태로 결합하는 경험으로, "꼭 필요한 동작을 뽑아내 하나의 움직임을 만들고 맥락을 엮어내, 완벽하게 응집되었다는 느낌을 주는 어떤 것으로 만드는 작업이다."

그런 면에 그녀는 매혹되었다.

칙센트미하이는 창의적으로 심오한 작품은 창작 과정에서 만족스러운 경험을 제공할 뿐 아니라 보너스까지 준다고 보았다. 다른 사람들과 공유할 수 있으면 하고 바라는 작품의 어떤 특징인데 그것이 작품의 '풍족함을 배가시킨다.'

콰메 도스도 이렇게 말한다. "세상에 대한 나의 생각, 그러니까 세상을 이해하고 세상에 뛰어들어 경험하는 나만의 방식을 어떻게든 다른 누군가에게 전달하고 싶다. 내가 창조한 세상으로 그들을 데려왔으면 한다." 무용 감독인 지브니는 자신의 창작품(라이브 공연)의 최종 산물을 '일종의 선물'로 생각한다. 그녀에게 선물이라는 개념은 '작품의 가장 의미 있는 측면'이다.

창의력 덕분에 새롭고 잠재적 가치가 있는 아이디어와 창작물을 세상으로 가져올 수 있기에, 그것은 창작자에게 개인적인 만족 이상의 혜택을 제공한다. 창의력은 직업적으로도 대단한 성공을 보장한다. 창의력은 예술을 넘어 사업에도 적용되고, 광범위한 직업과 활동에까지 그 영향을 미친다.

작가이자 컨설턴트인 칼 뉴포트는 "21세기 시장은 희귀하고 가치 있는 것을 생산하는 능력을 높이 산다"[9]라고 말한다. 기업가의 성공은 창의적인 아이디어를 찾고 개발하는 능력에 좌우된다. 궤도에 오른 조직이라면 리더와 경영자는 조직의 문제에 대해 창의적인 해결책을 구상하고 실천해야 번창할 수 있다. 말단직원도 풍부한 상상력으로 새로운 업무 방식을 제시하면 얼마든지 승진할 수 있다.

물론 꼭 그렇다고 말할 수 없다. 오랜 기간에 걸쳐 창의적인 아이디어를 꾸준히 내놓아도 "자네 할 일이나 해"라는 말을 듣는 사람들을 우리는 수도 없이 봐왔다. 그러나 요즘 기업들은 급격한 변화와 점점 치열해지는 경쟁에서 뒤처지지 않도록 혁신해야 하는 엄청난 압력을 받고 있어 칼 뉴포트의 말은 한층 더 수긍이 간다. 혁신은 새로운 아이디어·제품·프로세스·솔루션을 생각하고 개발하는 능력에서 비롯된다.

창의적인 사람은 수요가 높다. 예전에는 창의력을 리더십의 요건으로 여기지 않았지만, 요즘은 창의력을 비즈니스 리더가 갖춰야 할 최고의 기능으로 평가한다. 직장에서 창의력의 가치는 앞으로도 당분간 계속 올라갈 것이다. 기술의 발달로 창의력을 요구하지 않는 일자리들이 많이 사라졌으므로 남은 기회는 대부분 창의력이 뛰어난 사람에게 돌아갈 것이다.

그런데도 왜 창의력의 편에 설 생각을 하지 않는 것일까? 켈리 등 여러 창의력 전문가의 말에 따르면, 이것은 의식적으로 내린 결정이 아니다. 사람들이 창의력을 발휘하지 못하는 것은 자신에게 창의력이 있다고 생각하지 않기 때문이다.

내 창의력은 어디로 갔는가?

창의력과 관련해 잘못된 질문 중 가장 흔한 것은 나는 창의적인가라는 질문이다. 『창조성, 신화를 다시 쓰다』의 저자 데이비드 버커스David Burkus는 사람들이 잘못 생각하는 것 중 하나로 '별종 신화'를 예로 든다.[10] 창의력을 타고나는 사람이 따로 있다는 오해다. 버커스는 전혀 과학적인 근거가 없는 생각이라고 단정한다. "어떤 자료를 뒤져봐도 창의력 유전자가 있다는 주장은 찾을 수 없다. 창의력은 누구에게나 있는 것인데도 우리는 마치 신이 준 선물인 것처럼 말한다."

버커스를 비롯한 여러 학자는 어렸을 때 뛰어난 창의력을 드러내는 사람이 많다는 점을 지적하면서, 이는 창의력이 내재되어 있다는 것을 보여주는 증거라고 말한다. 자유롭게 상상하고 그림을 그리고 만들고 실험하던 아이들이 나이가 들면서 그런 활동을 덜하는 것이 사실이지만, 그럴 때도 나는 창의적인가라고 묻지 말고 내 창의력은 어디로 갔을까라고 물어야 한다고 그들은 말한다.

사람들은 학교가 앞장서서 학생들의 창의력을 발굴하는 훈련을

시켜야 한다고 말한다. 하지만 창의력을 마음대로 발휘하지 못하는 데는 사회적인 압력도 한몫한다. "나이를 먹게 되면서 모든 사람이 이 기막힌 아이디어를 다 좋아하는 것은 아니라는 사실을 조금씩 깨닫게 된다." 버커스는 그렇게 지적한다.

작가 브레네 브라운Brené Brown은 그녀가 인터뷰한 사람 중 약 3분의 1이 어렸을 때 입었던 '창의력 상처'를 되살려냈다[11]고 했다. 그때 그들은 창의력이 시원치 않다는 말을 들었다. 이렇게 기를 죽이는 말을 한 사람은 주로 친구들이나 가족이었는데 그들은 나름대로 조언을 한답시고 이렇게 말했다. "현실적인 일에 관심을 가지기도 바쁜데, 무슨 예술을 한답시고 시간을 낭비하면 되겠니?"

이런 부정적인 피드백은 인정할 수밖에 없는 진실이 되고 심지어는 경우에 따라 편리한 변명도 된다고 버커스는 말한다. "'그래, 난 그런 창의적인 사람은 아니야'라고 말한다면, 책임을 면할 수 있다. 그러니 굳이 시도해야 할 이유가 없다."

데이비드 켈리는 IDEO를 찾는 고객이나 스탠퍼드대학에 수업을 들으러 오는 학생들에게서 그런 태도를 자주 본다고 한다. 그리고 자신은 "창의력이 없다"라고 말하기에 이른다고 켈리는 말한다. "하지만 그렇지 않다. 그들은 수업 시간에 놀라운 모습을 보여준다." 켈리는 학생들의 자신감을 키워주기 위해 창의력을 기르는 간단한 연습부터 시작한다. 막대 인간을 그리거나 간단한 뭔가를 만드는 일이다. 그러면서 조금씩 더 까다로운 과제로 유도한다.

그 과정에서 켈리는 그림을 잘 그리고 못 그리고는 창의력을 가늠하는 척도가 아니라고 학생에게 확실히 일러준다. 그런 것은 시간이 지나면 얼마든지 향상시킬 수 있는 기술이라고 말한다. 반면 창의력은 기술이 아니라 '마음가짐'이고 세상을 바라보는 방식이다. 우리는 누구든 어떤 문제·주제·상황·테마 등을 보고 자신만의 아이디어로 해석할 수 있는 능력이 있다.

올바른 질문이 창의력을 자극하듯, 잘못된 질문(잘못된 가정에 근거한 질문)은 창의력을 억누른다. 창의적인 일을 할 때 위험을 피하기 위해 사람들은 처음부터 시도조차 못 하게 만드는 질문을 자신에게 던진다.

시작도 하기 전에 사람들은 자신의 노력이 다른 사람들에게 어떻게 받아들여질지, 노력한 보람이 있을지 걱정한다. 그렇게 그들은 일 자체보다 결과에 지나친 관심을 갖는다. 하지만 어떻게 하면 돈을 많이 벌 수 있을까라고 묻거나 어떻게 하면 사람들의 심금을 울릴 수 있을까라고 물을 때는 그런 일은 결과를 짐작하기 어렵다는 점도 생각해야 한다. 심리학자 딘 사이먼턴Dean Simonton은 경험이 풍부한

좀 더 창의적인 사람이 되고 싶을 때 하지 말아야 할 질문 6가지

다음 질문은 사람들이 창의력을 물을 때 흔히 하는 잘못된 질문이다. 답변을 읽고 이런 질문은 더는 하지 말기 바란다.

- **나는 창의적인가?** 인간이라면 누구나 창의적이다. 누구에게는 있고 누구에게는 부족한 '창의력 유전자'는 없다. 그것은 누구에게나 주어진 선물이다.
- **나는 얼마나 창의적인가?** 이것은 측정하기도 대답하기도 어렵다. 게다가 창의력은 경쟁의 대상도 아니다. 질문을 고쳐 이렇게 묻는 것이 좋다. 나는 어떤 면에서 창의적인가? 이런 질문이라면 여러 가지 답을 찾을 수 있을 것이다.
- **어디서 독창적인 아이디어를 찾을 것인가?** 웬만한 건 다른 사람들이 생각하지 않았을까? 아무것도 없는 것에서 뭔가를 만들 필요는 없다. 새로운 아이디어라 해도 대부분은 기존의 아이디어를 조각조각 모은 것이다. 그리고 그런 조각은 사방에 널려 있다.
- **창작할 시간을 어떻게 낼까?** 스마트폰부터 꺼라. 그것으로 창작할 것이 아니라면.
- **어떻게 하면 돈을 벌 수 있을까?** 시작부터 결과를 염두에 두지 말라. 쓸모 있는 아이디어를 찾아 개발하면 돈은 따라온다.
- **어디부터 할까?** 완벽한 출발점은 필요 없다. 작곡가 존 케이지의 말을 인용하면 "아무 데서나 시작하라."

사람들도 자신의 프로젝트가 성공할지 예측하는 데 어려움을 겪는다[12]고 말한다. 하지만 성공하는 사람들은 꾸준히 창작에 몰두하는 것으로 그런 어려움을 극복한다. 많이 만들다 보면 흔히 볼 수 없는 놀라운 작품도 간간이 나타나니까.

어떤 프로젝트를 추진해야 할 확실한 이유를 알고 싶을 때는 스스로에게 이렇게 물어보라. 이 일을 해봐야 명성이나 큰돈을 얻을 가망이 없다는 것을 지금 안다 해도 여전히 이 일이 하고 싶은가?

시작에 대한 두려움도 창작 활동의 커다란 장애물이라고 켈리 형제는 말한다. 이러한 두려움은 여러 형태로 표현할 수 있지만, 특히 뭔가 창의적인 일을 하고 싶지 않을 때 흔히 묻는 3가지 질문이 있다. 어떻게 시간을 내지? 어디서 독창적인 아이디어를 찾지? 어디서 시작하지? '시간' 문제는 잠깐 놔두고, 뒤의 두 질문은 단답형으로 짧게 답할 수 있다. 아무 데서나, 어디서나. 좀 더 긴 대답은 뒤에서 설명하겠다.

내가 문제를 찾으려 한다면?

독창적인 아이디어를 어디서 어떻게 찾을 것인지 고민이 될 때는 최근에 놀라운 성공을 거두면서 갈채를 받은 획기적인 아이디어 2가지를 떠올리면 도움이 될 것이다. 하나는 인기 있는 온도조절기 네스트이고 또 하나는 브로드웨이 뮤지컬 〈해밀턴〉이다. 전자는 토니 퍼델Tony Fadell이라는 디자이너가 고안한 소비자 제품이고, 후자는 극작가이자 힙합 뮤지션인 린 마누엘 미란다Lin-Manuel Miranda가 만든 공연물이다. 둘 다 매우 독창적이다. 이전에는 누구도 네스트 같은 가전 장치나 〈해밀턴〉 같은 공연을 본 적이 없었다. 그렇다면 퍼델과 미란다는 어떻게 이런 대단한 아이디어를 '찾았을까?'

퍼델은 굳이 찾을 것도 없었다.[13] 아이디어가 앞에서 그를 빤히 쳐다보고 있었으니까. 보통 사람들은 온도조절기에 별다른 관심을 가지지 않지만, 퍼델에게는 디자이너의 눈이 있었다. 그런 그에게 그동안 그가 살았던 집들 벽에 하나같이 똑같은 모양으로 붙어 있던 '1990년대에 나온 보기 흉한 베이지색 박스' 같은 구식 온도조절기가 눈에 띄는 것은 당연한 일이었다. 그것들은 눈에 거슬릴 뿐 아니라 사용법이 어려웠고 기술적으로도 시대에 뒤떨어진 것들이었다. 퍼델은 이해할 수 없었다. 이처럼 맵시 있는 스마트폰 시대에 왜 온도조절기는 여전히 촌스러울까? 그는 세련된 모양은 물론 스마트폰으로 조작이 가능한 새로운 종류의 온도조절기를 구상했다. 그렇게 만들어진 제품은 2011년에 출시되기 무섭게 매진되었고, 2년 만에 네스트는 업계의 선두주자가 되었다.

극작가 린 마누엘 미란다는 아이디어가 서점에서 그를 기다리다 휴가를 보낸 호텔 수영장까지 따라간 경우[14]였다. 그는 여행 중에 읽으려고 서점에서 론 체노Ron Chernow가 쓴 미국 건국의 아버지 『알렉산더 해밀턴』의 전기를 집어 들었는데, 첫 장을 넘기는 순간 머리에서 뭔가 번쩍했다.[15]

디자이너 솔 배스Saul Bass의 말을 인용하면, 창의력은 '하나에서 또 다른 것을 보는 것'[16]에서 비롯된다. 미란다는 이민자 해밀턴의 이야기에서 미국의 이민과 관련된 더 큰 이야기를 보았다.[17] 미란다의 아버지도 푸에르토리코에서 뉴욕으로 건너온 이주자였다. 반골에 다작 작가에 걸핏하면 싸움을 일삼는 해밀턴의 모습에서 그는 투팍 샤커Tupac Shakur 같은 래퍼들의 모습을 보았다. 얼마 후 미란다는 해밀턴을 주인공으로 한 힙합 음악을 썼고, 그 노래들은 뮤지컬로 만들어져 큰 선풍을 일으켰다.

네스트와 〈해밀턴〉의 탄생 설화에는 공통점이 있다. 사람들이 생각하듯 창의력은 갑자기 어디서 뚝 떨어지는 것. 창의력의 원천은 우리 코앞에 있을 확률이 더 높다. 〈해밀턴〉과 네스트도 '스마트한 재결합'[18]의 전형이다. 그것은 기존의 재료나 아이디어를 가져와 이리저리 조합해 새롭고 독창적인 것으로 만든 결과물이다. 퍼델은 온도조절기에 아이폰의 디자인과 기능적 요소를 결합했고, 미란다는 체노의 전기에 드러난 알렉산더 해밀턴의 인생에 힙합과 전형적인 브로드웨이 뮤지컬, 그 밖의 감동적인 요소를 버무려 넣었다.

현실에 존재하는 것에서 영감을 받는다는 것은 우리 주변을 맴돌며 눈에 띄기를 기다리던 무언가를 완전히 새로운 형태로 재구성하는 과정으로, 독창적인 창작물은 대부분 이런 식으로 만들어진다고 『창조성, 신화를 다시 쓰다』의 저자 데이비드 버커스는 말한다. 우리가 알고 있는 창의력과는 전혀 다른 방식이다.

버커스는 창의력이 완전히 독창적인 아이디어나 원천에서 나온다는 '독창성 신화'는 창작 행위를 크게 오해한 것이라고 지적한다. "새로운 아이디어는 대부분 있는 아이디어를 조합한 것이다." 그는 대표적인 예로 아이폰을 꼽는다. 2007년에 스티브 잡스가 선보인 아이폰은 휴대폰과 블랙베리, 카메라, 아이팟의 여러 요소를 결합한 매우 독창적인 콤보 패키지였다.

이런 창의력은 제 발로 자연스레 다가온다. 우리 뇌는 구조 자체가 그런 연결 고리와 조합을 만들도록 되어 있어 남의 것을 결합하는 것에 대해 조금도 죄책감을 느낄 필요가 없다. 신경학자이자 작가인 올리버 색스Oliver Sacks는 논문 「창의적 자아」에서, "문제가 되는 것은 차용하거나 모방하는 것, 끌어오거나 영향을 받는 것이 아니라 빌려온 것이나 끌어온 것으로 무얼 하는가 하는 점이다"[19]라고 썼다. 아이디어를 빌리는 사람이 '그것을 자신의 경험이나 생각이나 느낌과 뒤섞고' 그런 다음 '그것을 새로운 방식, 자기만의 방식으로 표현'한다면 문제될 것이 없다.

창작에 대한 포부를 가진 사람이라면 안도감부터 느낄 것이다. 조용한 방에 들어가 아무것도 없는 것에서 뭔가 '굉장한 아이디어'를 끌어내야 한다면 그보다 막막한 일도 없을 것이다. 그러나 아무것도 없는 상태에서 아이디어를 만들 필요가 없다면, 새로운 아이디어를 생각하는 일도 그다지 겁먹을 일은 아니다. 영감을 얻을 만한 실마리는 어디에나 있다. 이리저리 살펴보고 가지고 놀아볼 만한 재료는 풍부하다. 그것을 재구성해야 할지 확신이 서지 않더라도 말이다.

이렇게 생각하면 어디서 독창적인 아이디어를 찾을 것인가라는 질문에 일부나마 답을 얻을 수 있을 것 같다. 우리는 어디서든 독창적인 아이디어의 단서를 얻을 수 있다고 생각한다. 그러나 막상 찾고 보면 다른 사람이 생각한 것일 때가 적지 않다. 적어도 독창적이고 창의적이며 윤리적인 아이디어를 찾는 것이라면 말이다. 하지만 정작 마법은 퍼델이나 미란다처럼 기존의 아이디어에서 영감을 받되 전혀 다른 무언가를 생각할 때 일어난다.

왜 어떤 것에서는 영감을 받는데 다른 것에서는 그렇지 않을까? 나는 운명적인 대상과 만날 수 있을까? 여기에는 어느 정도 무작위적인 요소가 개입된다. 미란다는 운명의 서점을 언급하면서 그때 아무 생각 없이 트루먼의 전기를 집어 들었을 수 있었다고 말했다. 트루먼에서 힙합 뮤지컬이 나오는 것은 상상이 잘 되지 않는다.

영감은 어떤 특별한 형태의 영향에서 비롯되는 것 같다. 그렇다면 그런 쪽으로 우리 자신을 끌고 가는 것이 잘하는 일일지 모른다. 당연한 얘기지만 우리가 관심을 갖는 것, 좀 더 확실하게 말하면 우리 안의 뭔가를 흔들어놓는 대상에서 영감을 받는다. 그러나 관심이 가는 대상을 가져다 개인적인 비전을 바탕으로 고치거나 각색하거나 변형시킬 만한 여지가 있어야 한다.

퍼델은 온도조절기에 관심이 있었을 뿐 아니라 더 좋은 것을 머릿속에 그렸다. 미란다는 해밀턴의 이야기에 흥미를 느꼈지만, 즉시 이야기가 이런 식으로 되었으면 좋겠다고 생각하며 자신의 비전에 맞게 바꾸었다. 어떻게 보면 퍼델과 미란다는 그들이 마주한 대상에 불만이 많았다고 할 수 있다. 그들은 거기에 없는 것, 그래서 있었으면 하는 것에 초점을 맞췄다. 그들은 일을 복잡하게 만들려 했다.

그렇게 할 수 있는 또 다른 방법은 단순히 아이디어만 찾는 것이 아니라 문제를 찾는 것이다. 칙센트미하이와 동료인 사회학자 제이컵 겟젤스Jacob Getzels의 말에 따르면, "창의적인 사람을 특별한 존재로 만드는 것은 … 문제를 발견하고 만들어내는 능력이다."[20] 성공한 예술가들은 기존의 상황을 가져다 다시 손 볼 방법을 궁리한다고 그들은 말한다. 그들은 규정에 따라 틀에 박힌 방법대로 해결하기 싫어한다. 이들 '문제 발굴자'는 사서 고생하는 사람들이다. 문제를 찾고 심지어 문제를 만들 뿐 아니라 창의적인 해결책으로 문제를 바로잡는 것, 그것이 창작 과정이다.

문제를 찾는다는 개념은 완전한 해결책의 형태를 띤 아이디어를 떠올려야 한다는 생각과 배치된다. 아이디어와 해결책은 하다 보면 나오는 것이고 또 나왔으면 하는 것이지만 출발점은 그 문제다. 문제를 찾는 사람은 주변을 살피면서 어떤 상황이나 기존의 창작물 또는 테마 등 특별한 어떤 것에 초점을 맞추고 그에 대해 깊이 따지고 묻는다. 여기에 뭔가 빠지지 않았나? 이런 무슨 말도 안 되는 일이? 여기서 하지 않은 이야기는 무엇인가? 어떻게 하면 통째로 다시 만들거나 완전히 뒤집을 수 있을까? 무엇보다 중요한 질문. 왜 이것을 내 문제로 만들려 하는가?

미란다가 해밀턴의 이야기에 크게 자극받은 이유는 그 안에 담긴 이민 문제, 언어의 위력 등이 그의 마음을 저 밑바닥에서 흔들었기 때문이다. 그는 어떤 인터뷰에서 "그와 관련된 어떤 것이 나를 붙들고 놓아주지 않았다"[21]고 말했다.

이런 느낌은 강렬해야 하지만 꼭 긍정적이어야 하는 것은 아니다. 어떤 문제로 인해 마음이 어지러워지는 것은 그것이 참을 수 없을 만큼 신경에 거슬리기 때문이다. 퍼델은 창의력의 원천을 묻는 질문에 '답답함'이라는 단어에 초점을 맞추며[22] 이렇게 덧붙였다. "제품들을 보면서 이렇게 말합니다. 이 제품은 왜 이 모양이지?" 왜 더 좋은 제품은 없는 걸까? 온도조절기만 해도 온도를 일정하게 유지해야 하는 기본 조건 때문에 우리가 늘 사용하고 의지하는 아주 중요한 장치인데도 기능과 디자인이 오래 똑같은 모습으로 유지되고 있다는 사실이 그는 답답했고 짜증이 났다.

최근 몇 년 동안 실리콘밸리에서 들려오는 혁신에 관한 이야기에도 일상적인 문제에 답답함을 느껴 창의력으로 해결한 사연은 빠지지 않는다. 그들은 먼저 일을 복잡하게 만든 다음 해결책에 도달한다. 넷플릭스나 에어비앤비, 와비파커 등 많은 스타트업이 그런 과정을 거쳐 생겨났다. IDEO의 톰 켈리도 답답함은 창의력과 혁신의 풍부한 원천이므로 누구나 자기만의 '짜증 목록'을 만들어보라고 권한다. 일상에서 마주치는 것 중 개선이 절실히 필요한 것을 따로 적어 놓고 수시로 들여다보며 맞붙어 씨름해야 한다고 그는 말한다.

짜증을 유발하든 상상력을 자극하든 마음을 움직이는 것은 무엇이든 주의를 기울이고 붙들어야 한다. 소중한 생각들이 슬그머니 사라지는 것을 막기 위해 켈리 형제는 "체계적인 방법으로 아이디어

대단한 아이디어를 찾으려면 이렇게 물어보라

- **무엇이 내 마음을 흔드는가?** 창의적인 노력을 기울일 만한 '문제'를 찾으려면 대단한 흥미를 주는 것, 즉 내게 중요한 어떤 것에 손을 대는 것으로 시작하라.
- **무엇이 나를 짜증 나게 하는가?** 짜증은 혁신과 창의적인 돌파구의 출발점이다.
- **무엇이 빠졌는가?** 앞의 질문은 기존의 문제나 불충분한 점에 초점을 맞추지만, 이 질문은 어떤 것의 부재, 즉 없지만 있어야 하는 제품, 아직 해결되지 않은 요구, 드러나지 않은 관점에 초점을 맞춘다.
- **계속 다시 찾게 되는 것은 무엇인가?** 자신의 작품이나 심지어 대화에서도 계속 등장해 반복되는 주제에 주의를 기울여야 한다. 그것은 발견해주기를 기다리는 대단한 아이디어가 있다는 신호일지 모른다.
- **다시 한번 발명할 때가 된 것으로 무엇이 있을까?** 그것은 하나의 상품일 수 있고, 아주 오래된 이야기나 테마, 장르일 수 있다.

를 포착하라"고 권한다. 데이비드는 샤워할 때도 화이트보드와 마커를 곁에 둔다. 톰은 어디든 공책을 대동한다. 하지만 아이디어나 생각을 적는 것만으로 충분하지 않다. 수시로 꺼내보고 검토해야 한다. 한 주가 끝나면 톰은 자신에게 묻는다. 이번 주에 내가 생각한 아이디어 중에 가장 창의적인 것은 무엇이었나? 답은 공책에 있다.

와튼스쿨의 심리학 교수이자 작가인 애덤 그랜트도 비슷한 방법을 쓴다. 그는 아이디어가 떠오를 때마다 공책에 적어두었다가[23] 주말에 MS워드에 옮겨 적는다. "그런 다음 한 달에 한 번씩 아이디어 메모를 전부 검토한다. 같은 생각을 두 번이나 세 번 적다 보면 뭔가 반응이 온다. 그것 때문에 여러 번 설렜다면 정말 좋은 징조다."

실제로 일상생활이나 일하는 중에 어떤 아이디어나 생각이 수시로 떠오른다면, 이렇게 자문할 필요가 있다. 이 문제가 봐달라며 나를 기다리고 있었나? 그런가 하면 의식하지 못하는 사이 어떤 주제가 나를 따라다니고 있는지 모른다. 소설가 데니스 러헤인Dennis

Lehane은 이렇게 말한다. "7번째 책을 낼 때쯤에야 알았지만, 내 책은 모두 가족이란 무엇인가? 당신에게 가족은 무엇인가? 가족은 피로 맺어지는가 아니면 선택으로 맺어지는가라는 물음이다."[24]

계속 다시 찾게 되는 것은 무엇인가라고 묻다 보면 그곳에 눌러앉아 눈에 띄기만 기다리는 아이디어와 테마를 알아볼지 모른다. 그곳에 없지만 있어야 할 것을 어떻게든 볼 수 있다면, 훨씬 더 큰 창의적인 가능성의 원천도 찾아낼 수 있다.

세상에 없는 것은 무엇인가?

문제를 찾는 일이 쉽지 않은 이유는 문제가 문제로 보이지 않거나 문제가 있어도 의식하지 못하는 경우가 많기 때문이다. 퍼델의 온도 조절기처럼 문제는 어디에나 있으며, 우리더러 묻고 달려오라고 부른다. 하지만 아주 가까이 있는 탓에 익숙해서 관심을 두지 않는다면 문제는 모르는 사이에 슬그머니 사라지기도 한다.

어떻게 하면 주변 곳곳에 숨어 있는 창의적 기회를 더 쉽게 알아볼 수 있을까? 톰 켈리는 주변을 좀 더 면밀하게 살펴야 한다고 생각한다. 그래야 익숙한 것도 처음 보는 것처럼 볼 수 있다. 늘 사용하는 제품뿐 아니라 일을 하는 방식, 주변 사람들, 심지어 출근할 때 지나가는 길도 익숙한 것들이다. 데이비드 켈리는 스탠퍼드대학 디자인 전공 학생들을 주유소·공항·병원 같은 낯익은 장소로 데려가 그곳에서 벌어지는 일을 조용히 지켜보게 한다. 그러면 학생들은 예외 없이 전에는 알아채지 못했던 세세한 모습을 찾아낸다.

주변에서 일어나는 일의 세부적인 특징을 알아차리지 못하는 이유는 간단하다. '아주 빨리 눈길을 돌리기 때문'이라고 톰 켈리는 말한다. 얼마나 오래 보느냐 외에 어디에 초점을 맞추는가도 아주 중요하다.

관찰력을 주제로 폭넓게 글을 써온 스탠퍼드대학 경영학과 교수 밥 서턴Bob Sutton은 더 많은 것을 보려면 "초점을 전경의 사물이나 패턴에서 배경으로 옮겨야 한다"[25]고 말한다. 서턴은 일상의 일과와 습관적인 행동에서 한 걸음 물러나면 견해를 바꾸는 데 도움이 된다고 말한다. 관점을 바꾸는 질문을 하는 것도 유용하다. 좀 더 자세히 관찰하려 할 때는 이렇게 질문하면 된다. X를 처음 접한다면 어떤 점이 눈에 띄겠는가?

초심자의 관점을 갖고 싶다면 이 질문을 이렇게 바꿔도 좋다. 5살짜리 아이라면 이 상황을 어떻게 볼까? 아이 눈에는 어떤 점이 특이하게 보일까? 켈리는 여행자나 방문객의 관점도 추천한다. "여행할 때는 낯선 세상에 호기심을 갖기 때문에 세부적인 것에도 눈길이 간다." 그러니 아침에 일터로 가는 익숙한 길에서도 이렇게 물어보라. 여행자라면 이것을 어떻게 볼까?

보는 것만큼이나 중요한 것이 듣는 것이다. 아마존의 창업자 제프 베이조스에 따르면, '문제를 찾으려' 할 때 명심할 것이 있다며 이렇게 지적한다. "고객은 항상 훌륭하게, 놀라울 정도로 만족을 모른다."[26] 고객은 어떤 제안을 받아도 거기에 담긴 문제들을 찾아내고, 어떤 식으로든 불만을 드러낸다. 그러나 사업 당사자 중 아무도 그 불만에 귀를 기울이지 않는다면 문제는 '드러나지 않은' 채 덮일 것이다. 일반적으로 사업체는 문제를 찾는 데 익숙하지 않다. 한 조사에 따르면, 조사 대상 기업의 85%가 자체적으로 문제를 진단하는 데 어려움을 겪고 있다[27]고 인정했다.

세상을 다르게 보려면 이렇게 물어보라

- **이것을 처음 접한다면 어떤 점이 눈에 띄겠는가?** 이런 '신선한 눈' 접근법을 자신의 직업과 주변 사람들과 일상적인 일에 적용해보라.
- **만약 책상 위로 올라선다면?** 말 그대로 할 필요는 없지만, 때로 사물을 보는 각도를 바꿀 필요가 있다.
- **배경에는 무엇이 있는가?** 보통 희미하거나 소홀히 하기 쉬운 것에 초점을 맞추도록 하라.
- **5살짜리 아이라면 무엇에 끌리겠는가?** 90세는?
- **사인펠드는 무엇으로 즐거워할까?** 앞뒤가 맞지 않는 부분을 찾으려면 코믹한 관찰자의 눈으로 보라.
- **스티브 잡스라면 무엇이 답답했을까?** 혁신자의 눈으로 부족한 부분을 찾아보라.

솔로 아티스트나 작가도 새로운 문제점을 찾으려면 고객의 피드백에 주목해야 한다. 그랜트는 『오리지널스』를 쓸 때 이전에 발표했던 책을 읽은 독자와 토론하고 질문에 답하는 과정에서 영감을 일부 얻었다고 인정했다. 그래서 창의력 코치인 토드 헨리도 이렇게 제안한다. "자신의 작품을 보면서 이렇게 물어보라. 내 마음을 가장 크게 움직인 부분은 어디인가? 사람들은 내 작품의 어떤 부분에 반응을 보이는가?"[28]

문제를 찾는 데 필요한 결정적 질문이 딱 하나 있다면 이것일지 모른다. 무엇이 빠졌는가? 대부분 문제의 핵심은 뭔가 부족한 점에 있다. 퍼델은 온도조절기에서 빠진 것, 즉 스타일, 프로그래밍 기능, 기능성을 쉽게 볼 수 있었지만 그런 것이 늘 보란 듯이 드러나는 것은 아니다. 없는 것은 아직 존재하지 않는 것이니 상상력을 동원해야 한다. 알렉산더 해밀턴의 이야기에 없는 것은 힙합 비트였다. 그것을 알아내려는 미란다에게 필요한 것은 무모한 상상력이었다.

제품이나 서비스를 제공하는 기업은 수시로 무엇이 빠졌는가라고 물어야 한다. 아니, 실제로 꼭 물어야 하는 것은 아니다. IDEO도 그랬지만 때로는 제품이나 서비스를 이용하는 사람들의 행동을 조용히 관찰해 그들이 어느 부분에서 어려움을 겪는지 확인하는 편이 더 효과적일 때도 있다. 그것도 없는 것을 볼 수 있는 한 방법이다.

무엇이 빠졌는가는 다양한 방식으로 예술 창작에 적용할 수 있다. 기업가들은 현존하는 세상에 빠졌거나 부족한 것을 묻지만, 예술가는 보통 사람들이 눈치 못 챈다는 의미에서 세상이 '빠뜨리고' 있는 것, 즉 더 큰 세상이 모르고 있거나 오해하고 있는 이야기의 한 단면이나 관점에 초점을 맞춘다. 예술가가 그 틈새를 찾아낸다면 멋진 문제를 발견한 것이다.

왜 이것이 내 문제인가?

문제를 발견했다거나 문제가 나를 발견했다고 해서 내가 꼭 창의력을 발휘하고 전심전력을 기울여 그 문제를 해결해야 하는가? 애덤 그랜트는 창의적인 프로젝트에 착수하기로 할 때, "가장 먼저 이 주제를 얼마나 간절한 마음으로 생각했는가?"라는 질문을 한다고 말한다. "여러 가지에 관심을 가질 수 있는데, 어떤 새로운 것을 본 순간 뭔가 의욕이 넘치는 이유는 그것들이 항상 재미있기 때문이다. 그래서 스스로에게 묻는다. 앞으로 6개월이나 1년 뒤에도 계속 이 일에 전력을 기울이려 할까?"

내일도 여전히 이 문제가 마음에 들까라는 질문을 던질 때는 짜증도 나고 실패할 수도 있다는 생각을 해야 한다. 즉, 그런 것을 견뎌낼 만큼 프로젝트에 대한 열정이 있어야 한다는 말이다.

그랜트가 말하는 2번째 중요한 질문은 이것이다. 여기서 나만의 기여를 할 수 있을까? "도움이 된다고 생각하면 무조건 예라고 말하곤 했다. 이제는 이것도 알고 싶다. 다른 사람이 할 수 없는 일 중에 내가 보탬이 될 만한 것은 없는가?"

퍼델도 네스트 프로젝트를 시작할 때 이렇게 물었다. 이것이 과연 내 실력을 발휘할 만한 도전인가? 애플에서 정상급 디자이너로 일했던 경험이 있기에 그는 애플 느낌이 나는 온도조절기를 만들기에 더없이 적합한 사람이었다. 미란다 역시 해밀턴 프로젝트를 추진하기에 모자람이 없는 완벽한 재능과 경험이 결합된 인물이었다. 그것은 브로드웨이와 힙합의 만남으로 비상한 빛을 발했다.

물어야 할 또 하나의 질문은 문제에 대한 '소유권'이다. 생각해낸 아이디어가 굉장한 것일지 모르지만 그에 대한 소유권을 주장할 수 있는 사람이 과연 나뿐일까? 내가 그것을 소유할 수 있는가? 다른 사람이 비슷한 기회를 노리고 있다는 사실을 알았다고 해서 내가 그것을 포기해야 할 이유는 없다. 그래도 또 다른 의문이 생기는 것은 어쩔 수 없다. 다른 사람들도 같은 아이디어를 구상하고 있다면 나만의 개성은 무엇인가? 내 방식은 그들과 어떻게 다른가?

마지막으로 잠재적 영향력이라는 문제가 있다. 이 문제를 해결한다면 어떤 점에서 좋은가? 퍼델은 이와 관련해 2가지를 자문했다. (1) 그것(네스트)이 뭔가 의미 있는 변화를 이뤄낼까? (2) 사업적 가치가 있을까? 1번째 질문은 제품이 사람들의 삶에 미칠 수 있는 긍정적인 효과에 초점을 맞춘 것으로, 퍼델은 이 문제를 중요하게 여겼다. 2번째 질문은 상업적 요구가 실질적인 사업을 지원할 수 있을 정도의 규모가 있는지 판단하려는 것이었다.

온도조절기 시장 규모를 조사한 결과, 퍼델은 사업적 가치가 충분하다고 판단했다. 그것은 전적으로 제품을 만들어볼 만하고 잘 만들 수 있다는 가정에 근거한 것이었다. 그것이 최상의 시나리오였다. 물론 퍼델이 구상한 대로 제품이 만들어지지 않을 확률도 없지 않

아이디어를 실천하기 전에 이렇게 질문하라

- **나는 이 문제에 소유권을 주장할 수 있는가?** 가장 좋은 문제는 나만 알고 있는 문제다. 그러나 이 문제에 매달리는 사람이 또 있다면 질문을 이렇게 바꿔야 한다. 나만의 특별한 반전은 무엇인가?
- **지금 여기서 다른 사람이 할 수 없는 일 중에 내가 할 수 있는 것은 없는가?** 이것은 내가 생각하고 있는 방법론, 즉 나만의 특별한 반전의 문제라기보다 어떻게 하면 내 재능·관점·전문성으로 이 창의적인 도전에 특별한 기여를 할 수 있는가 하는 문제다.
- **내일도 여전히 이 문제가 마음에 들까?** 이것은 '수정 구슬' 질문이다. 이런 질문을 하면 시간이 지나도 계속 변함없는 열정을 가지고 그 일에 매달리고 있을지 상상해볼 수 있다.
- **보이지 않는 긍정적인 면은 무엇인가?** 이 아이디어로 100만 달러를 벌 수 있을까 같은 예측하기 힘든 결과를 놓고 복잡한 생각을 하지 말고 차라리 이 프로젝트가 미칠 수 있는 긍정적인 영향을 최선의 시나리오로 상상해보라.

았지만, 만약 성공한다면 그 파급력이 어느 정도일지 퍼델은 알고 싶었다.

퍼델의 질문에서 돈 같은 결과에 초점을 맞추지 않았다는 점에 주목해야 한다. 물론 돈은 들어왔다. 구글이 네스트를 30억 달러에 인수했으니까. 그러나 퍼델이 초기에 던졌던 '수정 구슬' 질문은 그의 작품이 사람과 산업에 미치는 잠재적 영향에 초점을 맞추고 있었다.

문제를 찾아내 그에 대한 소유권을 갖기로 작정할 때 아주 사소한 조치만으로도 의미 있는 변화를 일궈낼 방법이 있다. 내가 도전할 문제를 멋진 질문으로 표현하는 것이다. 아이폰만큼이나 매력적인 온도조절기를 만들려고 한다면 이렇게 물으면 된다. 어떻게 해야 온도조절기를 아이폰만큼 맵시 나게 만들 수 있을까? 도전을 질문으로 바꾸면 아이디어가 일단 흘러가게 만들 수 있다. 의식적이든 무의식적이든 마음은 제기된 질문에 대해 답을 거부할 수 없기 때문이다.

이것은 제품 혁신뿐 아니라 예술 창작에도 그대로 적용된다. 작가 에이미 탄Amy Tan은 구상하고 있는 아이디어를 질문으로 바꾸면 창작 과정 내내 '집중력'을 유지할 수 있어 옆길로 빠질 염려가 없다[29]고 말한다.

미란다는 해밀턴 '문제'에 대한 소유권을 갖게 되자, 해밀턴이라는 인물과 삶을 조사하는 일에 착수했다.[30] 해밀턴의 편지를 비롯해 구할 수 있는 것은 무엇이든 찾아 읽었다. 체노를 비롯한 여러 전문가와 이야기를 나누었고, 해밀턴이 살았던 곳과 글을 쓴 곳을 찾아갔다. 해밀턴이 사망한 결투 장소까지 가보았다. 그런 과정을 통해 미란다는 창작 욕구와 작품의 재료를 연결해갔다.

25년간 창의력을 연구해온 윌리엄앤메리대학 김경희 교육학 교수는 연구가 창의력의 젖줄[31]이라고 말한다. 독창적인 아이디어를 내기 전에 "특정 분야에서 전문성을 개발해야 필요한 자료를 충분히 얻을 수 있다"라고 그녀는 말한다.

'유레카!'라는 외침이 난데없이 튀어나오는 것 같지만, "아무것도 없는 곳에서는 그런 것도 생겨나지 않는다"[32]라고 드렉셀대학 심리학 교수 존 커니오스John Kounios는 지적한다. "새로운 인연을 만드는 능력은 각자 가진 지식의 양에 따라 힘을 받을 수도 있고 한계에 부딪히기도 한다. 그래서 새로운 아이디어를 생각하고 싶다면 사전에 혁신하고자 하는 분야와 관련된 조사부터 해야 한다."

조사하는 동안에는 '왜'라는 질문에 초점을 맞춘 채 해당 문제를 더 잘 이해하도록 애를 써야 한다. 왜 이 문제가 중요한가? 왜 애초에 이런 문제가 존재하는가? 왜 이 문제는 진작 해결되지 않았는가? 그게 왜 지금 바뀌었을까?

문제를 이해하려면 '4가지 왜'를 질문하라

- **왜 이 문제가 중요한가?** 조사를 통해 누구에게 어떻게 영향을 줄 수 있는지 더 깊이 파고들어 문제의 성격을 확실하게 밝혀야 한다. 전반적인 영향과 앞으로 미칠 파급 효과를 고려해 사안의 중요성을 살펴야 한다.
- **왜 애초에 이런 문제가 존재하는가?** 이 문제를 만든 근본 원인을 찾아보라. 뿌리를 찾다 보면 '왜'라는 질문이 더 많이 필요할지 모른다.
- **왜 이 문제는 진작 해결되지 않았는가?** 이 질문은 앞길을 막는 장애물을 분명히 보여준다. 교훈이 될 만한 과거의 시도를 찾아낼 수도 있다.
- **그게 왜 지금 바뀌었을까?** 바람직한 변화를 만들 수 있는 조건과 역학은 무엇인가?

이러한 질문은 사업에만 해당하는 것이 아니다. 소설 속 인물의 동기를 연구하는 데도 이와 비슷한 '4가지 왜' 방법을 활용할 수 있다. 이런 것이다. 왜 이 인물이 중요한가? 왜 그는 답답해하는가? 왜 그는 이 문제를 방치했을까? 왜 이제 와서 뭔가를 하려 하는가? 배우 로라 리니Laura Linney는 어떤 배역을 맡을 때 "대본을 읽고 더는 물어볼 게 없을 때까지 '왜?'라고 묻는다"[33]고 한다.

'왜'라고 묻고 자료를 수집하면 그다음에는 창의적 잠복기가 이어진다. 이 시기에는 여러 자료가 하나로 모여 통찰력을 만들어낸다. 이 단계는 깊은 생각과 집중력뿐 아니라 그것에 도움이 되는 환경까지 요구한다. 이런 일은 아무 데서나 할 수 없다. 잠복기에는 둥지가 필요하다. 튼튼한 외피가 있으면 더욱 좋다.

내 거북 등딱지는 어디에 있는가?

영국의 위대한 코미디언이자 〈몬티 파이튼 플라잉서커스〉의 창시자 중 한 명인 존 클리스John Cleese는 비즈니스 리더를 대상으로 하는 크리에이티브 코치로 화려한 제2의 경력을 쌓았다. 몇 년 전 창의력을 주제로 한 클리스의 강연을 보다가 그가 말하는 거북 등딱지 비유에 무릎을 쳤다.[34]

정말로 창작을 원하는 사람은 주기적으로 '거북 등딱지 은신처'를 찾아 피신해야 한다는 주장이었다. 혼자서 자기만의 상상력을 펼칠 수 있는 조용하고 은밀한 장소를 그는 그렇게 불렀다. 클리스는 시간을 정해놓고 그 등딱지에 들어가라고 조언하면서 "시간이 될 때까지 나오면 안 된다"고 덧붙였다.

그의 말에 분발해 등딱지 은신처를 찾기 시작한 나는 창문도 없고 석벽으로 둘러싸인 어떤 지하방으로 들어갔다. 빅토리아풍 저택의 지하실에 위치한 그 방을 다른 작가들과 공동으로 임대했다. 우리는 그 방을 '동굴'이라 불렀다. 그 동굴에 홀로 갇혀 지낼 수 있도록 우리는 일정을 조정했다. 일단 안으로 들어가면 문자나 트위터는 생각도 말아야 했다. 와이파이도 안 되고 공기도 아주 희박했다. 다른 사람의 글을 읽거나 자기 이야기를 하는 것도 허락되지 않았다. 쓰는 것 말고는 아무것도 할 일이 없었다.

클리스의 충고를 명심해서 그곳을 찾을 때마다 일정 시간(보통은 4시간)을 머물기로 했고 시간이 다 된 후에야 빛이 있는 곳으로 다시 나왔다. 가끔은 자진해서 벌을 받는 것처럼 느껴질 때도 있었던 것 같다. 하지만 그보다는 더 자주 멋진 몰입의 순간을 체험했는데 아주 생산적인 체험이었다.

1년도 채 걸리지 않아 그곳에서 책을 1권 탈고했다. 그곳을 같이 임대했던 작가 조지프 월리스Joseph Wallace도 마찬가지였다. 종말론적 스릴러물을 쓰던 월리스는 나중에 웃으며 내게 말했다. "바깥세상이 끝났다고 해도 아마 몰랐을걸요."

창작 장소는 우연히 정해지고 창의력은 언제 어디서든 발휘될 수 있는 것처럼 보일지 모른다. 그러나 창의력은 집중력을 요한다. 요즘은 어디를 가나 산만해지기 쉬운 환경뿐이다. 요즘처럼 거북 등딱지나 동굴 같은 피난처가 더 절실한 적도 없다. 그래서 왜 나는 창작하려 하는가? 나는 무엇을 창작하려 하는가? 같은 질문을 했으면 이렇게 물어야 한다. 정말로 창작을 할 수 있는 곳은 어디인가?

사람마다 답은 다를 것이다. 내 동굴도 『딜버트』를 쓴 스콧 애덤스Scott Adams에게는 맞지 않을지 모른다. 애덤스는 커피숍처럼 사람들의 말소리가 두런두런 들려야 글이 잘 써진다[35]고 한다.

어디가 됐든 창작하는 장소는 집중할 수 있는 곳이어야 한다. 『딥 워크』의 저자 칼 뉴포트는 단언한다. "집중력은 새로운 아이큐다."[36] 집중력의 적은 산만함이라고 그는 말한다. 산만함은 전염병처럼 널리 퍼져 있다. 뉴포트를 비롯한 여러 전문가는 산만함이 소셜 미디어에 똬리를 틀었다고 지적하면서 그런 기술은 관심을 한곳에 모아 통제할 수 있게 해주는 '두뇌의 실행 집중력 네트워크를 강탈하도록' 설계되었다고 말한다.

작가 앤드루 설리번Andrew Sullivan은 "우리 삶에서 잘 보이지 않는 작은 균열이 조직적으로 더 많은 자극과 소음으로 채워지고 있다"[37]면서 디지털 중독이 인간관계부터 직장의 생산성까지 모든 일에 영향을 미친 이후로 우리는 "오로지 비용에만 신경을 쓰기 시작했다"라고 덧붙인다.

디지털 중독은 특히 창의력에 위협적이다. 끊임없는 개입은 집중을 방해한다. 집중은 당연히 창작의 필수 요소다. 시도 때도 없이 들어오는 메시지·이메일·트윗은 창작 활동을 중단하고 대신 날 보라고 연신 유혹한다. 빈 지면을 마주하는 고통보다 차라리 이메일에 답장하는 편이 낫다. 우리는 산만해지고 싶어 한다. 디자이너 스테펀 사그마이스터Stefan Sagmeister도 말했다. "창작하는 것보다 반응하는 것이 더 쉽다."[38]

이런 문제에 대한 논의는 갈수록 많아지지만 그렇다고 디지털 산만함이 사라지는 것은 아니다. 그래서 우리는 각자 자기만의 대처법을 개발해 생각하고 집중할 수 있는 시간을 지켜내야 한다. 여기 작가 매슈 크로퍼드Matthew Crawford가 제시하는 좋은 질문이 있다. 만약 우리가 집중력을 공기나 물처럼 모두가 공동 소유하는 귀중한 자원으로 생각한다면 어떨까?[39] 그러면 2번째 질문을 할 수밖에 없다. 이 귀중한 자원을 어떻게 보호해야 할까?

그렇게 하려면 온라인에 연결된 시간과 단절된 시간의 비율을 바꾸

창의력을 발휘할 시간을 찾기 어려우면 5가지 질문을 해보라

- **집중력을 소중한 자원으로 여긴다면 그것을 어떻게 보호해야 할까?**
- **어떻게 하면 '관리자 일정'을 '장인 일정'으로 바꿀 수 있을까?** 전자는 매시간을 약속으로 채우려 하고, 후자는 많은 시간을 방해받지 않는 구간으로 설정한다.
- **나는 넝쿨을 쳐내고 있는가?** 많은 프로젝트와 오락을 오가며 묘기를 부리는 중이라면 사소한 일은 잘라내고 중요한 프로젝트에 더 많은 시간을 할당해 보라.
- **아침 뉴스를 '아침 명상'으로 바꾼다면?** 아침은 창의적인 사고에 더없이 귀중한 황금시간대다. 그러니 아침 뉴스는 건너뛰고 침대에서 곧장 거북 등딱지를 향해 달려가라.
- **소셜미디어를 내려놓고 잠깐 쉬는 것이 아니라 그 반대로 해보는 것은 어떤가?** 소셜미디어를 끈 상태로 지내다 잠깐 쉴 때 다시 연결하라.

라고 칼 뉴포트는 제안한다. "디지털미디어'에서' 손을 떼고 잠깐 쉬는 게 아니라 일에 몰두하기 위해 가끔 쉬는 것이다."[40] 그러면 질문을 다시 짜야 한다. 언제 잠깐 쉬면서 연결해야 하나?

블로거 히마리드 하이는 혼자 힘으로 디지털 매체를 끊지 못하는 사람들에게 이렇게 질문하라고 권한다.[41] 그런 것 하나 끊지 못하면서 어떻게 내가 통제한다고 큰소리칠 수 있겠는가? 그는 디지털 의존도를 줄이고 '일에 집중할 수 있는 능력을 지키기 위해' 그만의 '요령'을 생각해냈다.

그중 몇 가지를 소개하면 이렇다. 소셜미디어 계정과 스마트폰에 각기 다르고 긴 암호를 만든다. 그렇게 하면 로그인하기가 귀찮아 적어도 속도는 늦출 수 있다. 모든 알림 끄기. 페이스북 뉴스 피드를 비활성화하기. 이메일을 일괄 수신하도록 설정하기. 그것도 하루에 3번씩 묶음으로 받도록. 스마트폰 화면을 흑백 모드로 변환하기. 색상이 없으면 그만큼 중독이 덜 된다고 그는 주장한다. 이것도 저것도 다 신통치 않으면 "비행기 모드로 해놓으라"고 충고한다.

이런 자극조차 없으면 지루해지지 않을까? 그럴지 모른다. 창의력에는 그게 좋다. 최근 연구에 따르면, 지루할수록 사람들은 더 많은 아이디어를 생각해낸다[42]고 한다. 따분하면 공상하게 되는데, 공상은 창의적인 각성과 관련이 있다. 심리학자 산디 만Sandi Mann은 '잠깐이라도 삶의 지루한 순간이란 순간은 모바일 기기로 씨를 말리려 하므로' 요즘 사람들은 공상을 충분히 할 수 없다[43]고 말한다.

나의 황금시간대는 언제인가?

존 클리스에 따르면, 방해를 억제하는 등딱지를 확보하는 것만이 창의력을 배양하는 유일한 요건은 아니다. 진정으로 창의적인 생산에 몰두하려면 '공간과 시간의 장벽'을 만들어야 한다고 말한다.

창의적인 작업에는 상당한 시간이 필요하다. 얼마나 많은 시간이 필요한지는 사람에 따라 다르다. 난 한번 일을 하면 3시간 30분 정도는 해야 한다. 실제로 방해받지 않고 일하는 시간은 3시간 정도지만, 차를 끓이고 이것저것 자료를 뒤지며 준비하다 보면 30분이 후딱 지나간다. 가수들이 목을 푸는 것과 같다.

여유가 없는 사람에게는 혼자 앉아 이 정도의 시간을 사고와 창의적인 일에 할애하는 일도 사치로 보일지 모른다. 실리콘밸리의 벤처캐피털리스트이자 수필가인 폴 그레이엄Paul Graham은 '장인의 스케줄'과 '관리자의 스케줄'을 구분[44]한다. 장인은 창작하기 위해 한 번에 오래 지속되는 시간대가 필요한 반면, 관리자는 일이 30분에서 1시간 단위로 빠르게 진행되어야 한다고 믿는다. 장인은 만들고, 관리자는 회의를 하기 때문이다.

스테펀 사그마이스터의 말처럼 장인은 창작하고 관리자는 반응한다. 장인은 관리자보다 한 번에 더 많은 시간이 필요하다. 더 많이 '만들고(창작하고)' 싶다면 이렇게 질문해보라. 어떻게 하면 관리자의 일정을 장인의 일정으로 바꿀 수 있을까? 쉬운 일은 아니다. 우리는 의식하지 못하는 사이에 달력을 관리자의 방식으로 채운다. 정해진 업무와 회의와 전화 통화를 하느라 시간대를 짧게 나눠 할애한다. 달력에서 '빈 공간'을 보면 가만 놔두지 못하고 더 많은 업무와 약속으로 채우려 한다.[45]

그러나 심리학 교수이자 작가인 댄 애리얼리는 그런 식으로는 의미 있는 창의적 사고에 필요한 시간을 확보할 수 없다고 지적한다. "달력을 펼쳤을 때 빈자리가 보이면 뭔가 잘못된 것"으로 생각한다고 그는 지적한다. "실제로는 그렇지 않다. 빈 공간이야말로 진짜 의미 있는 일을 할 수 있는 공간이다." 달력을 채운 다른 모든 것은 소모적인 일정일 뿐이다. 따라서 당장 문제는 이것이다. 어떻게 해야 공백을 메우고 싶은 충동을 참을 수 있는가?

창의력 코치 토드 헨리는 의식적으로 '넝쿨을 쳐내기' 위해 노력해야 한다[46]고 말한다. 그는 와인을 만드는 사람이 더 좋은 포도를 얻기 위해 멀쩡한 넝쿨을 잘라내듯, 창작하는 사람은 작업에 방해가 되는 활동이나 새로운 프로젝트를 줄여야 한다고 지적한다. "우리 삶에서 빈 공간이란 공간을 죄다 짜내 활동으로 채운 다음 가지치기도 하지 않고 가끔 안 된다는 말도 하지 않는다면, 혁신하거나 생각할 공간은 나오기 어렵다." 그러면서 헨리는 이렇게 덧붙인다. 그런 식으로는 "거기에 마냥 매달려 있는 우연한 발견이나 통찰의 어떤 순간을 얻지 못할 것이다."

창작할 시간을 확보할 때 해결해야 할 또 하나의 질문이 있다. 나의 '황금시간대'는 언제인가? 이것 역시 개인에 따라 다르다. 하루 중 언제가 가장 생산적인지 알고 싶다면, '몰입 테스트'를 해보라[47]고 『언제 할 것인가』의 저자 대니얼 핑크는 제안한다. 하루 중 창의력이 가장 활발한 시간을 추적해 일정한 패턴을 찾는 방법도 그중 하나다. 일단 창작 활동의 황금시간대를 알게 되면, 그 시간을 충분히 활용할 수 있도록 하루 일정을 재구성해보라고 핑크는 권한다.

그렇게 하다 보면 '아침인가 밤인가' 하는 이분법적 질문으로 대개 귀결된다. 나는 종달새인가 올빼미인가? '올빼미'라고 대답하는 사람들은 많은 예술가에게 특별히 솟구치는 창의력의 샘물을 선사하는 풍요의 시간을 놓치고 있는지 모른다.

유명 화가·작가·음악가를 조사한 한 연구에 따르면, 72%가 아침에 걸작을 만들었다[48]고 한다. 거기에는 그럴 만한 근거가 있는 것 같다. 신경학자들의 말에 따르면, 우리 뇌의 잠재의식 속에서는 놀라운 일들이 벌어진다. 정신적 회로가 형성되고 아이디어가 끊임없이 만들어지고 변형된다. 우리의 무의식은 잠을 자고 꿈을 꿀 때 가장 활성화된다. 그러니 막 잠에서 깨어났을 때보다 창의력을 발휘하는 데 더 좋은 시간을 어디에서 찾겠는가?

1930년대에 글쓰기를 가르쳤던 도러시아 브랜디Dorothea Brande는 '눈을 뜬 채 꿈을 꾸는' 아침에 창의적인 일을 하라고 의미심장한 권고를 했다. '무의식의 풍요로움을 온전히 누리려면 무의식이 우리를 압도할 때'[49] 창의적인 작업을 시작해야 한다. 그래서 아침에 평소보다 30분 일찍 일어나라고 브랜디는 말한다. '말하지 말고, 아침 신문도 읽지 말고' 펜부터 들라. 이 조언은 글쓰기가 아닌 다른 창의적인 일에도 적용할 수 있다. 일어나 조용한 곳으로 가라. 그리고 생각을 하고 아이디어를 포착하라. 브랜디가 '잠든 시간과 완전히 깨어난 시간 사이에 놓인' 멋진 '중간 지대'라고 말한 시간을 그냥 흘려보내지 말라.

침대에서 일어나기 전에 톰 켈리가 말하는 '잠이 덜 깬 뮤즈'를 불러내면 잠을 깨기까지의 시간을 최대로 늘릴 수 있다. 알람시계가 울리면 스누즈 버튼을 누른 다음 다시 잠들지 말고 벌떡 일어나 10분 동안 구상 중인 창작 프로젝트를 구체적으로 생각해보라.

정해놓은 시간에 거북 등딱지에 들어가 문을 닫고 의자에 자리잡고 앉았는데도 아무 일이 일어나지 않는다면? 이것은 '만약'의 시나리오가 아니다. 이것은 현실이다. 창의적인 프로젝트에 본격적으로 달려드는 첫 순간이 가장 힘든 법이다. 이때는 등딱지를 벗어던지고픈 마음이 굴뚝같다. 그래서 이렇게 물어야 한다. 어떻게 하면 포기하지 않고 이 첫 시간을 이겨낼 수 있을까? 거북 등딱지가 집에서 먼 곳에 있으면 도움이 될 수 있다. 집으로 돌아가려면 어쩔 수 없이 여행을 해야 하니까. 집에서 몇 블록 떨어진 곳이어도 좋다. 그 정도만 되어도 10분 뒤에 그만둘 가능성은 적어진다.

일반적으로 이런 발상은 그만두기 어렵게 만들기 위한 것이다. 감옥에 갇히는 것도 방법이 될 수 있지만 실제로 체포될 일이 없다면 이렇게 묻는 것도 괜찮다. 어떻게 하면 나를 창작의 감옥에 가둘 수 있을까? 타이머를 들고 문을 잠근 다음 꾸지람도 해줄 보초가 필요할지 모른다.

거북 등딱지나 감옥에 들어가 있어도 어느 순간이 지나면 효력이 나지 않을 때가 있다. 작가 엘리자베스 길버트Elizabeth Gilbert는 주방용

타이머를 이용해 감옥에 갇히는 시간을 45분으로 정한다. "이 45분만 지나면 무슨 일이 있어도 자유다."[50] 스스로를 그렇게 토닥인다.

길버트는 이렇게 털어놓는다. "그만둘 때가 됐다는 것을 알면 근심이 크게 줄어든다. 보통은 이런 식이다. 고통스러운 심정으로 시계를 지켜보며 37분 정도를 보낸다. 하지만 어김없이 마지막은 다가오고 더는 이 짓을 할 필요가 없다는 것을 알게 되는 순간, 뭔가 찾던 것이 보인다."

나는 글을 쓸 때 나도 모르게 탈출 기한을 뒤로 밀어낸다. 적어도 1시간 30분까지. 그때도 완전히 풀려난 것이 아니라 가출소를 하듯 자유 세계에서 30분 정도 걸은 후에 등딱지로 되돌아간다. 어느 경우든 창의적 '감옥'에 자신을 가둘 작정이라면 세부 질문을 미리 만들어야 한다. 조기 출소 시간은 언제인가? 잠깐의 가출소를 내게 허락해도 될까?

일이 뜻대로 풀리지 않을 때 가출소 제도를 이용해 가끔 등딱지를 떠나면 다시 충전하는 데 도움이 된다. 방에 틀어박혀 계속 머리를 쥐어짤 때는 초조하다가도 산책을 하거나 드라이브를 하다 갑자기 아이디어가 번쩍하기도 한다. 거기에는 그만한 이유가 있다. 아이디어를 찾을 때는 정신적으로 방황할 여지가 있어야 하기 때문이다. 창의적 사고를 연구하는 펜실베이니아대학 교수 스콧 배리 코프먼Scott Barry Kaufman은 이렇게 말한다. "마음이 멋대로 돌아다니며 딴생각을 하게 두면 그 일에 모든 노력과 에너지를 쏟을 때보다 통찰의 순간을 만날 확률이 더 높다."[51]

그러니 뭔가 막히면 거북 등딱지를 휴대할 수 있는 물건으로 생각하고 자리에서 일어나 산책을 가는 편이 낫다. 산책하는 것 못지않게 좋은 것이 드라이브이고 잔디 깎기이고 설거지고 샤워다. '샤워하다 좋은 아이디어가 떠올랐다'라는 고백은 하도 많이 들어 진부할 정도다. 정원 가꾸기는 예술가들이 좋아하는 것[52]이라고 창의력 전문가인 김경희 교수는 말한다. 조금 별난 것도 있다. 알이엠R.E.M.의 로커 마이클 스타이프Michael Stipe는 일부러 미로를 찾아 헤매며 히트곡 「Losing My Religion」 등 여러 곡을 썼다.[53]

이런 여러 활동의 공통점은 생각하면서도 생각한다는 것을 의식하지 않은 채 생각 없이 반복한다는 것이다. 스콧 애덤스에 따르면, 이때 필요한 것은 '산만하지 않은 산만함'[54]이다. 그래서 그런 자기만의 이상적인 산만함을 찾으려면 이렇게 물으면 된다. 조금은 산만하게 하지만 아주 산만하지 않은 활동으로 무엇이 있을까?

자극적인 영감을 찾기 위해 등딱지를 떠날 때는 신중해야 한다. 창의적인 관점에서 볼 때 '자극하는' 것과 '산만하게 하는' 것을 가르는 선은 가늘고 희미해서 잘 보이지 않는다. 영화를 보러 갈 때는 다른 사람의 작품에 자신을 내맡기므로 창의적 아이디어가 흐트러지기 쉽다. 소셜미디어에 손을 대는 것도 마찬가지다. 하지만 극장이라고 해도 그것 역시 창의력을 자극하는 환경이어서 다른 사람의 영감에 노출된 상태에서 자신의 아이디어를 생각해볼 여지는 남는다.

아마 최상의 시나리오는 다른 사람의 아이디어와 자신의 아이디어가 어디선가 연결되는 경우일 것이다. 이런 종류의 자극을 줄 수 있는 곳은 서점이나 도서관 등 주변에서 얼마든지 찾을 수 있다. 창의적 광고로 유명한 조지 로이스는 누구나 알 법한 방법을 권한다. 박물관에 가라는 얘기다. "박물관은 번득이는 현현의 보관소다."[55]

간혹 조기 출소나 가출소가 필요하기는 해도 자기만의 거북 등딱지에 들어가는 행위에는 놀라운 무언가가 있다. 작가 윌리엄 데레저위츠William Deresiewicz의 말처럼 그 순간은 '자신의 목소리를 들을 수 없는 불협화음'[56]에서 벗어나는 시간이다. 그것은 '플러그가 빠진' 시간으로, 그때 최고의 자아에 플러그가 끼워지는 느낌이 들면서 상상하고 이치를 따지고 연결하고 만들게 된다. 그러나 죽음과 파멸의 순간과 마주칠 상황에도 대비해야 한다.

나비를 죽일 의지가 있는가?

소설가 앤 패칫Ann Patchett에게 시작은 늘 똑같다. 새로운 책에 대한 아이디어는 머릿속에서 먼저 모양을 갖추는데 '말로 표현할 수 없을 정도로 아름답다.' 그녀는 그 책이 자신은 물론 다른 어느 누가 쓴 책보다 더 위대한 책이 될 것이라고 확신한다. "이제 종이에 적기만 하면 그만이다. 그러면 내가 보는 이 아름다움을 모두가 볼 수 있다." 그래서 일을 미룰 수 없게 되었을 때 "공중에 손을 뻗어 나비를 잡으려 허우적댄다. 머릿속에서 나비를 낚아채 책상에 대고 핀으로 꽂아 내 손으로 죽인다."[57]

패칫은 "죽이고 싶지는 않다"고 썼지만, 실제 소설에 생기를 불어넣는 방법은 먼저 마음속에서 펄럭이는 비전을 붙든 다음 페이지에 핀으로 꽂는 것이다. 그런 과정에서 "이 생물과 관련해 아름다웠던 모든 것, 즉 갖가지 색깔과 빛과 움직임은 사라지고 만다."

패칫이 쓴 『이것은 어떤 행복한 결혼에 관한 이야기다This Is the Story of a Happy Marriage』에 등장하는 글쓰기 과정의 고통스러운 초기 단계에 대한 이 놀라운 묘사는 아름답고 완벽해 보이는 아이디어로 시작하는 작품을 창작하려는 모든 사람에게 큰 울림을 준다. 사실적이고 만질 수 있는 창작품은 좀처럼 그런 비전에 부합하지 못한다. 그런 불일치는 아이디어에 형체를 입히려는 첫 단계에서 두드러지는데, 그럴 때는 뭔가를 만들려는 시도가 서툴러 길을 잘못 들 위험이 있다. 그렇게 되면 기운이 빠질 수밖에 없다. 머릿속에 있는 '위대한 소설'을 끝내 종이에 옮기지 못하는 사람이 많은 것도 그 때문이라고 패칫은 생각한다. "지독하게 실망스러운 언어를 얻겠다고 상상 속에서 펄펄 살아 숨 쉬는 아름다움을 팔아 자신의 마음을 아프게 할 수 있는 사람은 극소수에 지나지 않는다."

그래서 어떤 아이디어를 가지고 작업을 시작할 때는 꼭 이렇게 물어야 한다. 상상력과 현실의 이런 불일치를 감내할 수 있을까? 아니면 패칫 식으로 바꿀 수 있다. 내가 꿈꾸는 것을 창작할 수 없다면, 적어도 내가 만들 수 있는 것은 창작할 수 있을까?

패칫은 우리 자신의 부족함을 기꺼이 용서한다면 그렇게 할 수 있다고 믿는다. 창작의 초기 단계는 보잘것없이 초라하고 답답해서 즉시 포기하거나 기약도 없이 중단하게 만든다.

또 다른 아이디어, 그러니까 아직 손대지 않은 완벽하고 싱싱한 나비를 향해 달려들고 싶은 유혹도 든다. 예술창작컨설팅회사인 비핸스Behance의 대표이자 『아이디어의 발현Making Idea Happen』의 저자인 스콧 벨스키Scott Belsky는 이처럼 이 나비 저 나비를 쫓아다녀서는 창의적인 아이디어를 붙들 수 없다고 말한다. "아이디어의 과잉은 가뭄 못지않게 위험하다. 이것저것 아이디어를 좇다 보면 에너지가 수직이 아닌 수평으로 퍼지고 만다."[58]

나비를 찾아 전전하는 일을 그만두려면 떠오르는 아이디어 하나하나에 대해 확실한 진로를 설정해야 한다고 벨스키는 말한다. 그러면 하나에 집중한 후 다음 단계로 옮겨갈 수 있다. 창의적인 사람들은 체계적 절차에 대한 태생적 거부감을 갖고 있다. 그래서 하나에 진득하지 못하고 다음 아이디어를 꿈꾼다. 꿈의 단계에서 '실행' 단계로 넘어가지 못하는 아이디어가 많은 것도 그 때문이다. 진지하게 생각했던 아이디어는 하나도 빠지지 말고 모두 정식 프로젝트로 대우받아야 한다고 벨스키는 주장한다. 프로젝트를 계속 추진하려면 다음에 이어지는 '실행 단계'를 끊임없이 생각하고 기록해야 한다.

한 아이디어에 계속 매달리려면 상당한 인내와 절제가 필요하다. 뭔가에 발목이 '잡혀' 아이디어를 더는 진척시키기 어려워서 답답하고 싫증을 느낄 때가 있다. 그럴 때는 부쩍 흥미를 느꼈던 초기 단계로 돌아가 새로운 아이디어로 시작하고픈 유혹을 떨치기 어렵다. 그러나 아이디어를 생각해내는 것은 중요한 문제가 아니라고 벨스키는 지적한다. 그래서 이렇게 물어야 한다. 이 아이디어를 실제로 실현시키는 데 필요한 자질이 내게 있는가?

아이디어를 개발하는 초기 단계에서 생각해야 할 또 다른 질문이 있다. 누가 내게 책임을 묻는가? 벨스키는 현재 작업 중인 아이디어를 지지해줄 커뮤니티를 만들라고 권고한다. 그들은 고비마다 도움을 줄 것이다. 답보 상태에 빠지면 커뮤니티에 조언이나 아이디어를 요청할 수 있다. 다른 사람들이 내 프로젝트에 관심을 보이거나 더 나아가 이해관계가 얽혀 있으면 작업에 문제가 생겨서 진척이 없을 때 그들이 중단하지 못하도록 압력을 넣거나 용기를 줄 것이다. 일반인에게 매달 소설을 발표할 기회를 주는 NaNoWriMo National Novel Writing Month를 이끌고 있는 크리스 배티 Chris Baty는 "혼자 조용히 진행하는 프로젝트는 포기하기 쉽다"[59]라고 말한다.

창작 프로젝트를 시작하는 데 애를 먹는다면 6가지 질문을 해보라

- **이 나비 저 나비를 쫓고 있는가?** 프로젝트를 진행하지 않고 계속 새로운 아이디어를 생각할 때가 있다. 한 아이디어를 발전시키려면 나비를 1마리만 잡아서 핀으로 고정해야 한다.
- **누가 내게 책임을 묻는가?** 내 아이디어를 누군가와 공유한 다음 실현 가능한 작은 것부터 일정을 잡아야 한다.
- **지금 책꽂이를 정리할 때인가?** 작업 공간을 정하거나, 수업을 듣거나, 자료를 조사하는 등 '창작할 준비'가 필요할 때가 있다. 준비도 좋지만 그런 것들을 핑계로 작업을 지연시켜서는 안 된다.
- **어떻게 하면 기준을 낮출 수 있을까?** 거창한 것에 손을 대려 하지 말고 적당한 수준에서 시작할 수 있어야 한다. 조금 나쁜 출발도 상관없다.
- **어디서든 시작한다면?** 시작할 생각에 발을 떼지 못한다면, 중간이나 마지막이나 그사이 어딘가부터 시작해도 좋다.
- **프로토타입을 만들 수 있는가?** 개요나 초안, 콜라주, 웹사이트 베타 버전 등 아이디어에 기본 형태를 부여할 방법을 찾아보라.

작업 공간을 찾고 사전 조사를 하는 등 글쓰기 작업에 필요한 준비 과정도 중요하지만, 그것은 시간을 끌기 위한 핑계가 되기 쉽다. 디자이너 브루스 마우Bruce Mau는 새 책을 야심 차게 막 시작하려던 작가 친구 이야기를 들려준다. 그 친구는 "언제든 시작할 준비가 되어 있었다"[60]라고 그는 말했다. '책꽂이를 정리하고 사무실을 정리하는' 등 책을 쓰는 데 필요한 조건은 갖춰놓았다. 문제는 딱 하나였다. 시작하지 않는다는 것.

속성 강좌를 듣고 다루려는 주제와 관련된 책이나 논문을 샅샅이 섭렵하고 필요한 파일을 수집하는 데 치중한다는 생각이 들면, 이렇게 자문해보라. 지금 책꽂이를 정리할 때인가? 지나칠 정도로 준비에만 몰두하며 텅 빈 지면이나 하얀 캔버스, 아무것도 없는 컴퓨터 화면을 마주하기 무서워 어차피 피할 수 없는 일을 자꾸 미루고 있을 때는 그런 자신의 모습을 빨리 자각하도록 스스로 훈련해야 한다.

첫출발과 준비는 난감한 딜레마다. 프로젝트를 시작하기 전에 조사부터 해야 할 경우가 있기 때문이다. 그러나 인터넷 시대에 조사하겠다고 잘못 덤볐다가는 끝이 안 보이기 십상이다. 조사할수록 알아야 할 게 더 많아진다. 『스트레치』의 저자 스콧 소넨샤인Scott Sonenshein은 "지금 가진 것으로 무엇을 할 수 있을까?"[61]라고 묻는 습관을 들이면 "더 많은 것을 하기 위해 더 많은 것을 기다려야 하는 모순을 피할 수 있다"라고 말한다.

사전에 철저한 조사를 하느라 진을 빼기보다 우선 작업에 착수하고 보는 편이 더 낫다. 제한된 지식밖에 없어도 시작은 빠를수록 좋다. 그러니 물어보라. 내 아이디어를 구체화하기 위해 내디딜 수 있는 작은 첫걸음이 무엇인가? 디자인 용어로는 프로토타이핑이라고 하는데 여기에는 여러 방법이 있을 수 있다. 대략적인 스케치를 하거나 개요를 작성하거나 종이 한 장으로 요약하거나 얼른 웹사이트를 만들어볼 수 있다. 어느 것이든 출발점으로 손색없다.

아무 데서나 시작해도 된다면?

디자이너 브루스 마우는 창의적인 프로젝트를 시작하려는 젊은 이들로부터 이런 한탄을 자주 듣는다고 한다. "어디서부터 시작해야 할지 모르겠어요." 그러면 마우는 그들에게 괴짜 작곡가 존 케이지가 즐겨 하는 말을 들려준다.[62] "아무 데서나 시작하라." 케이지의 충고는 창조하는 사람이면 누구에게나 해당한다.

완벽한 출발점을 찾는 일에 매달리지 말라. 멋진 첫 문장, 가슴을 쿵 하게 만드는 음악의 도입부는 중요하지 않다. 지금 당장 가지고 있는 것으로 시작하라. 아이디어가 완전하지 않아도, 프로토타입에 결함이 있어도, 시작도 아니고 끝도 아닌 이야기의 중간 어디여도 시작하는 데는 문제가 없다. 그러니 이렇게 물으라. 아무 데서나 시작해도 된다면?

작가들은 보통 꿈도 꿔본 적이 없던 이야기 속 어딘가에서 쑥 나타나 머릿속으로 뛰어든 단 하나의 구절이나 인용문, 이미지 묘사를 붙들고 책을 쓰기 시작한다. 내가 즐겨 인용하는 예로 북에디터에서 작가로 변신한 윌리엄 맥퍼슨William McPherson이 있다. 맥퍼슨은 어느 날 걸어서 출근하다 떠오른 이미지를 계기로 첫 소설을 썼다. 골

프채로 스윙 연습을 하는 한 여성의 이미지였다. "그 모습이 선명하고 강렬해 머릿속에서 지워지지 않았다."[63] 그는 그 모습을 글로 풀어냈고 그것은 1984년에 평단의 찬사를 받은 소설 『시류를 점검하며Testing the Current』의 출발점이 되었다. 맥퍼슨처럼 머리에 떠오른 아이디어 한 조각을 적고 스케치하고 어떤 식으로 형태를 부여함으로써 그것을 포착할 수 있다면, 뭔가를 쌓아 올릴 토대를 마련한 셈이다. 그것이 이야기의 중간이든 끝이든 그곳이 시작점이다.

어디서든 일단 시작해서 효과가 나타난다면 나쁘게 시작하는 것도 괜찮다. 나쁜 시작도 하나의 시작이다. 1번째 시도가 꼭 좋아야 아이디어가 구체화되는 것은 아니다. 마음에 안 드는 점은 일을 해가면서 고칠 수 있고 그래도 마음에 안 들면 버리면 된다. IDEO의 톰 켈리는 시작할 때 이런 질문을 제시한다. 내 기준을 낮춘다면? 거칠고 불완전하고 심지어 형편없는 것으로도 시작할 수 있도록 스스로를 토닥여야 한다.

켈리는 인디 영화 〈루비 스팍스〉에서 그가 좋아하는 장면을 인용한다. 아이디어가 떠오르지 않아 힘들어하는 작가에게 상담사는 아무거나 일단 쓰라고 조언한다. "엉터리 같은 얘기도 돼요?" 작가는 그렇게 묻는다. "엉터리일수록 좋죠." 그 말을 듣고 그는 머릿속에 떠오르는 대로 말도 안 되는 얘기를 쓰기 시작한다. 그는 금방 쓴 것을 바꾸고 고쳐 조금씩 재미있는 것으로 만들어간다.

이런 일은 현실에서도 흔히 볼 수 있다고 신경학자인 로버트 버턴Robert Burton은 말한다. 마음가짐을 '편집자 아웃' 모드[64]로 전환하면 '어떤 것이든 쓸 용기가 생기고 그것이 잘 풀리든 안 풀리든 관계없이 새로운 아이디어가 떠오를 것'이라고 버튼은 설명한다.

어떻게 하면 막혔을 때 '빠져나올' 수 있을까?

창작 과정의 초기 단계에서 그리고 그 후에도 답보 상태를 '빠져나오는' 가장 좋은 방법은 질문을 통해 새로운 관점에서 접근하는 것이다. 애덤 그랜트는 새로운 책이나 연구 프로젝트에 착수할 때 이런 기법을 사용한다고 말한다. "나 자신에게 종종 묻는다. '이 문제를 다른 각도에서 바라볼 수 있는 사람으로 누가 있을까?' 내 머릿속에는 감탄할 만큼 독창적인 생각을 가진 한 무리의 사람이 있어 어떤 작업을 하든 그들의 탁월한 시점을 통해 보려고 애쓴다."

그래서 그랜트는 때로 당면한 문제와 특별한 인연이 있는 사람들의 렌즈를 통해 보려고 한다. 그러나 '내가 감탄해 마지않는 독창적인 사상가들의 표본 세트'의 관점을 이용한다고 말한다. "내가 가장 좋아하는 연구 프로젝트 중 몇 가지는 이런 질문으로 시작했다. 링컨이라면 이런 상황에서 어떻게 생각할까?"

그랜트는 자신의 관점을 다른 시간대로 바꿔본다. "내가 사용하는 또 다른 질문은 이것이다. 10년이나 20년 전에 이 문제를 다뤘다면 어떤 식으로 접근했을까? 그런 다음 미래로 날아가 이렇게 묻는다. 10년이나 20년 후의 나라면 이 문제를 얼마나 다른 눈으로 볼까? 과거로 돌아가는 질문은 지금 내가 설정한 가정을 없애는 데 도움이 된다. 과거를 먼저 간 다음 미래로 가는 편이다."

그런가 하면 프로젝트를 시작할 때 '잘못된 아이디어들'을 생각해 보는 방법도 있다. 창의적인 워크숍을 이끄는 톰 모너핸Tom Monahan은 '180도 사고'라는 방식을 사용하는데, 이는 '일을 일단 잘못 만들어 놓은 다음 좋게 바꿀 궁리를 하는 것'[65]이라고 설명한다. 그래서 자신에게 이렇게 묻는다. 움직이지 않는 자동차를 만든다면 어떻게 될까? 아니면 조리가 안 되는 오븐은?

생각을 이렇게 뒤집으면 정해진 사고 패턴에서 벗어날 수 있다. 그 과정에서 평소 같으면 수면으로 떠오르지 않았을 아이디어와 통찰력을 불현듯 만날 수 있다. 일부러 잘못 시작함으로써 더 흥미롭고 더 '올바른' 아이디어를 얻게 된다. 창의적인 프로젝트를 시작할 때만 '답보 상태'에 갇히는 것은 아니다. 중간 단계가 더 위험하다. 그때쯤이면 초기의 열정은 시들해지고 끝은 보이지도 않는다.

애덤 그랜트는 창작하는 사람에게 서로 다른 감정적 반응을 유발하는 6가지 단계를 설명한다.[66] 의욕이 넘치고 모든 것이 잘될 것 같은 1단계("이건 굉장해!")가 지나면 좀 더 현실적인 2단계("좀 까다로운데")가 이어진다. 그다음에는 두려운 3단계("이건 너무 허접해")가 오고 곧이어 4단계("난 삼류야")가 다가온다. 창작하는 사람이 어떻게든 그 구덩이에서 기어 나온다면 5단계("이 정도면 됐지 뭐")를 거쳐 마침내 마무리 6단계("이건 굉장해!")에 도달한다.

3단계와 4단계 위기를 극복하려면 자신에게 질문함으로써 지나친 부정적 감정에 도전하고, 증거와 과거의 경험을 냉철하게 검토할 수 있는 질문을 만들어보라고 그랜트는 권고한다. "보통 첫 질문으로 이렇게 묻는다. 내가 이런 문제를 전에 해결한 적이 있나? 초심자가 아니라면 그런 사례를 찾을 수 있을 것이다. 예전에 했다면 이번에도 할 수 있다.

또 이렇게 물어도 좋다. 나와 비슷한 의욕과 능력을 가진 사람들이 이와 비슷한 일을 해낸 적이 있는가? 나는 책을 펴낸 사람들을 많이 알고 있다. 여러분도 비슷한 어려움이나 목적을 가지고 용케 일을 해낸 사람들을 머리에 떠올릴 것이다. 그들이 할 수 있다면 나도 이 일을 해낼 수 있을 것이다."

이런 중간 단계의 어려움을 뚫고 전진해 완성 단계가 가까워지면 자신감과 열정이 되살아난다. 실제로 하나의 프로젝트를 마무리하고 최종 수정 작업과 윤문을 마칠 때쯤이면 아주 만족스러워 차라리 끝내고 싶지 않을지 모른다. 심지어 완성된 작품을 거북 등딱지에서 꺼내 바깥세상에 선보이기 아까울 지경이다.

'공개할' 준비가 되었는가?

여러 해 동안 광고 산업을 다룬 기사를 써와서 광고대행사들을 취재할 기회가 잦았다. 그중에는 남다른 창의력으로 소문난 대행사도 있고 뻔하고 따분한 광고를 만드는 것으로 낙인이 찍힌 회사도 있었다. 취재하면서 지켜보니 창의력이 떨어지는 대행사에서는 옆 사람이 자신의 아이디어를 베껴 공을 가로챌까 봐 가능하면 아이디어를 서랍에 넣어 잠그고 있었다.

그러나 TBWA\Chiat\Day처럼 창의적인 대행사에서 사람들은 아이디어가 떠오르면 종이에 대충 끄적거린 다음 곧 벽에 붙여놓곤 했다. 이 기획사에서 크리에이티브 디렉터로 오래 일하고 있는 리 클라우Lee Clow에 따르면, 좋은 아이디어는 정밀 검사를 견뎌내야 하므로 아이디어를 생각해낸 사람은 다른 사람의 의견이나 제안을 받아 자신의 아이디어를 완성하는 경우가 빈번하다[67]고 했다.

사람들이 서로의 아이디어를 훔친다면 어떻게 하는가? 일단 벽에 붙여놓으면 누가 올려놓았는지 모두 알아서 아이디어를 훔칠 수 없다고 클라우는 설명했다. 게다가 TBWA\Chiat\Day에서는 아무도 아이디어를 훔치려 하지 않았다. 그들은 자기만의 아이디어를 짜내는 짜릿한 묘미를 잘 알았기 때문이다.

어떤 분야이든 창작하는 사람들은 완성되었거나 일부만 완성된 작품도 TBWA\Chiat\Day 모델을 따르는 것이 좋다고 생각한다. 서랍에서 꺼내 벽에 붙이고 다른 사람들이 다 볼 수 있게 하라. 저작권을 보호하는 일이 적절하고 비교적 쉽다면 얼마든지 그렇게 해도 좋다. 하지만 누가 아이디어를 훔쳐가거나 비판할까 두려워 작업을 미루지 말라.

작가 겸 마케팅 그루 세스 고딘이 자주 사용하는 설득력 있는 단어가 있다.[68] '선적Ship'이다. 고딘은 프로젝트나 꿈, 창작물을 공유하기 싫어하는 사람들이 매우 많다고 지적한다. 그들은 아이디어를 세상에 내놓고 그 결과를 확인하는 것 자체를 경계한다. 그들은 선적하기를 겁낸다. 그런 두려움은 이해가 간다. "선적은 모험과 위험으로 가득 차 있다." 고딘은 오래전부터 운영해온 〈Seth's Blog〉에 그렇게 썼다. "손을 들거나 이메일을 보내거나 신제품을 출시하거나 제안을 할 때마다 우리는 비난에 노출된다." 선적하면 "실패할 수 있다. 출시하면 사람들이 비웃을지 모른다." 그러나 그것은 고딘의 표현대로 '진짜 예술가는 작품을 선보여야 하기' 때문에 창작하는 사람에게 선적은 잡아야 할 기회다.

크게 성공한 사람들은 선적을 자주 한다. 요즘처럼 경쟁이 치열한 시장에서는 아이디어와 창작물을 많이 내놓을수록 돌파구를 찾을 가능성이 커진다. 창의적 인물을 연구한 창의력 전문가 딘 사인먼턴은 이렇게 말한다. "창의력은 순전히 다작의 결과물이다. 히트작을 많이 생산하면 실패작도 많아진다는 사실을 창작자는 감내해야 한다. … 크게 성공한 창작자는 실패작도 가장 많은 사람이다."[69]

자주 선적하려면 남보다 먼저 선적할 생각을 해야 한다. 페이스북의 마크 저커버그도 이렇게 말한다. "계속 선적해야 한다는 것을 상기시키기 위해 우리는 벽에 '일단 만들고 보는 것이 완벽한 것보다 낫다'[70]라고 써 붙여놓았다." 저커버그는 사물을 창조하는 '해커들의 방식'을 언급하는데 이는 "모든 것을 한 번에 제대로 하려 하기보다 더 작은 단위의 프로젝트를 빨리 내놓고 배우는 것"을 의미한다.

IT 기업에 이것은 새삼스러운 철학이 아니다. 1984년 애플 매킨토시가 출시되었을 때 마케팅을 담당했던 가이 가와사키Guy Kawasaki는 출시를 미루며 제품이 완벽해질 때까지 계속 손을 볼 수 있었다고 말한다. "하지만 이상적인 상황을 기다린다면 … 시장은 우리를 지나칠 것이다."[71] 그래서 애플은 기다리지 않았다: "혁명적이라는 말은 일단 선적하고 나서 테스트하는 것을 의미한다. 1984년에 나온 첫 맥은 여러 면에서 허접한 삼류였지만 그것은 혁명적인 삼류였다."

그만두고 싶은가,
개선하고 싶은가?

실패를 인정하는 것만큼 중요한 것이 있다. 피드백을 기꺼이 받아들이는 것이다. 하버드협상연구소와 손잡고 『일의 99%는 피드백이다』를 공동 저술한 더글러스 스톤Douglas Stone과 쉴라 힌Sheila Heen은 사람들은 일반적으로 피드백에 대해 본능적인 거부감이 있다고 지적한다. 두 사람의 주장에 따르면, 우리는 '지금처럼 인정받고 존중받아서 안전하다고 느끼고 싶은' 강한 욕구가 있다.[72] 그래서 당연히 우리 작품이 지금 그대로 좋다고 말해주는 긍정적인 피드백은 받아들이지만, 비판적인 피드백이라면 얘기가 달라진다.

그러나 애덤 그랜트의 지적대로 "개선할 수 있는 유일한 방법은 부정적인 피드백을 받는 것이다." 따라서 비판을 듣지 않겠다고 귀를 막는 것은 현재 수준의 기술에 만족하겠다고 체념하는 것이나 다름없다. 어느 쪽이 더 스트레스가 되겠는가.

창의적인 프로젝트를 하는 사람들은 일을 끝내는 데 지나치게 마음을 쓴다고 그랜트는 지적한다. 그들은 비판적인 피드백을 받게 되면 일을 처음부터 다시 해야 하는 불상사가 생기지 않을까 걱정한다. 그것은 잘못된 질문에 초점을 맞추기 때문이라고 그랜트는 말한다. 어떻게 해야 이 프로젝트를 끝낼 수 있을까라고 물을 것이 아니라 어떻게 하면 더 잘 만들 수 있을까라고 물어야 한다. 그렇게 본다면 피드백은 필수다.

피드백에 좀 더 마음을 열라고 설득하는 그랜트는 학생들에게 이렇게 묻는다. 지금 수준을 유지하는 것이 목표인가 아니면 향상시키는 것이 목표인가? 질문을 그렇게 바꾸면 거의 모든 사람이 개선과 피드백을 택한다고 그는 말한다.

피드백을 받는 데 익숙해지려면 피드백을 선물로 생각하면 된다. 실제로 톰 켈리는 피드백은 곧 선물이라고 말한다. 피드백을 주는 사람은 내가 최고의 결과를 낼 수 있도록 내게 시간과 노력을 투자한 것이다. 믿을 만한 사람에게 정식한 피드백을 받는다면 이렇게 자문해보라. 왜 내가 이런 선물을 탐탁지 않게 여기는 걸까? 켈리도 지적했지만, 피드백에 꼭 동의하거나 따라야 하는 것은 아니다. 열린 마음으로 감사히 받으면 그만이다.

적절한 피드백을 줄 만한 사람을 찾을 때는 평소 존중할 만한 의견이 있거나 전적으로 내 편인 사람을 찾아야 한다. 이렇게 물어보라. 믿을 만한 조언자로 누가 있을까? 후보가 몇 명 생각나면, '나만의 자문위원회를 만들라'고 켈리는 말한다. '자문위원회'는 빨리 구성할수록 좋다. 그들이 일찍 조언해주면 처음부터 다시 작업해야 할 작품을 윤색하고 수정하느라 시간을 낭비하지 않아도 된다.

피드백을 요청할 때는 정직해야 한다. 작가 콰메 도스는 이렇게 말한다. "만약 피드백이 탐탁지 않고 어차피 반영하지 않을 생각이면 처음부터 긍정적인 견해만 요구하라."[73] 내가 원하는 것은 "지속적인 격려뿐인지 모른다. 그렇다면 그렇다고 말하라."

반면 정말로 가치 있는 비판에 관심이 있다면, 그 점을 분명히 밝혀 요청하는 것이 좋다. 베테랑 스탠드업 코미디언이자 영화 〈돈 싱크 트와이스〉의 감독인 마이크 버비글리아Mike Birbiglia는 영화에 대한 피드백을 구할 때 이렇게 한다고 썼다. "친구들에게 피자와 맥주를 실컷 먹인 다음 곤란한 질문을 던진다. 대본에서 가장 마음에 안 드는 곳이 어디야?"[74]

"알고 보니 가혹한 피드백도 건설적인 피드백도 심지어 종잡을 수 없는 피드백도 쓸모가 있었다. 전달하고자 하는 것의 핵심이 무엇인지 알기만 하면 말이다." 버비글리아는 그렇게 덧붙였다.

다음 질문을 사용해 작품에 대한 정직하고 유용한 피드백을 받으라

- **사람들이 내 작품을 이해하는가?** 피드백은 나의 기본적인 아이디어를 바꾸는 것이 아니라 단지 그 아이디어가 명확하게 표현되고 이해되고 있는지 알아보는 절차다.
- **어떤 점이 가장 마음에 들지 않는가?** 이 질문은 어느 정도 용기가 필요하지만, 정직한 비판을 허락하므로 중요하다. 이 질문은 가장 큰 문제가 어디에 있는지에 초점을 맞춘다.
- **그 밖에 또 없나요And what else?** 줄여서 'AWE' 질문이라고도 한다. 자세한 내용은 제3부에서 설명하겠다. 이 질문은 더 많은 비판을 유도하기 위한 것으로 종종 깊은 통찰력을 낳기도 한다.
- **내가 어떤 시도를 하기 바라는가?** 좋은 피드백은 보통 무엇이 잘못됐고 무엇이 누락되었는지 알려주지만, 대개 해결책을 제시하지 못한다. 질문을 통해 피드백을 준 사람으로부터 해결책을 끌어내라.

남의 말을 언제 들어야 하는지 어떻게 아나요? 자신의 말은 언제 듣나요?[75] 아동작가 로럴 스나이더Laurel Snyder는 언젠가 한 어린 소녀로부터 이런 질문을 받고 "크게 당황했다"라고 말한다. 쉬운 답은 없지만, 피드백을 주는 사람이 작품에 큰 변화를 줘보라고 권하면 이렇게 자문해보라. 이 피드백은 내 비전을 바꾸라는 말인가 아니면 그저 조금 개선해보라는 뜻인가? 전자는 신중히 생각하고 후자에 좀 더 귀를 기울여라.

버비글리아는 론 하워드 감독에게 배운 피드백 팁을 전해준다. 하워드는 초벌 편집본을 보여주며 관객의 반응을 확인하는데, "그렇게 하는 이유는 영화가 지향해야 할 비전을 듣기 위해서가 아니라 자신의 비전을 관객이 이해하는지 알기 위해서다. 그들이 이해하지 못하면 그는 변화를 준다."[76] 다시 말해 하워드는 자신이 하고 싶은 말을 알고 있지만, 그것이 명확하게 전달되고 있는지 얼마든지 피드백을 받을 자세가 되어 있다.

피드백을 요청할 때 중요한 질문은 이것이다. 내 아이디어가 괜찮은가? 그 점에 대해서는 자신의 본능을 믿어라. 하지만 그저 이렇게 물어도 좋다. 사람들이 나를 이해하는가?

피드백은 치방을 알려주지 않기도 한다. 픽사 사장인 에드 캣멀Ed Catmull에 따르면, "좋은 지적은 무엇이 잘못되었고 무엇이 누락되었으며 무엇이 말이 되지 않는지 말해준다."[77] 좋은 지적은 해결책이 아니라 문제에 초점을 맞춘다. 하지만 문제를 바로잡거나 변화를 줄 방법을 구체적으로 알고 싶다면 이렇게 묻는 것이 좋다. A 또는 B를 개선할 방법을 알고 싶은데 내가 어떻게 했으면 좋겠는가? 켈리가 지적한 대로 피드백은 꼭 따라야 하는 것이 아니므로 신뢰할 만한 사람으로부터 가능한 한 많은 의견을 얻어서 손해 볼 일은 없다.

피드백 전문가 더글러스 스톤과 쉴라 힌은 피드백을 받을 때도 '자신감과 호기심'을 가지고 접근하라고 말한다. 그들은 피드백을 받으면 곧바로 그것을 평가하고 심지어 피드백에 대한 자신의 반응까지 점수를 매길 것을 제안한다. 스스로에게 이렇게 물어보라. 나는 이 피드백을 얼마나 좋게 받아들였는가?

트렌드의 흐름을 타는 방법은 무엇인가?

추구해야 할 문제를 찾고 등딱지로 물러나 어디서든 일단 시작하고 중간의 '엉터리 단계'를 견디고 피드백에 반응하고 마지막으로 완성된 작품을 세상을 향해 '선적'하고 나면, 그다음 일은 내가 어떻게 할 수 있는 문제가 아니다. 하지만 결과가 어떻든 상관없다. 내 눈에 띄기만 기다리는 새로운 문제가 저 밖에 있고, 그렇게 다시 창작의 순환 고리가 시작되니까.

시간이 흐르고 계속 새로운 창작품을 생산할 때가 되면 새로운 문제가 고개를 든다. 어떻게 하면 영감의 샘물을 계속 흐르게 해 작업을 신선하게 유지할 수 있을까? 오랜 세월 창작의 여정을 계속하고 있는 사람들의 말에 따르면, 영감이 마르지 않게 하는 가장 좋은 방법은 끊임없이 재창조하는 것이다.

1990년대 중반, 존 스튜어트Jon Stewart는 선배 코미디언 조지 칼린을 인터뷰하면서 독창적인 소재를 꾸준히 개발하고 연기에서도 변신을 거듭할 수 있었던 비결을 물었다.[78] 다시 말해 무엇 때문에 확고한 명성과 늘 하던 방식에 기대어 편하게 갈 수 있는 길을 택하지 않는가 하는 물음이었다. 이에 대해 칼린은 이렇게 답했다. "예술가는 '길 위에' 있어야 할 의무가 있다. 즉 어디론가 가고 있어야 한다. 지금 이곳도 여정에 포함되어 있지만, 이 길이 어디로 통할지는 알 수 없다. 그래서 재미있다. 항상 두리번거리며 찾고 나 자신에게 도전한다. 그렇게 늘 신선하고 새로워지려 애쓴다."

칼린은 주기적으로 즐겨 쓰던 소재를 버리고 완전히 백지상태에서 다시 시작하는 것으로 유명했다. 그는 끊임없이 새로운 주제를 찾고 새로운 방법을 시도했다. 딸 켈리 칼린은 아버지가 코미디언으로는 드물게 50대와 60대에도 활동을 하며 인기를 유지할 수 있었던 것은 끊임없이 '다시 시작'하려는 의지가 있었기 때문[79]이라고 말했다. "지난날의 숱한 성공을 놓아 보내는 일은 두렵겠지만, 애초에 아버지를 그곳으로 데려간 것이 무엇이든 그것이 다음에도 좋은 곳으로 데려다줄 것이라고 아버지는 믿었다."

알고 있는 것에서 멀리 떨어질수록 창의력에는 좋다. 한곳에 계속 머물고 한 영역에서 전문성을 얻고 숙달될수록 창의력은 퇴보한다. 『창조성, 신화를 다시 쓰다』의 저자 데이비드 버커스는 "전문성이 높아질수록 창의적 생산력은 하강하는 경향이 있다"[80]라고 말한다. 전문가들은 새로운 아이디어를 좀처럼 떠올리지 못한다. 그들의 풍부한 경험으로 인해 '새로운 아이디어가 통하지 않을 이유를 더 잘 찾아내기' 때문이라고 말한다. 요약하면 이렇다. 창의력을 유지하려면 초보자처럼 생각하고 행동하고 늘 탐구해야 한다.

계속 '길 위에' 머무르게 되면 다양한 아이디어와 이러저러한 영향에 노출되고, 그것은 정신적 연결과 '스마트한 재결합'에 필요한 풍부한 원료를 가져다주어 새로운 아이디어를 만들어낸다. 어떻게 하면 알고 있는 것과 계속 거리를 유지할 수 있을까? 가장 쉬운 방법은 호기심을 따라가는 것이다. 작가 엘리자베스 길버트는 '호기심에 이끌린 삶'을 예찬하는 강연[81]에서 착암기와 벌새의 멋진 비유를 들려준다. 길버트에 따르면, 착암기처럼 행동하는 사람은 오로지 더 깊이 뚫는 일에 강박적으로 집중한다. 벌새형 인간은 "나무에서 나무로, 꽃에서 꽃으로 옮겨 다니며 … 이것도 해보고 저것도 해본다."

그렇다면 창의적인 사람은 벌새와 착암기 중 어느 쪽에 가까워야 하는가? 그것은 일의 어느 단계에 있느냐에 따라 달라질 것 같다. 호기심은 창의적 영감의 훌륭한 원천이어서 끊임없이 새로운 아이디어로 이끌어준다. 하지만 일의 완성이라는 측면에서는 오히려 불리하게 작용할 수 있다. 만약 호기심이 흐트러지거나 전문가 말로 '다변적' 호기심[82]이라면 계속 이 나무에서 저 나무로, 이 아이디어에서 저 아이디어로, 이 주제에서 저 주제로 옮겨 다니며 한눈을 팔기 때문에 어느 것 하나 제대로 집중하기 어렵다. 반면 집중력이 강한 '인식적' 호기심은 하나의 매력에 빠져 대상을 더 알려고 하므로 더 깊이 파고들게 된다.

생산적이면서도 틀에 박히지 않은 작품을 만들려면 장기간 집중력을 잃지 않고 한 프로젝트만 파게 만드는 호기심이 필요하다. 이어서 가끔 완전히 새롭고 다른 어떤 것에 눈을 돌리게 해줄 다변적 호기심의 비행이 뒤따라야 한다. 문제는 언제 이 모드에서 저 모드로 전환할 것인가 하는 점이다. 창의적 분야에서 경력을 쌓아갈 때는 주기적으로 이렇게 물어야 한다. 착암기를 들어야 할 때인가 아니면 벌새처럼 날아야 할 때인가?

성공을 맛본 작업에서는 멀리 날아가기 쉽지 않다. 그 자리를 뜨려면 겁부터 난다. 밴드 U2의 리드 싱어인 보노는 1990년 당시 전혀 다른 유형의 음악을 시도할 때의 기분을 이렇게 설명했다. "최초의 표현 방식을 거부해야 다음 방식에 이를 수 있다. 그리고 그사이에는 아무것도 없다. 거기에 모든 것을 걸어야 한다."[83]

그러나 오랜 세월에 걸쳐 관심과 명맥을 용케 유지하는 창작자들은 그 '중간' 영역에서도 불편함을 못 느끼는 것 같다. 밥 딜런은 이런 창의적 재창조의 달인이다. 그는 반세기 동안 '길 위에' 머물렀다. 그의 전기 작가 중 한 명인 존 프리드먼Jon Friedman은 초기에 포크 싱어로 '사회 고발적 성격이 짙은 노래'를 부르는 저항의 아이콘이었던 딜런이 어느 순간 성찰적 성향이 짙은 노래를 썼고 그 후 다시 일렉트릭 록으로 갈아탔다고 지적한다. 이후 밥 딜런은 컨트리 장르를 정복한 다음 다시 록으로 돌아왔고 또다시 메시지가 강한 노래를 부르더니 멀리 빙 돌아 기독교로 개종한 후 가스펠을 불렀다.

"새로운 세대의 팬에게 손을 내밀기 위해 그는 공연 형식을 재창조했다."[84] 프리드먼은 그렇게 지적했다. 한두 해에 한 번씩 하는 공연 대신 1년 동안 전 세계를 돌며 100회 공연을 강행하는 '네버엔딩 투어'를 시작해 어떨 때는 "마이너리그 야구장에도 모습을 드러냈다." 2007년에 딜런을 다룬 영화를 감독한 토드 헤인즈의 말을 인용하면, "딜런을 붙잡으려는 순간 그는 사라지고 없었다."[85]

아마도 딜런의 여정 중 가장 화제가 된 변신은 1965년 초 뉴포트 포크 페스티벌에서 딜런이 일렉트릭 기타를 연주했을 때일 것이다. 딜런을 스타로 만들어준 어쿠스틱 포크를 계속해주기를 바라는 청중은 야유를 퍼부었다. 그런 변신은 위험한 시도였지만, 딜런은 그 사건을 계기로 시들해져가는 포크에서 막 성장하는 일렉트릭 록으

창의적 작업이 진부해지는 것을 막으려면 다음 질문을 사용하라

- **어떻게 하면 알고 있는 것과 계속 거리를 유지할 수 있을까?** 작업할 때 '뱃속 편한 전문가'가 되지 않으려면 호기심을 따라가야 한다.
- **착암기를 들어야 할 때인가 아니면 벌새처럼 날아야 할 때인가?** 벌새는 계속 새로운 곳을 찾아 앉고 착암기는 한곳만 집요하게 뚫는다.
- **무엇을 버릴 수 있는가?** 일의 신선함을 유지하려면 믿을 수 있는 재료나 입증된 방법, 익숙한 영역 등 뭔가를 포기해야 한다.
- **어떻게 하면 일렉트릭으로 갈 수 있을까?** 뉴포트의 딜런처럼 창의적인 사람은 시대가 변했다는 것을 인식하고 새로운 스타일·취향·형식·기술을 받아들여야 한다.
- **내 배양 접시는 어디에 있는가?** 작품을 실험하려면 안전하게 실험할 장소를 찾아야 할지 모른다.

로 옮겨갈 수 있었다.

그래서 가끔 이렇게 물어야 한다. 어떻게 하면 일렉트릭으로 갈 수 있을까? 이런 질문을 통해 새로운 취향과 새로운 포맷과 새로운 기술에 맞춰 작업을 조정할 때가 되었는지 생각해볼 필요가 있다. 81세에 블로그를 시작한, 지금은 고인이 된 어설라 크로버 러귄Ursula K. Le Guin이 그런 경우[86]였다. 블로그는 그녀에게 새로운 청중에게 다가서고 새로운 매체를 경험하고 시류와 함께 움직일 기회를 주었다.

새로운 매체는 러귄에게 글쓰기를 실험할 장소도 제공했다. 블로그에는 책으로 할 수 없는 것들이 있었다. '길 위에' 머무르는 방법을 생각할 때 명심해야 할 마지막 한 가지가 있다. 창작 작업이 시간의 경과와 함께 진화할 수 있도록 하려면 새로운 접근법과 실험을 시도할 장소가 필요할지 모른다. 그럴 때는 스스로에게 물어보라. 내 배양 접시는 어디에 있는가?[87]

이 질문은 경영 컨설턴트 팀 오길비Tim Ogilvie가 즐겨 인용하는 것으로, 파격적인 아이디어와 방법론을 찾으려는 기업은 사내 정치와 일상적 압박으로부터 직원들을 보호할 영역을 마련해주어야 한다는 주장이다. 이 경우 회사의 배양 접시는 자체적인 혁신 연구소의 모습으로 나타날 수 있다. 그러나 오길비의 질문은 개인 창작자에게 그대로 적용된다. 그들은 부담이 적은 프로젝트나 관객은 많지 않아도 뭔가 새로운 시도를 할 수 있는 무대가 절실한 사람들이다.

실험할 때 실험실 파트너가 있는 것도 도움이 된다. 켈리 형제는 창작을 지원하는 네트워크가 있으면 새로운 가능성을 탐구하고 실험적인 노력을 할 때 훌륭한 피드백을 받을 수 있다고 말한다. 그래서 "창의적 컨피던스그룹을 주도해 한 달에 한 번이라도 만나라"라고 제안한다.

모임을 소집할 때는 제2부에서 나온 창의력 질문 몇 가지를 활용하라. 여기에 실린 질문은 대부분 스스로에게 묻는 것이지만, 창작 활동을 하는 사람들 몇몇이 주고받거나 집단으로 모여 질문을 생각해보고 토론할 때도 효과적이다. 창의적인 컨피던스그룹을 조직할 만큼 사람들을 많이 알지 못하면, 생각이 비슷한 사람들에게 연락하는 방법도 있다. 제3부에서는 질문을 통해 모임을 넓히고 관계를 심화시키는 방법을 알아보겠다.

제3부

사람의 마음을 읽고 확실하게 소통하기 위해

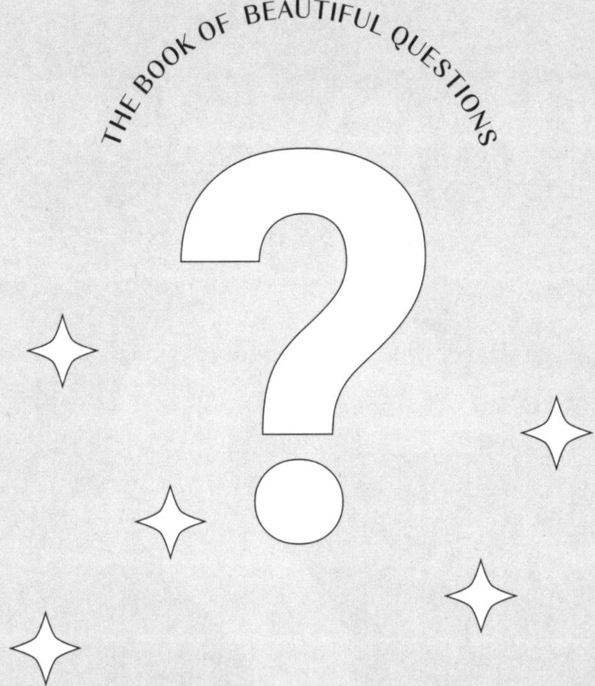
THE BOOK OF BEAUTIFUL QUESTIONS

왜 연결하는가?

1968년 어느 날 캘리포니아대학 버클리캠퍼스의 심리학과 학생인 아서 에런Arthur Aron과 일레인 스폴딩Elaine Spaulding[1]은 메인스터디홀 앞에서 키스를 나누다 곧 사랑에 빠졌다. 두 사람은 서로에게 묘한 감정을 느꼈고 알 수 없는 신비로운 힘에 이끌렸다. 그들은 결혼해서 같이 산다.

당시 에런은 연구 주제를 찾고 있었는데 이런 생각이 들었다. 로맨틱 러브를 연구해보는 건 어떨까? 에런은 스폴딩 등 동료의 도움을 받아 어떤 질문에 대한 답을 찾는 여정에 첫발을 디뎠다. 실험실에서 낯선 남녀가 즉석에서 친밀한 감정을 느끼게 만들 수 있을까?

그는 서로 알지 못하는 남녀들을 학교 실험실로 데려와 서로 좋아하거나 심지어는 사랑할 정도의 감정을 느끼게 만들어보려 애썼다. 에런은 차츰 바람직한 결과를 낼 것 같은 어떤 강력한 도구를 발견했다. 그것은 사랑의 묘약이 아니라 전략에 따라 정교하게 다듬은 일련의 질문이었다. 에런은 참가자들에게 똑같은 질문 목록을 주었다. 그런 다음 파트너끼리 교대로 서로에게 각 문항을 질문하고 답하게 했다.

하다 보니 특별히 효과가 좋은 질문이 따로 있었다. 에런은 시행착오를 거쳐 거부감 없이 사사로운 정보를 얻어내고 서로를 더 잘 이해할 수 있게 해주는 질문들을 추려냈다. 그렇게 해서 순서대로 물을 수 있는 36개의 질문 목록을 만들었다. 그 목록은 조금 피상적인 질문인 '원하는 사람 누구와도 저녁 식사를 같이할 수 있다면 누구를 택하겠습니까?'부터 시작해 희망·후회·꿈·가치관 등에 대한 생각을 깊게 파헤치는 개인적인 질문으로 이어졌다.

이를 바탕으로 에런은 다른 사람과 관계를 맺으려 할 때 "사람들이 너무 많이, 너무 빨리 자신을 드러내는 것을 좋아하지 않는다. … 가장 효과가 좋은 질문은 교대로 서로를 조금씩 드러내게 만드는" 질문이라는 사실을 확인했다.

사람들은 그렇게 정해진 문항을 서로에게 물었다. 결과는 놀라웠다. 에런도 놀랐다. 모임을 끝냈을 때 낯선 사람들은 대부분 매우 긍정적인 감정을 가지고 서로를 바라보게 되었다. 그중 한 커플은 결혼에 골인하기도 했다. 에런의 연구와 36가지 질문은 조금씩 과학계에 알려지기 시작했다.

그러다 2015년 초 〈뉴욕타임스〉의 한 칼럼니스트가 「누군가와 사랑에 빠지고 싶다면 이렇게 하세요」[2]라는 솔깃한 제목의 기사를 쓰면서 에런의 36가지 질문은 입소문을 탔다. 칼럼을 쓴 맨디 렌 카트론Mandy Len Catron은 대학 동창과 36개의 질문으로 직접 실험한 경험을 얘기했다. 그녀는 결과에 놀랐다. "약점의 수위가 점점 더 높아져서 서로 친밀한 영역에 들어섰지만, 우리는 그 사실을 알아채지 못했다." 그녀와 대학 동창은 실제로 사랑에 빠졌고 지금도 사귀고 있다.

한편 에런은 연구를 계속해 갖가지 상황이나 관계에 처한 사람들이 서로 은근한 감정을 갖게 되도록 질문을 다양한 환경에 맞게 고치고 각색했다.

오랜 세월을 함께 지내며 서로 익숙할 대로 익숙해진 커플도 이 질문을 쓰면 불꽃이 되살아날 수 있을까? 물론이다. 그럴 수 있다는 사실을 에런은 실험을 통해 알아냈다. 그는 이 경우 커플이 다른 커플과 함께 실험하고 라운드 로빈 방식으로 모두 질문을 공유하면 더 좋은 효과를 거둘 수 있다는 사실도 알아냈다. 이 질문들을 사용하면 공통점이 별로 없는 사람들, 심지어 적대적인 관계에 있는 사람들도 사이가 좋아질까? 이를 알아보기 위해 에런은 경찰관과 동네 주민들을 모아놓고 질문을 주고받도록 했다. 그는 인종이 다른 사람들에게도 같은 실험을 해보았다.

실험 결과 대부분 각 커플은 서로를 더욱 따뜻한 마음으로 바라보게 되고 더 존중하게 되는 등 유대감이 한층 강화되었다. 그러나 실험의 영향력은 그 정도에서 그치지 않았다. 즉, 각자 다른 부류에 속한 두 사람을 서로 좋아하게 만들 수 있다면, 그러한 감정을 집단 전체로 확대할 수 있다는 사실까지 확인하게 된 것이다. 경찰관과 질문을 주고받은 사람은 모든 경찰에 대해 좀 더 인상이 좋아지게 되고 경찰관을 존중하게 되었다. 인종이 다른 사람끼리도 당연히 마찬가지였다.

왜 특정 질문은 사람들 사이의 관계를 형성하는 데 대단한 위력을 발휘하는 걸까? 올바른 형식을 갖춘 질문은 몇 가지 중요한 기능을 한다고 에런은 말한다. "첫째, 묻는다는 것은 그 자체로 상대방에 관심을 드러내는 행위다. 둘째, 질문을 받으면 자신의 얘기를 털어놓을 용기가 생긴다. 질문한 사람도 상대방이 털어놓은 것에 대해 뭐라고 얘기할 기회를 얻는다."

질문한다는 것은 상대방에게 관심을 보이고 상대방을 이해하고 상대방과 친밀감을 형성하는 행위다. 이 3가지는 관계를 구축하고 그 관계를 지탱시키는 튼튼한 삼각대다. 치료사나 코치, 인질 협상가처럼 빠른 시간에 상대로부터 신뢰를 얻어야 하는 사람들이 믿을 만한 의사소통 수단으로 질문을 첫손꼽는 것도 우연이 아니다. 이들 전문가는 특정 유형의 질문을 특정 방식으로 질문하도록 훈련받는다. 이때 특정 유형의 질문은 대부분 좀 더 성실한 답변을 끌어내는 개방형 질문이다.

FBI 방첩행동분석센터를 지휘했던 로빈 드리크Robin Dreeke는 빠른 시간 내 수사관들과 잠재적 정보원의 신뢰를 얻는 일이 주 업무[3]였다. 그중에서도 상대방이 마음을 열고 협조하고 민감한 정보를 털어놓을 수 있도록 만드는 정확한 질문 방식을 연구하는 일이 핵심이었다. 질문할 때의 말투와 어휘도 중요하지만, 질문하는 태도 역시 그에 못지않게 중요하다고 그는 강조한다.

정말로 상대방에게 관심이 있는가? 내 에고를 버리고 판단을 유보해둘 수 있을까? 그저 듣는 시늉만 하는 것이 아니라 정말로 들을 준비가 되어 있는가? "이 중 어느 하나만 잘못해도 질문으로 형성한 친밀감은 손상되기 쉽다."

다행히 드리크처럼 질문을 업무에 활용하는 사람들의 기법은 그 어느 것도 고난도의 기술을 요구하지 않는다. '언제' 물어야 할지, '무엇을' 물어야 할지, '어떻게' 물어야 할지 3가지를 잊지 않고 조심한다면 누구나 질문을 효율적으로 활용할 수 있다. 제3부에서는 그런 질문의 일반적인 여러 기법과 방법론을 다루겠지만, 오래된 관계를 더욱 돈독하게 다지고 새로운 관계를 원만하게 맺는 데 도움이 되는 특정 질문도 설명할 것이다. 물론 이들 질문은 다른 사람에게 할 수도 있고 자신에게 할 수도 있다.

우리는 대부분 어린 시절부터 주변 사람들과 관계를 맺기 위해 질문을 써왔다. 질문과 관련된 것들이 대부분 그렇듯, 우리는 아마 성인이 된 지금보다 어렸을 때 그런 기술에 더 능했을 것이다. 아이들은 이른 나이부터 주변 사람과 어울리고 그들로부터 정보를 끌어내는 데 질문이 유용한 수단이라는 사실을 배워서 터득한다.[4] 질문은 소통을 원활하게 해주고 뭔가를 말해줘야 할 것 같은 느낌이 들게 만든다. 대답만 해주면 되는 일이지만 말이다. 아이들은 질문이 정보를 수집하는 도구일 뿐 아니라 어색함을 깨는 데도 탁월한 효과를 발휘한다는 것을 본능적으로 이해한다.

하지만 시간이 가면서 우리는 사회적인 교류 활동에서 질문이라는 도구를 예전만큼 사용하지 않게 된다. 사용해도 잘못 사용한다. 아주 흔하지만 잘못된 방법 중 이런 것이 있다.

일단 상투적이고 마음이 실리지 않은 질문이다. 어떻게 지내십니까? 따지고 보면 나무라는 질문도 있다. 무슨 생각을 하고 있었던 거예요? 형식만 질문이지 알고 보면 의사 표현이나 충고도 있다. 그냥 이렇게 하지 그래요? 이런 유형의 질문들은 '발설하는 순간 자기만족감을 느끼게 될지는 몰라도, 실제로는 분위기만 어색하게 만들어 관계를 다지는 데는 별 도움이 되지 않는다. 그런 질문은 진심 어린 관심을 드러내지 않고 이해하려는 배려심도 없으며 친밀감도 형성하지 못한다.

주변 사람과 깊은 관계를 다질 수 있는 질문을 잘하려면 몇 가지를 조심해야 한다. 첫째, 호기심이 담긴 '진짜' 질문을 해야 한다. 뭔가 알아보려는 데 초점을 맞추되, 판단은 유보하고 조언도 자제해야 한다. 조금 위험하더라도 '심도 있는' 개방형 질문을 거리끼지 말아야 한다. 잘 모르는 사람에 대해서도 마찬가지다. 상대방의 말에 귀 기울이되 듣고 나면 좀 더 자세한 정보를 구하는 질문을 정중하게 덧붙이는 것이 좋다.

요즘은 다른 사람들과 '연결하는' 문제가 주요 관심사가 되는 시대다. 연결이라는 단어가 링크드인이나 페이스북 등 연결성이 높은 소셜미디어 시대에 새로운 의미를 지니게 되었기 때문이다. 이제 '연결'은 서로 만난 적이 없거나 잘 알지 못하는 사람 사이의 느슨한 관계를 가리키기도 한다.

초기 접촉은 접속이나 '친구', 팔로우 등 포괄적 초대의 형태로 이뤄지기도 한다. 그러면 '수락'이나 '거절'을 누르거나 틴더라면 화면을 왼쪽이나 오른쪽으로 스와이프하는 방식으로 반응한다. 기술 덕분에 가능해진 이런 새로운 연결성은 확실히 나름의 장점이 있다. 예전과 달리 인상적인 수치를 제시해가며 자신의 '인기'를 쉽게 입증할 수 있으니까 말이다.

그러나 진정으로 행복해지기를 원한다면 옛날 방식의 직접적인 접촉에도 적지 않은 정성을 들여야 한다.[5] 특히 '교우'라고 할 만한 친밀감을 만들려면 얼굴을 맞대고 직접 만나는 수고를 해야 한다. 수십 년 동안 일단의 하버드 출신을 대상으로 행복도를 추적해 이 분야의 기념비적인 자료를 남긴 그랜트 연구Grant Study[6]는 노년의 건강과 행복은 인간관계의 따뜻함과 긴밀한 상관관계가 있다고 지적한다. 작가 E. M. 포스터의 말은 그래서 더욱 수긍이 간다. "오직 연결뿐!"[7]

『어떻게 나답게 살 것인가』의 저자 에밀리 에스파하니 스미스Emily Esfahani Smith의 말에 따르면, 교우 관계가 원만한 사람들은 행복하고 건강할 뿐 아니라 자신의 삶에도 큰 '의미'를 부여하는 경향이 많다[8]고 한다.

가족이나 친구와의 친밀도뿐 아니라 직장에서도 그렇다. 많은 사람, 특히 밀레니얼 세대에게 직장에 친구가 있고 없고[9]는 보수의 많고 적음보다 일에서 행복을 찾는 데 더 중요한 요소로 작용한다.

친구는 적을수록 좋을지 모른다. 적어도 에스파하니 스미스가 말하는 삶을 풍부하게 해주는 여러 종류의 혜택을 만들어내는 관점에서 볼 때 몇 명 되지 않지만 아주 막역하고 깊은 관계를 맺고 있는 친구는 페이스북에 있는 '친구' 500명보다 더 가치가 있다. 하지만 직접 얼굴을 맞대는 '연결'은 온라인에서의 연결보다 더 어렵다. 새로운 사람을 직접 만날 때는 어딘가 불편하고 언어와 말투의 선택이나 타이밍을 제대로 맞춰야 하는 등 순간의 압박감이 더 크다. 그래서 주변에는 분위기를 띄우는 사람이나 사교에 능한 사람이 꼭 끼어야 하고 공감 어플도 있어야 한다.

그 역할을 해주는 것이 질문이다. 실제로 많은 사람이 질문을 활용해 방금 만난 사람들을 비롯해 다른 사람들과 친분을 맺는다. 그러나 소개를 주고받는 중요한 순간에 우리는 안녕하십니까? 잘 지내세요? 별일 없죠? 같은 일반적이고 피상적인 질문에 의존하곤 한다. 이처럼 진심 어린 관심이나 호기심, 궁금증 등이 담기지 않은 상투적인 질문으로는 의미 있는 대답을 끌어낼 수 없다. 뻔한 질문을 하면 역시 뻔한 대답이 메아리처럼 되돌아온다. "잘 지내세요?" "그럼요. 그쪽은요?" 그런 질문은 멋진 출발을 만들어주기는커녕 대화를 중단시키기 딱 좋다.

마음을 여는 깊이 있는 질문을 해라

크리스 콜린Chris Colin과 롭 베데커Rob Baedeker는 그 점이 의아했다. 왜 우리는 그런 알맹이 없는 질문을 하고 다닐까?[10] 2014년에 『무슨 얘기를 할까What to Talk About』를 공동 저술한 작가 콜린과 스케치 코미디언 베데커는 더 열심히 대화에 참여할 수 있게 하는 질문에 각별한 관심을 쏟았다.[11] 그들은 계획을 세워야 좋은 대화가 가능하다는 사실을 알아냈다.

콜린은 "다른 사람과 대화를 할 때가 되면 무슨 말부터 해야 할지 막막하다"라고 말한다. 그럴 때 제대로 된 질문을 하면 도움이 된다. "제대로 된 대화를 나누려면 싱거운 단답형이 아니라 성의 있는 답변을 끌어낼 수 있도록 개방형 질문을 던져야 한다. 누군가와 얘기를 할 때는 진짜 호기심을 가지고 임해야 한다. 가장 효과가 좋은 호기심은 상대방의 사연에 대한 호기심이다."

상대방의 입을 열게 하려고 콜린과 베데커가 생각해낸 질문 중에는 구체적인 것("오늘 밤 파티에 뭘 타고 오셨어요?")도 있고 대화의 폭을 조금 넓히는 것("특별히 열정을 갖는 분야가 있으세요?" 또는 "어떤 문제를 해결하고 싶으세요?")도 있다. 이런 질문은 여러 이유에서 흔한 "혹시 무슨 일 하세요?" 같은 질문의 훌륭한 대안이다. 무슨 일 하세요는 상투적이고 피상적일 뿐 아니라 직업이 뭐예요라는 뜻으로 받아들여진다. 따라서 이런 질문을 받으면 하고 싶은 다른 재미있는 얘기가 많아도 직업 얘기를 할 수밖에 없다. 게다가 직업이 없을 때는 더 문제가 된다.

콜린과 베데커는 흔히 하는 질문을 살짝 비틀어보라고 권한다. 주말 어땠어요보다 이번 주말에 뭐가 가장 좋았어요가 낫다. 어디 출신이세요보다는 어렸을 때 뭐가 가장 이상했어요(재밌었어요)라고 하는 게 좋다.

콜린과 베데커의 방식은 상대방의 '마음을 열고 깊이 들어가는' 전략이다. 단순한 사실 확인이나 예/아니오 답만 요구하는 폐쇄형 질문(보이시에 사신 지 얼마나 됐어요? 6년이요. 마음에 드세요? 아뇨.)을 개방형 질문(보이시에는 어떻게 오게 됐어요? 여기 살면서 가장 재미있는 게 뭐예요?)으로 바꿔 좀 더 개인적인 답이 나오도록 해보라. 개방형 질문에 조금 더 깊이를 주어 느낌이나 경험이나 어떤 사연을 묻는 질문(보이시에 처음 왔을 때 어땠어요? 여기서 겪은 일 중에 가장 이상한 일 하나만 얘기해줄래요?)으로 손질해보라.

우리는 잘 모르는 사람에게 '깊은' 질문을 해서는 안 된다고 생각한다. 하지만 작가 팀 부머Tim Boomer는 그렇지 않다[12]고 말한다. 부머는 업무로 만나거나 파티에서 만나거나 심지어 첫 데이트에서도 그런 질문을 해야 한다고 생각한다. 데이트 상대에게 출퇴근 방법은 왜 묻고 날씨 얘기는 왜 하는가. 부머는 그 점이 이해가 가지 않았다. "낯선 사람하고 곧바로 얘기다운 얘기를 하면 왜 안 되지? 의례적인 말이 아니라 처음부터 진지하고 심오한 질문을 하면 왜 안 되지?"

부머는 데이트할 때 필요한 조금 심도 있는 질문을 작성했다. 나중에 그는 〈뉴욕타임스〉에 기고한 글에 그 결과를 공개했다. 그는 데이트 상대에게 이렇게 물었다. "어떤 일을 할 때 가장 신이 나세요? 지금까지 사랑하면서 느꼈던 감정 중에 어떤 점이 가장 좋았어요?" 이런 질문을 주고받으며 "우리는 웃기도 하고 눈물도 글썽였지만, 이력서에 들어갈 만한 정보는 아무것도 알아내지 못했다. 나중에 우리는 키스를 나누었다."

그 후로 부머는 의례적인 대화는 하지 않게 되었다면서 이렇게 썼다. "데이트가 거듭될수록 우리 사이는 진정한 관계로 바뀌었고 최악의 경우에도 재미있는 얘깃거리는 남았다." 그는 데이트가 아닌 상황에도 같은 방법을 써봤다. 동료와 출장을 갈 때 그는 물었다. "아내의 어떤 점에 반했어요?" 동료는 느닷없는 질문에 조금 당황해했지만, 재차 묻자 "조금 생각하더니 멋진 사연을 들려주었다."

어떻게 지내세요? 대신 할 수 있는 질문

- **오늘은 뭐가 가장 좋았어요?** 질문을 조금 바꿔 주중이나 주말에 대해서도 물을 수 있다.
- **요즘 특별히 관심이 가는 분야가 있으세요?**
- **이 모임에서 가장 기대되는 것은 뭔가요?** 회의나 사교 모임에서 하기 좋은 질문이다.

무슨 일 하세요? 대신 할 수 있는 질문

- **특별히 열정을 갖는 분야가 있으세요?** 지루해지기 쉬운 일 얘기를 그만두고 재미있는 대화를 시작할 수 있는 좋은 질문이다.
- **어떤 문제를 해결하고 싶으세요?** 이 질문은 화제를 현실적인 문제에서 더 큰 목표와 가능성으로 바꿔준다.
- **어렸을 때는 뭐가 되고 싶었어요?** 이런 질문을 받으면 자연스레 지금까지 살아온 얘기를 하게 된다.

상대방이 당신을 좋아하게, 심지어 사랑하게 만드는 질문

- 당신에게 완벽한 하루는 어떤 날인가요?
- 어렸을 때 부모님이 당신을 키웠던 방식을 바꿀 수 있다면 무엇을 바꾸겠어요?
- 당신에게 우정이란?
- 어머니와의 관계는 어떤 것 같나요?
- 다른 사람 앞에서 마지막으로 울었던 것은 언제인가요? 혼자서 울었던 적은?
- 너무 진지해서 농담하면 안 될 것 같은 일이 있다면?

이것은 아서 아론의 36개 질문 실험에 나왔던 것이다. 전체 목록은 www.amorebeautifulquestion.com/36-questions에서 확인할 수 있다.

아서 에런의 실험에 사용된 36개 질문은 심도 있는 개방형 질문의 훌륭한 사례다. 이런 질문을 받으면 대답하는 쪽에서는 잠시 생각하게 된다. 이런 질문은 자신을 드러내게끔 만들어졌다. 그래서 이런 질문은 두 사람이 공유할 수 있는 가치나 꿈이나 희망이 있는지 또는 서로 마음이 맞을지 금방 감을 잡게 해준다. 정도의 차이는 있지만, 마음이 맞고 안 맞고는 친구나 동료, 데이트 상대와 관계를 좀 더 진전시킬지 생각할 때 따지게 되는 중요한 문제다. 나는 이 사람과 얼마나 호흡이 잘 맞을까? 좀 더 깊고 지속적인 관계를 만들 가능성이 있을까? 올바른 질문은 지금 당장 상대방과 잘 지내는 것 외에 앞으로도 같이 지낼 수 있는지 알게 해준다.

저널리스트 엘리너 스탠퍼드Eleanor Stanford는 이를 참고해 결혼을 생각하고 있는 커플들에게 필요한 질문을 작성했다. 그중에서도 특별히 흥미로운, 집에 접시 던지는 사람 있어요?[13]는 유전적으로 물려받았을지 모르는 '갈등 해결 방식'을 알아내기 위한 것이다.

목록에는 이런 것도 있다. 나의 어떤 점이 좋아요? 내가 자기 없이 뭘 한다면 어떻게 할 거예요? 10년 뒤에 우리는 어떤 모습일까요? 마지막 질문은 좀 더 구체적으로 바꿀 수 있다. 우리가 생각할 수 있는 가장 멋진 미래의 모습은 어떤 것일까요?

결혼하기 전에 할 수 있는 질문 중에 실제로 가장 도움이 되는 것은 36개의 질문으로 실험한 경험이 있는 맨디 렌 카트론의 질문이다. 결혼하면 지금 우리에게 없는 것 중에 어떤 것이 생길까요?[14]

배우자에게 오늘 어땠어? 대신에 할 수 있는 질문[15]

Mother.ly의 새라 골드스타인은 21개의 질문을 만들었다. 그중 6개를 소개한다.

- **오늘 감사하다고 느꼈던 적 없었어?**
- **지금부터 1년 뒤에 오늘 일을 돌아본다면 어떤 부분을 기억할 거야?**
- **어떻게 하면 5분 뒤에 기분이 더 좋아질까?**
- **오늘 밤 휴가를 떠난다면 어디로 가고 싶어?**
- **오늘 무슨 일로 웃었어?**
- **오늘 아쉬웠던 건 없었어?**

'마음을 열고 깊이 들어가는' 질문은 가정에서도 효과가 있다. 저녁 식탁에서 엄마는 늘 이렇게 묻는다. 그래, 다들 오늘 어땠어? 대답은 "좋았어"부터 묵묵부답까지 여러 가지 뻔한 답이 정해져 있다. 그보다는 2가지를 권하고 싶다. 첫째, 개인적인 질문을 하는 것이다. 물론 그 한 질문에 '모두가' 답하기는 어렵겠지만. 둘째, 마음을 열고 깊이 들어가는 질문으로 살짝 바꾸는 것이다. 오늘 가장 재미있었던 일이 뭐야? 평소 아이들의 대답이 어땠는지에 따라 '재밌었던'은 '이상했던'이나 '짜증 났던'으로 바뀔 수 있다.

알티미스리얼에스테이트파트너스Artemis Real Estate Partners의 CEO 데버라 하먼Deborah Harmon은 어렸을 때 저녁 식탁에서 아빠가 이렇게 물었다고 말한다. 오늘 가장 힘들었던 일이 뭐였니?[16] 그런 다음 아빠는 다시 이렇게 물었다. 오늘은 그래서 뭐 좀 다르게 해결했니? "그런 질문 덕택에 우리는 문제를 스스로 해결하는 법을 배웠다." 의류 브랜드 스팽스Spanx를 설립한 사라 블레이클리Sara Blakely도 어렸을 때 저녁 식사 시간에 아빠가 이런 질문을 자주 했다고 한다. 이번 주에 뜻대로 안 된 건 뭐지?[17]

하면이나 블레이클리의 질문이 아무리 좋아도 저녁 식탁에서 매일 똑같은 질문을 하면 재미가 없을 것 같다. 당장 참신한 질문을 생각해내기 쉽지 않다면 질문 항아리를 이용해보는 것도 괜찮다.[18] 이것은 http://momastery.com을 만든 글레넌 도일Glennon Doyle이 추천하는 전략이다. 그녀는 학생들의 재미있는 질문을 단지에 넣어두었다가 필요할 때 꺼내보는 어떤 교사로부터 이 아이디어를 얻었다.

도일도 집에 항아리를 하나 마련해서 그녀가 직접 만든 질문으로 채우기 시작했다. 일주일에 몇 번씩 그녀와 아이들은 저녁 식사 때 차례로 질문을 하나씩 꺼낸다. 네가 만약 발명가라면 뭘 만들고 싶어? 이유가 뭐야? 오늘 일어나자마자 무슨 생각 했어? 너희 반에 외로워 보이는 친구가 있어? 세상에 나가면 가장 힘든 도전이 무엇일 것 같아? 도일과 교사 에린 워터스Erin Waters는 48개의 질문을 생각해냈다. http://momastery.com에서 목록을 내려받을 수 있다.

글레넌 도일에 따르면, 이 질문들은 아이들이 자신과 다른 사람들과 세상에 대해 생각해보도록 유도하면서 몇 단계의 인식을 일깨우기 위한 것이다. "아이들은 먼저 자기 자신의 탐구자가 되어야 한다. 그러면 살아가면서 다른 사람을 향한 눈도 차차 뜨인다. 이것은 호기심과 자각과 공감 능력을 가르치는 과정이다. 이 항아리가 그 출발점이다."

귀 기울여 듣는다는 것은 무엇인가?

에런의 말대로 질문을 한다는 것은 상대방에게 관심을 보인다는 말이다. 그러나 지속적인 관심을 보이고 그 질문에 대해 의미 있는 반응을 얻고 싶다면 질문하는 것 이상의 무엇을 해야 한다. 상대방의 말을 듣는 것이다.

사람들은 듣는 것을 대수롭지 않게 여기지만 듣는 행위는 누구와도 신뢰를 쌓을 수 있는 매우 효과적인 도구다. 제대로 들을 줄 아는 사람은 친구나 가족과의 관계를 돈독히 하고, 직장에서는 더 좋은 동료나 상사가 되고 문제를 해결하거나 사업 기회를 잡는 데 뛰어난 수완을 보일 수 있다. 상대방의 말을 잘 들으면 질문도 더 잘하게 된다. 듣는 것이야말로 좋은 질문을 하는 데 꼭 필요한 요소다.

신문기자로 일하면서 그런 사실을 깨달았다. 나도 처음에는 대부분 기자처럼 인터뷰의 성패는 질문을 얼마나 잘 준비하느냐에 달렸다고 생각했다. 그래서 가끔 상대방의 말에는 집중하지 않고 준비해 간 다음 질문을 던질 타이밍에만 신경을 곤두세웠다. 하지만 대본에 따른 질문이나 대화 내용보다 그 순간 상대방이 말하는 내용을 귀

담아들을 때 중요한 정보를 더 많이 얻을 수 있다는 것을 경험을 통해 알게 되었다. 유능한 기자는 상대방의 답변이 다음 질문의 단서가 된다는 사실을 잘 안다. 그렇게 던진 질문을 통해 주제를 조금 더 파고들어 가다 보면 뜻하지 않았던 중요한 사실을 끌어내기도 한다.

이것은 꼭 기자가 아니더라도 친구나 가족이나 동료와의 관계를 확실히 다지거나 그들을 지원하려는 사람에게도 그대로 적용되는 기술이다. 멋지게 '시동'을 걸 수 있는 첫 질문을 완비하고 마주 앉아도 그것은 시작일 뿐이다. 대화에 깊이를 더하려면 방금 듣고 알게 된 사실을 토대로 새로운 질문을 생각해야 한다.

이런 기자들의 수법을 빌리면 번득이는 통찰을 얻을 수 있고 운이 좋으면 문제 해결에 필요한 정보를 자연스럽게 끌어낼 수 있다. 저널리스트 프랭크 세스노Frank Sesno의 설명대로 '논평이나 판단 없이 그저 묻고 듣기만 해도' 상당한 성과를 거둘 수 있다.[19] 그렇게 하다 보면 "상대방은 곰곰이 생각하고 자신도 모르게 속마음을 털어놓는다. 그게 중요한 정보일 때가 있다."

그러나 상대방 말의 의미를 적극적으로 헤아려가며 듣는다는 게 말처럼 쉬운 일은 아니다. 그렇게 하려면 흔히 하는 나쁜 습관을 버려야 한다. 건성으로 고개를 끄덕이면서 저녁으로 뭘 먹을지 생각하거나 "응. 그래 맞아"라고 맞장구치면서 휴대폰을 곁눈질하는 행위 등이다. 작가이자 비즈니스 코치인 캐시 살릿Cathy Salit은 '듣는 행위는 차츰 잊히는 기술'이 되고 있다[20]고 지적하며, 끝없는 산만함과 계속 들어오는 메시지에 포위되어 멸종 위기에 직면했다고 말한다. "그러나 팀원이나 회사 동료, 내 영향권 내에 있는 가까운 사람의 말을 듣는 행위는 그 어느 때보다 중요하다." 그렇게 말하는 살릿은 주변에 '소음'이 매우 많아 예전보다 열심히 귀를 기울여야 들리기 때문이라고 그 이유를 설명한다.

그래서 중요한 대화를 시작할 때는 우선 자신에게 이렇게 물어봐야 한다. "귀 기울일 준비가 되었는가?" 주위가 산만하거나 피곤하거나 바빠서, 얘기를 나누면서 다른 일도 해야 하는 등 여건이 마땅치 않으면 대화를 미루는 것이 좋다. 적절한 타이밍 못지않게 중요한 것이 적절한 장소다. "사무실은 산만하게 만드는 온갖 것을 길러내는 산실이다.[21] 이메일·전화·휴대폰·서류 등은 들을 기력을 빼버리는 크립토나이트 같다." 커뮤니케이션 컨설턴트 앨리슨 데이비스Alison Davis는 그렇게 말한다. 그래서 대화에 온전히 집중할 수 있는 조용한 장소를 찾아야 한다.

그전에 자문해야 할 중요한 질문이 또 하나 있다. 귀를 기울여 듣는다는 것이 무슨 뜻인가? 듣는다고 하면 당연히 귀로 듣는 것을 떠올리지만 그것은 온몸으로 하는 활동이다. "남의 말을 경청할 줄 아는 사람은 몸으로 정신으로 정서로 참석한다.[22] 그런 사람은 이 3가지를 다 완벽하게 해내는 법을 알고 있다." 커뮤니케이션 전문 기업인 험프리그룹을 설립한 주디스 험프리Judith Humphrey의 말이다. 한자의 '들을 청聽' 자도 귀耳와 눈目과 마음心이 모두 있어, 듣는다는 행위가 얼마나 많은 것을 요구하는지 상기시킨다.

이 글자에서 특히 중요한 것은 마음이다. 들을 때는 마음이 열려 있어야 한다. 듣는 것은 상대방의 말에 동의할지 말지 생각하는 것이 아니라 상대방을 이해하는 것이라고 카운슬러인 다이앤 실링Dianne Schilling은 강조한다. 그녀는 "상대방이 하는 말을 장면으로 상상해보라"[23]고 말한다. 그러면 마음으로 그 내용을 실감할 수 있다. 보는 것보다 더 좋은 것은 느껴보는 것이다. 상대방이 어떤 경험이나 상황을 얘기할 때는 자신에게 이렇게 물어보라. 그게 어떤 느낌일까? 어떨 때는 이런 질문을 상대방에게 직접 해야 할 때도 있다. 그러나 우선은 상상해봄으로써 상대방의 기분을 공감해보는 자세가 필요하다.

열린 가슴과 세심한 마음으로 듣고 있다는 신호를 주는 것도 중요하다. 몸은 상대방을 향하고 수시로 눈을 맞추고 끄덕이는 동작도 필요하고 무의식중에 팔짱을 끼지 않도록 조심도 해야 한다. 그런 신호는 보디랭귀지로도 가능하지만, 맞장구를 치는 등 언어적 반응으로 표현할 수도 있다. 질문을 요령껏 활용하는 것도 듣는 행위를 보완하고 뒷받침하는 방법이다. 그러나 때로는 말을 하지 않는 것도 중요하다. 상대방이 하고 싶은 말을 충분히 할 수 있도록 적당히 입을 다무는 것도 훌륭한 경청 방법이다. 말처럼 쉬운 일은 아니다. 틈만 나면(틈이 안 나더라도) 내 의견이나 설명이나 이야기를 끼워 넣고 싶은 유혹이 들기 때문이다.

듣는 행위는 상대방과 우열을 겨루는 스포츠가 아니다. 그런데도 우리는 그런 식으로 생각할 때가 있다. 상대방이 말을 하는 중에 스스로 '잘못된' 생각을 할 때가 있다. 지금 이 말에 뭐라고 응수하면 내가 똑똑하다는 것을 보여줄 수 있을까? 지금 저 얘기를 납작하게 누를 만한 재미있는 얘기가 없을까? 하지만 속으로 이런 생각을 하다 보면 상대방의 말에 집중할 수 없게 된다. 로빈 드리크의 지적대로 "어떻게 반응할지 생각하는 순간 상대방의 말을 건성으로 듣게 된다.[24] 내 이야기를 할 틈만 노리기 때문이다." 그래서 드리크는 "하고 싶은 얘기나 생각이 떠오르기 무섭게 그것을 던져버려라"라고 조언하다. 그리고 상대방의 말에 다시 귀를 기울여라.

심리학자 로널드 시걸Ronald Siegel은 적게 말하고 많이 듣기 위해 자신에게 'WAIT 질문'을 하라[25]고 권한다. "WAIT는 Why Am I Talking(왜 내가 말을 하고 있지)을 줄인 말이다." 그러면서 시걸은 이렇게 덧붙인다. '이런 간단한 질문만 해도' 상대방의 말을 끊거나 끼어들고 싶은 충동을 억제하고 '상대방을 좀 더 배려할 수 있다.' 이런 질문은 치료사들이 즐겨 사용하지만 어떤 대화에도 적용할 수 있고 심지어 온라인 대화에도 유용하다고 시걸은 말한다. 저널리즘 교수인 마이클 J. 소콜로Michael J. Socolow는 소셜미디어에 '포스트를 올리거나 리트윗하기 전에' WAIT 질문을 하는 습관을 들이면 대화가 훨씬 원만해질 것[26]이라고 말한다.

사람들에게는 '대화 나르시시즘' 성향이 있어서[27] 입을 다물고 듣기만 하는 게 쉽지 않다고 『말센스』의 저자이자 라디오 진행자인 셀레스트 헤들리Celeste Headlee는 말한다. 우리는 대화 주제를 우리 쪽으로 바꾸고 싶어 한다. 헤들리는 〈헬리오Heleo〉의 편집인과 인터뷰할 때 자신의 경우를 예로 들어 설명했다.

헤들리의 친구 아버지가 돌아가신 직후였다. 상심한 그 친구는 헤들리와 이야기를 나누고 싶어 했다. 하지만 헤들리는 아버지를 잃었던 자신의 경험을 얘기했다. 처음에 헤들리는 그 친구가 왜 기분이 상했는지 이해되지 않았다. "그저 도와주려 했을 뿐이었다. 그냥 이렇게 말하려 했다. '네 기분 알아.'"

나중에야 깨달았지만 "불쑥 끼어들어 내가 힘들었던 얘기를 하고 있었다. 하지만 그때 필요한 것은 그 친구의 이야기였다." 헤들리의 말대로 "대화 나르시시즘에 사로잡힌 사람들은 캐치볼을 할 때도 공을 잡으면 다시 던지지 않는다."

정신과 의사이자 『뱀의 뇌에게 말을 걸지 마라』의 저자 마크 고울스톤Mark Goulston은 대화의 역동성을 설명하면서 헤들리의 '캐치볼'처럼 '테니스 시합'을 비유[28]로 든다. 그의 말에 따르면, 우리는 대화할 때 경쟁심이 발동해 '저 친구가 점수를 올렸으니 나도 올려야지'라고 생각한다. 하지만 고울스톤은 이렇게 조언한다. "대화는 탐정 게임이다. 상대방으로부터 가능한 한 많은 정보를 알아내는 게임 말이다." 따라서 어떻게 하면 대화 포인트를 얻을 수 있지가 아니라 이렇게 물어야 한다. 어떻게 해야 이 사람이 하려는 말을 제대로 들을 수 있지?

상대방의 말을 더 잘 들으려면 이런 질문을 하라

- **그러니까 그 얘기는 _____라는 말이죠?** 요점에서 중요한 얘기가 나오면 방금 들은 말을 알기 쉽게 바꿔 반복하라.
- **방금 그 말이 무슨 뜻인지 설명해주시겠습니까?** 이것은 인터뷰를 진행하는 사람들이 상대방이 하고 싶은 말을 더 잘 설명할 수 있도록 유도할 때 사용하는 전형적인 '확인' 질문이다.
- **지금 기분이 _____한 것 같은데 맞죠?** 그래서 기분이 어땠나요를 변형한 것이다. 정신과 의사들이 쓰는 질문 같은 냄새가 짙기는 하다.
- **그 밖에 또 없나요?** AWE 질문은 더 깊은 통찰력을 끌어내고 듣는 쪽도 청취 모드를 유지할 수 있는 가장 좋은 방법이다.

그렇게 할 수 있는 질문 기법이 있다. 아주 기본적인 것이어서 그 효과를 과소평가할지 모르겠다. 패러프레이징이라는 것인데 상대방이 어떤 중요하거나 복잡한 얘기를 했을 때 다른 말로 바꿔 확인하는 기법이다. 그러니까 상대방이 방금 말한 것을 질문 형식으로 다시 반복하면 된다. 그러니까 그 얘기는 X, Y, Z라는 말이죠?

패러프레이징은 쉬워 보이지만 '듣는 데 서툰 사람들에게는 엄청나게 힘든 일'이라고 캐시 살릿은 지적한다. 하지만 패러프레이징은

2가지 점에서 효과적이다. 무엇보다도 의사소통을 좀 더 확실하게 해준다. 상대방의 말을 잘못 들었을 수 있고 상대방의 표현 방식이 서툴렀을 수 있다. 하지만 패러프레이징을 하면 오해의 여지를 없애 두 사람 사이의 신뢰감을 다시 회복시켜준다. 게다가 패러프레이징은 듣는 사람이 말하는 사람의 이야기를 열심히 진지하게 이해하려 애쓴다는 사실도 보여준다.

전직 FBI 인질 협상가 크리스 보스Chris Voss는 짧은 형태의 패러프레이징인 '미러링' 기법[29]을 활용하면 대화의 긴장을 푸는 데 도움이 된다고 말한다. 상대방이 방금 말한 내용을 핵심 단어 몇 개로 되받는 식이다. 누가 "이 회사는 내가 하는 일에 대해 아무도 관심이 없는 것 같아"라고 말했다면 "아무도 관심이 없다고?"라고 반복하는 것이다. 이렇게 하면 상대방으로 하여금 좀 더 설명을 잘해야겠다는 생각이 들게 할 뿐 아니라 자기 말을 열심히 듣고 있다는 느낌을 갖게 만든다고 보스는 설명한다.

저널리스트 프랭크 세스노도 비슷한 기법을 쓰는데, 그는 이를 '메아리 질문'이라고 했다. 미러링을 하되 한 단어로 반복하는 것이다. 방금 이 경우 메아리 질문은 이렇게 된다. "아무도?"

가장 효과적인 추가 질문은 짧은 영어 단어 3개가 전부다. 그 밖에 또 없나요And what else? 리더십 코치이자 질문학자로 분류되는 마이클 번가이 스태니어는 이를 간단히 AWE 질문[30]이라 줄여 부르는데 이것이야말로 '세상에서 가장 좋은 코칭 질문'이라고 그는 말한다. AWE 질문은 언뜻 생각나는 답변으로 그치지 않고 계속 생각하게 하기 때문에 더 좋은 아이디어와 통찰을 끌어낼 수 있다. AWE 질문은 난감한 주제에 대한 '속마음을 무심코 털어놓도록' 부추긴다.

이런 질문을 계속 던지면 묻는 사람도 상대방이 자신의 생각을 적극적으로 말하도록 지지하는 역할을 유지할 수 있다. AWE 질문은 "'충고 괴물'이 끼어들지 못하도록" 해준다고 번가이 스태니어는 말한다.

그러나 그는 이런 질문을 할 때는 2가지를 조심해야 한다고 말한다. 우선 진심으로 관심을 가지고 질문해야 한다. 의례적으로 하는 질문은 성가신 느낌만 준다. 횟수도 연속해서 3번 묻는 정도가 가장 좋고 그 이상이면 효과가 반감된다고 번가이 스태니어는 말한다. 3번째도 말을 살짝 바꾸는 편이 좋다. 더 하실 말씀 있으세요? 그러면 상대방도 마무리할 생각을 한다.

AWE 질문은 친구나 가족과의 대화뿐 아니라 업무에서도 아주 쓸모가 있다. 특히 매니저들이 활용하면 더욱 효과적이다. 직장에서 문제를 진단할 때 매니저는 보통 이렇게 묻는다. 지금 무엇이 문제인가? 아니면 왜 이런 문제가 생겼나? 그러나 처음 대답할 때는 까다롭거나 민감한 문제를 분명하게 표현하는 데 어려움을 느끼므로 AWE 질문을 두세 번 던져야 문제의 본질이 확실히 드러난다. 마찬가지로 AWE 질문은 보다 창의적인 솔루션을 생각해내도록 유도한다. 어떻게 해야 문제를 해결할 수 있을 것 같은가? 그 밖에 또 다른 방법은 없을까? 또는 우리 회사는 어떤 문제를 중점적으로 다뤄야 할까? 그 밖에 또 없을까?

패러프레이징과 AWE 같은 간단한 추가 질문은 상대방이 말로 다 하지 못한 생각을 끌어내어 내용을 더 분명하게 하는 데 도움이 되지만 말로 표현하기 어려운 정서까지는 건드리지 못한다. 살릿은 그런 감정까지 털어놓게 하려면 그녀가 '공감하며 듣기'라고 부르는 방법을 써보라[31]고 말한다. 이것은 상대방의 느낌이나 기분을 질문의 형태로 다시 확인하려는 시도다.

살릿은 이런 예를 든다. "빌, 자네 말을 들으니 자네가 우리 중남미 고객을 설득하느라 그렇게 공을 들였는데도 내가 그 노력을 제대로 인정해주지 않아 나한테 화가 난 것 같군. 며칠 밤 제대로 잠도 못 자고 가족과도 같이 못 지내고 그 탓에 결혼생활에도 문제가 생겼는데 말이야. 그렇지?" 살릿은 "이런 식의 적극적인 듣기는 실천하기가 어려워서 그렇지 제대로만 하면 상대방으로부터 확실한 동의와 일체감을 얻을 수 있다"라고 말한다.

이 방법으로 효과를 보려면 말하는 사람의 정서를 헤아리고 되새겨봐야 한다. 고울스톤은 이런 질문을 추천한다. 자네 기분을 헤아려봤는데 지금 뭔가 성에 안 차는 게 있는 것 같군, 맞나? 이렇게 하면 패러프레이징을 넘어 상대방이 하지도 않은 말을 대신 해준 셈이 된다. 하지만 상대방이 하고 싶은 말에 세심한 주의를 기울이기만 하면 이런 확인 질문은 도움이 된다.

상대방이 감정을 털어놓게 만들 때 추가 질문을 사용하면 더욱 의미를 분명하게 만들 수 있다. 자네가 섭섭해하는 건 자네나 나나 다 알고 있지만, 어느 정도로 섭섭했나? 정확한 이유가 뭔가? 정말로 문제를 해결하려고 한다면 이런 질문을 하게 될 것이다. 그래, 어떻게 해야 자네 기분이 좋아지겠나?

고울스톤은 이것을 상대방이 '내 기분을 알아주는구나라고 느끼게' 해주는 듣기이고 질문하기라고 말한다. 이것은 '내가 당신의 기분을 이해하고 인정하고 있으며' 나도 같은 처지였다면 '당신과 똑같은 기분이었을 것'이라는 고백이다. "상대방이 '내 기분을 알아주

는구나라고 느끼면' 덜 외로워지고 근심도 줄어들고 방어적인 태도도 한결 누그러진다. 상대방의 느낌을 미러링하면 그 사람도 당신을 미러링하게 마련이다. … 그것은 거부할 수 없는 생물학적 충동으로, 상대방을 자기 쪽으로 끌어당기는 충동이다."

들을 때 중요한 것 하나. 듣는 입장이 되면 약자가 되거나 관심을 덜 받게 될까 걱정하는 사람들이 있다. 그런 경향은 남성들이 심하다. 하지만 2가지 다 사실이 아니다. 언뜻 납득이 가지 않겠지만 와튼스쿨의 애덤 그랜트가 인용한 자료에 따르면, 듣는 행위는 말하는 행위 못지않게 설득력이 있으며, 듣고 질문하는 '권한이 없는 소통자' 역할[32]을 할 때 우리는 더 많은 힘을 발휘한다. 앞서도 지적했듯이 듣고 질문하는 것은 상대방에 관심을 드러내는 행위이고 '상대방에게 관심을 보이는 것은 스스로도 관심을 받을 만한 사람이 되는 것'이라고 고울스톤은 말한다.

왜 우리는 상대방더러 이걸 하라 말라 조언할까?

우리에게는 특히 좋은 질문을 못 하게 막는 성향이 있다. 그런 성향은 가족이나 배우자, 친한 친구와의 소통을 방해할 뿐 아니라 매니저와 직원들의 관계에도 악영향을 끼친다. 여러 면에서 다음 혐의에 관한 한 우리 모두는 유죄다. 바로 조언을 한다는 것.

왜 우리는 상대방더러 이걸 하라 말라 조언할까?[33] 그것은 '확실성과 통제의 문제'라고 마이클 번가이 스태니어는 말한다. "별로 좋지 않은 조언이라도 조언을 하는 순간만큼은 우위에 서게 된다. 대화를 통제하게 되는 것이다. 내게는 정답이 있다. 나는 부가가치를 창출하는 사람이다. 그래서 기분이 아주 좋다."

이와 달리 "질문을 하면 낮고 애매한 지위로 내려서게 된다. 상대방에게 힘을 실어주게 되고 나 자신은 무력해진다. 질문하면 상대방을 도와주므로 멀리 보면 내가 이기는 셈이지만 지금 당장은 그런 생각이 들지 않는다."

번가이 스태니어는 직장의 매니저나 집안의 가장 등 사람들을 이끄는 지위에 있는 사람들은 사람들에게 할 일을 일러주고 해결책을 제시해야 할 것 같은 의무감을 과도하게 받아들이는 것 같다고 말한다. 그리고 그것은 가까운 인간관계에도 영향을 미친다. 배우자나 친한 친구 등 잘 아는 사이일수록 습관적으로 조언하게 된다.

조언이 꼭 나쁜 것은 아니다. 조언이 필요할 때도 있고 내가 조언을 해줘야 할 그 자리에 있는 때도 있다. "'조언하지 말라'는 얘기가 아니다. 조언을 서두르지 말라는 뜻일 뿐이다. 조언은 대부분 생각만큼 좋지 않기 때문이다." 번가이 스태니어는 그렇게 말한다.

조언하는 사람이 그동안의 전후 사정이나 사건의 맥락을 제대로 파악하지 못한 상태에서 개입하거나 별로 중요하지 않은 문제까지 끼어들어 해결해주려는 것도 문제다. 조언하는 사람은 주어진 상황에 대해 자기만의 편견과 경험과 신념을 가지고 있다. 이 경우 조언은 조언하는 사람에게는 의미 있겠지만 다른 사람에게도 그렇다는 보장은 없다.

아는 사람에게 잘못된 조언을 했다가 결과가 좋지 않아 관계가 손상되기도 한다. 결과가 좋지 않은 것은 사람들이 대부분 조언을 무시하지 않고 들은 대로 하기 때문이다. 하지만 그렇다고 입장을 바꿔서 상대방이 원하지 않는 선물을 이제는 그만 줘야겠다고 생각하는 사람은 거의 없다.

그러면 어떻게 해야 하는가? '정답'을 얘기하려 하지 말고, 가능하면 상대방이 스스로 답을 찾도록 유도하면 된다. 잘 듣고 조심스레 헤아리고 방향을 제시할 수 있는 질문을 하는 것도 한 방법이다. 인생상담사나 기업 컨설턴트나 특히 치료사들은 이런 유형의 대화 모델을 평소에 수시로 활용한다. 좋은 치료사는 무엇을 하라고 말하지 않는다. 그들은 환자가 스스로 길을 알아내도록 유도한다.

상대방이 문제를 찬찬히 따져보게 해주고 해결 가능한 쪽으로 친절하게 유도한다는 것은 그 사람이 자신의 혜안을 되찾아 스스로 결정할 수 있는 여지를 남겨주는 것이다. 그렇게 하면 그 사람은 가능한 해결책에 대한 '소유권'을 더 많이 확보하게 된다.

이것은 '말을 물가로 데려가는' 질문 전략이다. 조언하는 사람은 억지로 말에게 물을 먹이려는 실수를 자주 저지른다. 물가에 이르는 마지막 몇 걸음은 말이 직접 딛게 하는 편이 낫다. 목이 마르면 마실 것이고 그렇지 않다면 지금 당장 목이 마르지 않은 것이다.

질문을 어떻게 활용해야 '말'을 '물가'로 데려갈 수 있을까? 여러 선택지를 헤아려보거나 할 메이어Hal Mayer가 말하는 '안개'를 통해 보게끔 해주는 질문[34]을 하면 된다. 어려운 문제를 다룰 때는 문제의 원인과 해결법을 나름대로 생각하게 되지만, 누가 옆에서 체계적인 전략을 세울 수 있도록 생각을 정리해준다면 큰 도움이 될 것이다. 플로리다주 오캘라의 처치앳더스프링스의 목사이자 리더십 트레이너인 메이어는 조언을 한마디도 하지 않고 질문만으로 스스로 해결 방법을 알아내게 도와주는 사례를 들려준다.

메이어는 자신의 교구에서 활동하는 자원봉사자를 증원하려는 한 여성을 상담했다. 그는 그녀에게 목표가 몇 명이냐는 물음으로 시작했다. 10명을 추가하고 싶다고 했다. 메이어는 다시 물었다. 그동안 어떤 방법을 써봤나요? 그녀는 시도해봤지만, 효과가 없었던 사례를 몇 가지 말했다. 그래서 메이어는 이렇게 물었다. 만약 어떤 수단도 동원할 수 있고 돈도 문제가 안 된다면 어떤 방법을 쓰겠습니까? 제1부에서 소개한 '실패할 리 없다면?'의 변형으로 봐도 된다.

그 여성은 조금 생각하더니 자원자에게 100달러씩 주겠다고 했

조언은 생략하고 상대방이 스스로 해결 방법을 생각해보도록 다음 7가지 질문을 하라

- **당면 과제는 무엇인가?**
- **그동안 어떤 방법을 써봤는가?**
- **만약 어떤 수단도 동원할 수 있다면 어떤 방법을 쓰겠는가?**
- **그리고 또 다른 것은?** 필요하면 이 질문을 두세 번 반복해 아이디어가 더 나오도록 유도하라.
- **이 중에 가장 그럴듯한 선택지는 무엇인가?**
- **이 아이디어를 실행하는 데 걸림돌이 될 만한 것은 무엇이며, 어떻게 처리하겠는가?**
- **당장 시작하려면 무엇부터 해야 하는가?**

다. 메이어는 그 아이디어를 메모한 다음 물었다. "또 뭐가 있나요?" 그녀는 메이어가 물을 때마다 아이디어를 하나씩 내놓았다. 더는 생각나지 않는다고 했을 때 메이어는 그녀가 말한 5가지 아이디어를 보여주며 물었다. 이 중에 뭐가 가장 그럴듯해 보이세요? 어떤 것을 추진해보고 싶으세요? 그녀는 레모네이드 가판대를 놓고 아이들이 자원자에게 신청서를 나눠주는 아이디어를 골랐다.

메이어는 그런 다음 실천에 필요한 질문을 몇 가지 던졌다. 가판대는 어디에 어떻게 설치합니까? 시작하려면 뭐가 필요한가요? 이 아이디어를 실행하는 데 걸림돌이 될 만한 일은 무엇이 있을까요? 당장 취해야 할 1번째 조치는 뭔가요? 20분쯤 뒤 대화가 마무리되어갈 무렵 그 여성은 실천 계획을 마련했고 며칠 뒤에 준비를 끝냈다. 메이어는 그녀가 제시한 어떤 아이디어에도 판단을 내리거나 어떻게 진행하라고 일러주지 않았다는 점을 강조했다. "내가 한 것이라고는 그분이 해결책을 찾는 데 집중할 수 있도록 몇 가지 질문을 한 것이 전부였다."

메이어가 대화를 통해 한 일 중 중요한 것 한 가지는 AWE 질문을 통해 여러 아이디어를 생각해내도록 유도한 점이다. 가장 그럴

듯한 아이디어(레모네이드 가판대)는 그녀가 1번째로 말한 것도 아니고 2번째 답도 아니었다. 보충 질문을 했을 때 나온 답이었다. 상대방에게 당면 과제가 무엇인지, 어떻게 풀어갈 작정인지 물어도 처음에 나오는 답은 대부분 막연하고 실행하기 어려운 것들이다. 하지만 일반적으로 사람들은 AWE 질문을 받았을 때 더 의미 있고 쓸 만한 아이디어를 생각해낸다.

나는 왜
비판을 하려고 하는가?

청하지도 않은 조언보다 더 나쁜 것은 비판이다. 〈오, 디 오프라 매거진〉의 칼럼니스트 마사 벡Martha Beck에 따르면, 친구나 가족을 비판하는 문제에 대해 "전문가들이 한목소리로 하는 말은 단 한마디다. 하지 말라."[35] 그러면서 벡은 '비판이 신뢰와 사랑에 큰 혼란을 초래한다'는 연구 결과를 제시하며 비판을 받으면 반사적으로 '싸우거나 달아나는' 모드로 전환하게 된다고 말한다.

게다가 벡은 비판하려는 본능은 우리 자신의 실패와 좌절에 기인한 것일 수 있다고 말한다. 그녀는 누군가를 비판하기 전에 먼저 자신을 되돌아보는 질문부터 하라고 권한다. 이런 비판을 하려 드는 근본 이유가 뭘까? 나는 과연 이 문제에 얼마나 떳떳한가? 2번째 질문으로부터 자유로울 사람은 "없다"라고 벡은 말한다. 누구를 비난하기 위해 비판할 때는 말투나 행동도 비난조가 된다.

내 비판이 혹시 문제가 있는 것은 아닌지, 정말 쓸모가 있는 비판인지 생각해볼 필요도 있다. 그렇지 않다면 굳이 왜 비판하겠는가? 혹시 비판을 즐기고 있는 것은 아닌지 솔직한 마음으로 생각해봐야 한다. 실제로 그렇다면 동기가 잘못된 것이다.

비판은 때로 질문의 탈을 쓰기도 한다. 어떻게 그럴 수 있어요? 아니면 무슨 생각을 하고 있었던 겁니까? 아무리 물음표가 붙었어도 비판은 비판이니 이런 '위장' 질문은 부정적인 효과밖에 만들지 않는다.

누군가를 비판하기 전에 먼저 자신에게 이런 질문을 하라

- 이런 비판을 하려 드는 근본 이유가 뭘까?
- 나는 과연 이 문제에 얼마나 떳떳한가?
- 누가 나와 비슷한 말을 한다면 어떤 반응을 보이겠는가?
- 이 말을 함으로써 어떤 긍정적인 결과가 나오기를 바라는가?
- 혹시 내가 비판을 즐기는 것은 아닌가?

직장처럼 비판이 일상화된 곳도 드물 것이다. 그런 비판은 대답을 요구하지 않는 위장 질문일 경우가 많다. 대체 일을 왜 그런 식으로 한 건가? 그러나 실제로 건설적인 비판이 필요한 때도 있다. 일을 더 잘하거나 문제를 좀 더 쉽게 해결하도록 도와줄 때는 날을 무디게 하고 긍정적인 어조로 질문하게 된다. '강점 탐구'로 알려진 이런 질문은 약점보다 강점을, 문제보다 가능성 있는 해결책을 강조한다.

케이스웨스턴리저브대학 교수로 '강점 탐구' 분야를 선도한 데이비드 쿠퍼라이더David Cooperrider는 직장 내의 대화는 대부분 비판적인 질문이 장악하고 있다고 지적한다. 사람들은 끊임없이 말한다. "뭐가 문제야?" "뭐가 잘못됐어?" "어디서 어긋난 거야?" "누구 잘못이야?" 쿠퍼라이더는 "한심하게도 경영진 회의의 80%는 이런 질문으로 시작된다"[36]라고 지적한다. 질문의 요지가 문제와 약점에 집중될 때, 그 조직은 강점과 기회보다 부정적인 문제에 시선이 고정된다고 그는 말한다.

좀 더 강점을 인정해주는 방법으로 접근하면 이 프로젝트는 무엇이 잘못되었는가? 대신 이렇게 말하게 된다. 이 프로젝트가 어떻게 된 건지 설명해보세요. 잘된 것은 무엇이고 문제점은 무엇이죠? 배울 점은 무엇인가요?

팽팽한 긴장이 감도는 상황일수록 긍정적인 질문이 중요하다. 가족 간의 불화나 직장 내의 갈등, 정치적 견해의 양극화가 심해지면 누군가를 비난하려 들고 상대방의 견해를 '바로잡으려' 하므로 상황은 더 악화된다. 이럴 때도 질문은 도움이 되지만 단, 신중하자.

어떻게 하면 양쪽 의견을 모두 고려할 수 있을까?

몇 년 전 평단의 찬사를 받은 극작가 린 노티지Lynn Nottage는 일자리가 빠르게 사라지는 공장 지대에서 일어나는 일을 써보고 싶었다. 그녀는 포스트 산업 시대에 미국이 겪는 변화와 고충이 가장 잘 압축된 장소를 찾아 펜실베이니아주 레딩이라는 철강 도시에 정착했다. 그러나 그런 얘기를 쓰기 전에 먼저 그곳 사람들과 얼굴을 맞대고 이야기하면서 생활하는 시간이 필요하다고 생각했다.

2011년 레딩에 처음 갔을 때의 느낌을 그녀는 이렇게 말했다.[37] "그 도시에 대해 아무것도 몰랐고 아는 사람도 없었다. 완벽한 아웃사이더로 그 도시를 마주했다." 언뜻 보면 그곳에서 마주치는 사람들은 그녀와 공통점이 거의 없었다.

노티지는 정치적으로 왼쪽으로 기운 아프리카계 여성 작가였다. 반면 그녀가 인터뷰한 대상은 대부분 백인 남성 노동자들이었다. 그 중에는 백인 우월주의를 노골적으로 드러내는 문신을 한 사람도 있었다. 노티지는 〈뉴욕타임스〉에 쓴 글에서 사람들에게 이렇게 말했다[38]고 했다. "판단을 호기심으로 대체하고 싶다. 여러분의 이야기를 들려달라. 말을 끊지 않고 들을 생각이며 다 들은 다음 내 생각을 정하겠다."

레딩 타운 사람들도 자신들의 말을 들어줄 사람이 필요했다. "어느 정도 거부감을 가질 줄 알았다. 그래서 더욱 놀라웠다. 실제로 그들에게 질문한 사람이 거의 없었던 것 같다. 이런 질문을 한 사람도 없었던 것 같다. '기분이 어떠세요? 무슨 일을 겪으셨나요?' 그러면 사람들은 내 쪽으로 몸을 기울이고 깜짝 놀랄 정도로 솔직하게 얘기를 털어놓았다."

노티지는 철강 노동자들과 얘기를 나눌 때 "그들의 말이 아주 낯익은 감정이어서 가슴에 와닿았다." 그녀는 〈뉴요커〉와의 인터뷰에서 이 해고 노동자들은 무력감에 좌절했고 무시당해 투명 인간 취급을 받는 느낌[39]이라고 말했다. "백인 남성들과 마주하고 있었지만 그들의 입에서 나오는 말은 미국에 사는 유색 인종의 말과 다르지 않았다."

노티지가 발로 뛰어 조사한 자료를 바탕으로 만들어진 연극 〈스웨트Sweat〉는 2016년 가을 오프브로드웨이에서 첫선을 보였다. 얼마 후 트럼프도 노티지의 연극에 묘사된 것과 같은 백인 남성 노동자들의 강력한 지지를 받으며 당선되었다. 이후 이 연극은 브로드웨이로 무대를 옮겼고 '극장용 공연물로 트럼프 시대의 첫 이정표'[40]라는 찬사를 받았다. 2017년 봄에 이 연극은 퓰리처상을 받았다.

이 연극은 사회 문제에 대해 어떤 손쉬운 답도 제시하지 않는다. 노티지는 "예술가로서 내 역할은 해결책을 생각해내는 것이 아니라 적절한 순간에 적절한 질문을 하는 것이라고 생각한다"[41]라고 말한다. 그러나 어떤 비평가의 말대로 "소외된 철강 노동자나 아편 중독자, 심지어 파업 파괴자와는 공감대를 형성하기 어렵다고 생각했을 브로드웨이 청중은 자신도 그들의 처지에 공감할 수 있다는 사실을 깨닫게 되었다."[42]

노티지의 모토인 '판단을 호기심으로 대체한다'는 저널리스트 프랭크 세스노가 '주장의 시대'라고 부른 이 양극화 시대를 사는 우리가 가슴에 새겨야 할 신조다. 전혀 다른 세계관을 가진 사람들과 기꺼이 함께 앉아 때로 공감을 보이는 질문을 하면서 그들의 말에 귀 기울이는 것만으로도 노티지는 통찰력을 얻고 그들을 이해할 수 있었다. 그리고 그녀는 그것을 청중에게 전달했다.

그래서 궁금한 생각이 든다. 요즘 목소리를 높이고 있는 TV 진행자나 출연자들이 판단 대신 호기심으로 접근하는 노티지의 방법을 채택한다면 어떻게 될까? 그러면 이해와 공감의 범위가 더욱 확산되지 않을까? 캠퍼스에서 나와 다른 주장을 묵살하거나 소리 높여 비난하는 대학생들에게 연극 〈스웨트〉는 어떤 교훈을 줄 수 있을까? 이 연극을 집으로 가져가면 요즘 신경전으로 폭발 일보 직전인 저녁 식탁에 그녀의 메시지가 평화를 가져다줄까?

대학에서 질문에 관한 강의를 하던 때 한 학생이 안타까운 마음이 담긴 질문을 보내왔다. 우리 가족 중에는 나와 정치적 견해가 다른 사람들이 많습니다. 얘기를 조금 하다 보면 서로의 심기를 크게 건드리게 되죠. 저와 가족을 포함해서 자기 입장을 조금도 양보할 생각이 없는 사람들에게 선생님은 어떤 조언을 해줄 수 있을까요?

심각한 이념 갈등을 겪고 있는 사람들에게 상대방의 말을 귀담아듣고 예의 바르게 질문하라는 권고는 아주 먼 곳에 있는 다리를 건너라는 말처럼 들릴지 모른다. 그러나 좀 더 예의를 갖추고 상대방을 이해해보려는 사람들에게 그것은 건널 수 있는 유일한 다리일지 모른다.

정치적 양극화를 많이들 입에 올리지만, 정치만 불화의 원인은 아니다. 이웃이나 직장 동료, 가족이나 헤어진 친구와의 서먹해진 관계나 갈등도 덮어둘 수 없는 문제다. 해묵은 오해나 직장 내에서의 갈등, 가족 간의 의견 불일치 등 갈등의 원인이 무엇이든 시간이 흐를수록 양측은 상대방이 주장하는 '정답'과 상충되는 내 '정답'을 붙들고 놓을 생각이 없다. 이런 상반된 '해답'은 계속 부딪힐 가능성이 크다. 어느 한쪽이 자기 입장을 고집할 생각을 버리고 진짜 호기심으로 질문을 시작하기 전에는 말이다.

질문이라는 다리를 건너 격차를 좁히려 할 때, 첫출발은 자기 자신에게 묻는 것으로 시작하는 것이 가장 좋다. 의견이 늘 부딪치는 삼촌이나 쌀쌀맞은 동료와 마주하기 전에 스스로에게 이렇게 물어보라. 나는 무엇 때문에 이런 사지로 뛰어들려 하는가? 아무리 뛰어들 만하고 중요한 일이라고 해도 논쟁을 벌여야 할 '올바른' 이유를 확실히 찾아라. 이런 것들이다. 중요한 개인적 관계를 회복하거나 강화하기 위해, 직장 동료나 친구나 가족과 얼굴 붉히지 않고 서로를 좀 더 이해하기 위해, 내 사고의 영역을 넓히기 위해 등.

논쟁을 피해야 할 이유도 있다. 상대방이 나와 견해가 같도록 하기 위해 갈등의 다리를 건널 생각이라면 성공할 가능성이 거의 없다는 점[43]을 명심해야 한다. 관계를 개선하기는커녕 더 나빠지기만 할 것이다.

여기서 얘기하고 있는 질문으로 접근하는 방법론은 논쟁에서 이

기기 위한 수단이 아니다. 질문은 논쟁의 열기를 식히고 대화를 가능하게 하는 수단으로의 효용성이 더 높다.

내 동기가 정확히 무엇인지 알아내려면 처음에 이렇게 자문해보라. 내가 정말 상대방에게 뭘 배울 생각이 있기는 한가? 아니면 질문을 개방형으로 바꾸거나 조금 더 구체화시켜보라. 도저히 이해할 수 없는 저들에게 무엇을 배울 수 있을까?

노티지의 사례가 아니더라도 호기심은 중요한 요소다. 반대편과 맞붙기 위해 다리를 건널 때는 호기심을 지니고 가야 한다. 호기심은 새로운 정보에 대한 사고를 열어줄 뿐 아니라 공격이나 판단보다 뭔가를 배우기 위해 이 교환소에 왔다는 것을 상대방에게 알리는 신호 역할도 한다. 신호를 보내는 방법은 간단하다. 우선 열심히 듣고 "궁금해서 그러는데" "이 부분이 궁금했는데 어쩌면 당신이 도움이 될지 모르겠군요" 같은 말로 서두를 꺼내면 된다.

호기심은 알고 있는 것과 더 알고 싶은 것 사이에 존재한다.[44] 그래서 가능하다면 양쪽 모두에 대해 열린 생각을 가지고 토론을 시작하는 것이 좋다. 이는 정치적 견해의 차이뿐 아니라 가족 간의 의견 불일치나 서먹해진 친구, 동료와의 관계를 개선할 때 중요하다. 어떻게 하면 양쪽의 의견을 모두 고려할 수 있을까?

양쪽을 모두 고려하는 건 '우유부단한' 태도가 아닌가. 양쪽 입장에 동등한 가치를 부여하는 것은 위험하지 않을까? 한쪽 견해를 알지 못하거나 그쪽 견해가 악의적일 경우에도 동등하게 취급할 수는 없지 않은가. 한마디로 말해 그렇지 않다. 상대방의 입장을 고려할 생각이 있다는 태도야말로 비판적 사고의 기본이다.

어떤 이슈에 대해 내가 현명하게 생각하는 편인지 판단할 수 있는 가장 좋은 방법은 나와 다른 사람들이나 다른 가능성을 내가 신중하고 공정하게 평가할 줄 아는지 보면 된다. 그것도 한 번이 아니라 지속적으로 말이다.

그렇게 하지 못하면 비판적 사고의 기능을 내가 믿고 있는 것을 방어할 목적으로만 사용하는 '약한 의미의 비판적 사고'에 희생되기 쉽다. 반대쪽 견해를 합리적이고 옳다고 받아들여야 한다는 말은 아니다. 모든 과정을 거치고 난 후에 반대편 입장에 대한 생각이 처음보다 더 나빠질 수 있다. 그러나 그때도 열린 마음과 공정한 마음은 잃지 말아야 한다.

나는 어떻게 편견을 갖게 되었는가?

당면 문제에 대한 내 견해와 신념을 의심하는 것부터 시작하라. 상대방의 견해를 수용하는 열린 마음으로 대화를 시작하려면 먼저 내 입장과 성향과 편견을 살펴봐야 한다. 이렇게 자문해보라. 왜 나는 내 편인가? 이것은 아노 펜지어스의 '급소를 찌르는' 질문을 상기시킨다. 나는 왜 내가 믿는 것을 믿는가?

이런 '자기 심문'은 아주 중요하다. 자기 입장이 무엇인지는 누구나 잘 알겠지만, 최근에 충분한 시간을 갖고 내가 그런 입장을 갖게 된 근거를 생각해본 적이 없기 때문이다. 하지만 내가 그런 견해를 갖게 된 이후로 상황이 달라졌을 수 있다. 아니면 내가 달라졌을 수 있다. 그래서 내가 왜 이 문제에 대해 이렇게 확신하는지 그 이유를 알지 못할 수 있다. 그저 그렇게 생각하는 것인지 모른다.

작가 톰 페로타Tom Perotta는 대학에 진학한 직후에 있었던 일을 들려준다.[45] 그는 노동자 계급 출신이었고 나름의 사고방식과 성향이 있었는데 동성애를 혐오하는 농담을 즐기는 것도 그중 하나였다. "그러던 중 어느 날 한 친구가 내게 말했다. '그게 너하고 무슨 상관인데? 다른 사람이 침대에서 뭘 하든 네가 왜 신경을 쓰는데?'" 질문을 받은 페로타는 그저 조금 신경 쓰인다는 말 외에 마땅한 답이 떠오르지 않았다. "'왜 그렇게 생각하는데?' 몇몇 친구가 그렇게 물은 것이 전부였다. 그리고 나는 바뀌었다."

주변에 가끔 자신의 생각과 편견을 다시 생각해보라고 말하는 '믿을 만한 사람'이 있어야 한다.[46] 그러나 페로타의 친구 같은 사람이 주변에 없을 수 있다. 그래서 우리 스스로에게 '급소를 찌르는' 질문을 던질 필요가 있다.

편견이 있어도 대부분은 그런 사실을 인식하지 못하지만 그래도 자기 심문을 하면 편견을 찾거나 조금 더 잘 파악할 수 있다. 『본능보다 똑똑하다』를 공동 저술한 애덤 핸슨은 자기반성과 자신에 대한 질문과 경험 등을 통해 희미하게나마 편견을 인식할 수 있어서 할 수 있는 한 최대로 자기 인식을 활용해야 한다[47]고 말한다. "자신의 편견에 겸손하라. 그러나 그것을 소유하라." 이 마지막 강조 부분은 그 자체로 멋진 질문이 된다. 나는 어떻게 편견을 갖게 되었는가?

어떤 주제에 대해 예상한 대로 반응하거나 어떤 이슈에 대해 어느 한쪽으로 기운다고 생각되면, 새로운 정보를 받거나 새로운 판단을 할 때 그 점을 인정하거나 '그 점을 감안하려' 노력함으로써 그런 편견을 소유할 수 있다. 이를 어떤 상황에서도 물을 수 있는 하나의 질문으로 압축하면 이렇게 된다. 내가 어느 한쪽으로 기우는 경향이 있다는 것을 안다면, 어떻게 해야 이 새로운 정보나 상황에 대한 견해를 바꿀 수 있을까?

이 같은 '편향'은 새로 접하는 많은 것에 대한 나의 견해를 왜곡할 수 있다. 그것은 출신 배경이나 그동안 살아온 경로, 내가 파묻혀 있는 '미디어 버블'이나 나와 관련 있는 사람들로부터 비롯된 것인지 모른다. 그중에서도 마지막 요소가 가장 영향력이 크다. 브라운대학 인지학 교수 스티브 슬로먼Steve Sloman은 "우리가 내리는 결정, 우리가 보여주는 태도, 우리가 내리는 판단은 다른 사람들이 어떻게 생각하느냐에 따라 크게 달라진다"[48]고 말한다. 우리가 인정하든 하지 않든 우리의 생각은 주변 사람이나 주변 환경이 만든 것이다.

그래서 정신과 의사이자 철학자인 이언 맥길크리스트Iain McGilchrist는 "우리는 내 문화로 인해 내가 볼 수 없는 것은 무엇인가[49]라고 자신에게 물어야 한다"고 말한다. 확실하고 분명한 것은 흘려버리고(맥길리스트의 말을 빌리면 주변에서 너도나도 '지겹게 떠들어대는 것'은 잊고) 석연치 않은 것이나 나와 주변 사람이 평소 생각했던 것과 어긋나는 것이 무엇인지 보려고 노력해야 한다고 그는 주장한다.

나와 의견이 다른 사람에게 질문할 때는 이 점을 명심해야 한다. 설득하려 들지 말라. 조언은 아주 나쁘다. 더욱 나쁜 것은 내 의견을 강요하는 것이다. 어떤 이슈에 대해 사람들이 가지고 있는 견해는 그 사람의 정체성과 연결된다. 그래서 그들의 견해를 공격하면 개인에 대한 공격으로 인식될 수 있다.

게다가 어떤 것을 철석같이 믿는 사람에게 그건 잘못된 생각이라고 설득해도 보통은 효과가 없다. 하지만 내 주장을 입증해줄 사실로 확실히 무장한다면? 그래도 효과가 없기는 마찬가지다. 수많은 연구 결과가 그것을 말해준다.

엘리자베스 콜버트는 2017년 〈뉴요커〉에 「왜 우리는 사실이 나와도 마음을 바꾸지 않는가」[50]라는 제목으로 기고한 유명한 칼럼에서 수많은 연구 결과를 종합해 비슷한 결론을 내렸다. "합리적으로 보이는 사람들도 터무니없을 때가 많다." 어떤 문제에 대해 마음을 정하고 나면 특히 그렇다. 증거가 나와도 꿈쩍도 하지 않는다. 그들은 약한 의미의 비판적 사고 기술을 총동원해 반대편의 주장을 무너뜨리려 한다. 콜버트는 "상대방이 어떤 주장을 제시하면 우리는 능숙한 솜씨로 약점을 찾아낸다"라고 썼다. "거의 예외 없이 우리가 보지 못하는 자리는 우리가 있는 그 자리다."

자기 입장을 조금도 굽히지 않는 사람을 공격하거나 반증을 들이대는 것보다 더 좋은 대안은 상대를 위협하지 않으면서 자기 입장을 다시 생각해보게 만드는 것이다. 이때도 '위장' 질문, 즉 질문 형식을 띤 비판이나 판단은 효과가 없다. 대체 어떻게 그런 걸 믿을 수 있습니까? 이런 질문은 말로 하는 공격이고, 그들의 입장을 이해할 생각이 없다는 것을 알려주는 통고일 뿐이다.

좀 더 효과적인 방법은 상대방이 자기 입장을 설명하도록 유도하고 그의 말에 관심을 보이는 것이다. FBI 로빈 드리크는 이런 말을 권한다. "그것 아주 멋진 생각이네요. 조금 더 자세히 설명해주세요." 그래서 상대방이 자신의 견해를 더 많이 밝히면 패러프레이징과 미러링 등 적극적인 듣기 기술을 활용하면 된다.

상대방 말의 의미를 분명히 알고 싶거나 지지하기 위해 '비판적 사고' 유형의 질문을 사용하는 것은 문제가 없다. 『유쾌한 설득학』을 쓴 수사학 전문가 제이 하인리히Jay Heinrichs는 어떤 상황을 설명하는 사람에게 말의 정확한 뜻이나 세부 내용을 묻는 등 '적극적인 관심'을 보이면 효과가 배가된다[51]고 말한다. 이런 식이다. 지금 '자유'라고 하셨는데 당신이 생각하는 자유의 정의는 무엇입니까?

요점은 용어의 의미를 명확히 하려는 것이지만 또 다른 목적도 있다. '그 말의 의미를 정의해달라는 요청을 받으면' 사람들은 다음부터 '극단적인 용어를 피하는 경향이 있기' 때문이라고 하인리히는 말한다. 세부적인 내용을 묻는 질문은 이런 것이다. 당신이 말하는 유행병은 실제 그 종류가 몇 가지입니까? 또는 그 정보의 출처는 어딥니까? 이런 질문은 도전적으로 들릴 수 있으므로 심문하는 투가 아닌 차분하고 정중한 어조로 물어야 한다. 그래서 질문하기 전에 "그것참 재미있군요"나 "궁금해서 그러는데" 같은 말을 끼워 넣으면 놀라울 정도로 분위기가 부드러워진다.

상대방에게 판단하지 않고 자기 입장을 설명할 기회를 주었으면 나를 위해서도 똑같은 것을 요구할 수 있다. "잠깐 제 생각을 설명해도 될까요?" 내 입장을 얘기했으면 대화의 주제를 즉시 공통의 기반으로 옮겨야 한다. "이제 상대방의 주장을 교대로 반박해봅시다"가 아니다. 공통의 기반을 말할 때는 대립하는 주장 안에서 공통의 가치와 긍정적인 측면을 찾을 수 있는 '브리지' 질문을 사용하면 된다.

라디오 진행자인 크리스타 티펫이 게스트에게 배운 훌륭한 브리지 질문 2가지[52]를 조금 각색하면 이렇게 된다. 당신의 입장을 설명할 때 조금 망설여지는 부분이 있나요? 내 주장 중에 마음에 끌리거나 흥미로운 부분이 있습니까? 2가지 질문에 모두 답해보라. 그렇게 하면 두 사람 모두 입장을 바꿔서 서로에게 가까이 다가설 용기가 생긴다. 이 방법은 나와 입장이 전혀 다른 정치적 후보에 대해 말할 때도 유효하다.

A 후보를 지지하는 이유를 아주 잘 설명해주셨습니다. A 후보가 마음에 들지 않는 부분도 몇 가지 얘기해줄 수 있나요? B 후보를 지

지하지 않아도 혹시 B 후보의 주장 중에 생각해볼 만하거나 흥미 있는 것이 있으면 생각나는 대로 몇 가지 말씀해줄 수 있습니까?

이런 질문을 받으면 상대방은 자신의 생각에 대해 좀 더 균형적인 시각을 갖게 되어 부정적으로 생각했던 부분에서 긍정적인 면을 찾게 되고 그 반대로도 하게 된다. 그렇게 해달라고 설득하기 어렵다면 '동기 강화 인터뷰'라는 기법을 조금 바꿔 질문해보라. 마음에 들지 않는 대상을 1에서 10의 수치로 등급을 매기도록 요구하는 것[53]이다. 기후 변화가 어느 정도 사실이라고 생각합니까? 1에서 10까지 숫자로 답해주세요. 전혀 사실이 아니면 1, 전부 사실이면 10이다.

조사 결과에 따르면, 의견이 다르거나 마음에 들지 않은 어떤 것에 등급을 매길 때도 가장 낮은 숫자를 선택하는 일은 거의 없다. 사람들은 아무리 낮아도 2나 3 정도의 점수를 준다. 그러면 이렇게 추가 질문을 할 수 있다. 왜 1이 아니고 2(3)입니까? 그러면 그들은 기후 변화를 완전히 부인할 수는 없는 이유를 몇 가지 제시할 것이다. 그것은 반대편의 주장을 말로 또박또박 표현한다는 의미다.

질문은 반감이 강했던 사람에게 공감하고 그 사람 입장에 서보도록 유도할 수 있다. 가정법에 의한 '만약에' 질문을 사용하는 것도 좋다. 당신이 내일 B 후보의 선거 운동을 맡게 되었다면 어떻게 하겠습니까? 당신 같은 반대편 지지자에게 어떤 식으로 손을 뻗으라고 후보를 설득하겠습니까? 그 후보가 당신 편으로 넘어올 리는 없겠지만 적어도 어느 정도까지 자신의 정책을 양보할 것이라 생각합니까?

당신도 똑같이 해야 한다. 만약 내가 A 후보에게 나에게 손을 뻗을 방법을 조언할 위치에 있다면, 뭐라고 말하겠는가?

이렇게 되면 '공통의 기반'을 찾는 질문 쪽으로 대화의 주제를 옮길 수 있다. 이런 것이다. 우리 두 사람 모두를 만족시키는 후보를 생각할 수 있을까요? 후보 A와 B를 섞은 하이브리드 후보는 어떨까요? 아니면 어떤 문제를 토론하고 있다면, 적어도 우리 두 사람의 생각을 일부나마 충족시켜줄 입장을 생각해볼 수 있을까요?

브리지 질문을 사용해 대립하고 있는 이슈에 대해 타협을 시도해보라

- **당신의 입장을 설명할 때 조금 망설여지는 부분이 있나요?**
- **내 주장 중에 마음에 끌리거나 흥미로운 부분이 있습니까?**
- **내 주장에 몇 점 주시겠습니까? 당신 주장은 몇 점이라고 생각합니까? 전혀 타당하지 않으면 1이고, 100% 타당하면 10이다.**
- **내 점수가 1이 아니고 당신 점수가 10이 아니라면, 이유가 무엇입니까?**
- **적어도 우리 두 사람의 생각을 일부나마 충족시켜줄 입장을 생각해볼 수 있을까요?**

이를 역설계 방식으로 설명하면 대화의 바람직한 결말은 '공통의 기반'을 찾는 질문에 이를 것이다. 사소한 것이라도 좋으니 우리가 실제로 의견의 일치를 볼 수 있는 부분이 없을까요? 대화의 다른 부분도 모두 이런 공통의 기반을 마련하기 위한 질문에 이르도록 계획해야 한다. 적당한 답을 생각해내지 못해도 그런 질문에 이르고 그 질문을 함께 생각해보면 그것만으로도 실마리가 보이고 생산적인 아이디어를 구할 수 있다.

어린이용 TV 교육프로그램 〈빌 아저씨의 과학 이야기〉를 진행하는 빌 나이는 나와 관점이 다른 사람을 참을 수 있어야 한다[54]고 강조한다. "우리는 보통 이렇게 말한다. '이게 팩트라고요! 생각을 바꾸셔야 해요!' 그러나 사람들의 생각을 바꾸는 데는 2~3년이 걸린다. 이를 극복하려면 이렇게 말하면 된다. '모두 모였군요. 이제 다 함께 이 문제를 배워봅시다.'"

빌 나이보다 조금 앞섰던 또 다른 '사이언스 가이' 칼 세이건도 이렇게 말했다. "나는 진리에 대한 독점권이 있다. … 그러니 당신이 조금이라도 생각이 있다면 내 말을 들어야 한다는 생각을 버려야 한다."[55] 대신 세이건은 생각이 다른 지적 맞수를 '공동 탐사 작업을 하는 같은 부류의 인간'으로 보라고 권했다.

어떻게 하면 파트너십을 더 강화할 수 있을까?

우리와 생각이 다른 사람들에게는 질문하는 것 자체가 어렵다. 하지만 아주 가까운 사람에게 질문하는 것 역시 여러 이유에서 쉽지 않다. 배우자든 가족이든 오랜 친구든 사업 동료든 충실한 고객이든 우리와 가깝고 소중한 사람들을 당연한 존재로 여긴다. 그들을 매우 잘 알아서 특별히 물어볼 게 없다고 생각한다. 하지만 물어서 좋을 때도 있다.

블로거인 매슈 프레이Matthew Fray는 몇 년 전만 해도 잘 알려지지 않았던 자신의 블로그에 흥미로운 이야기 하나를 올렸다가 전 세계 수백만 명이 읽게 된 사연을 소개했다. 확실히 그 이야기는 제목부터 그냥 지나치기 어려웠다.「나는 싱크대에 접시를 두었다가 아내에게 이혼당했다.」[56]

프레이는 결혼이 파경으로 끝난 이유를 여러 가지 들었다. 빈 컵을 몇 발짝 떨어진 식기세척기에 넣지 않고 싱크대에 놔두는 습관도 그중 하나였다. 프레이에게 그것은 하찮은 문제였다. "손님이 오지만 않는다면 컵이 싱크대에 있든 말든 무슨 상관인가? … 싱크대에 있는 컵 따위에 신경 쓰지 않을 거야." 그러나 아내는 생각이 달랐다. 프레이는 나중에야 깨달았다. 그것은 "컵의 문제가 아니었다." 배려의 문제였다.

아내는 단순한 습관 하나도 자신에게는 중요하다고 분명하게 밝히고 또 밝혔지만, 그는 계속 그런 건 문제가 되지 않는다고 대꾸했다. 프레이는 당시 이런 질문을 자신에게 하지 않은 것을 후회하고 있다. "내가 사랑해서 결혼까지 한 사람이 내 행동에 문제가 있다고 말하고 또 말하는데, 왜 나는 그녀의 말을 건성으로 듣는 거지?"[57]

그가 자신에게 물었어야 했다고 가슴을 치는 또 하나의 질문은 '수정 구슬' 질문이다. 내가 계속하거나 계속하지 않는 일로 인해 결혼생활이 고통스럽게 끝나리라는 것을 안다 해도 나는 같은 선택을 반복할까?

그러나 프레이는 2가지 질문 중 어느 것도 하지 않았다. 이제는 늦었다. 결혼생활을 하면서 같은 문제들이 계속 나와도 그의 머릿속에 떠오른 것들은 전부 수사적인 질문뿐이었다. 유리컵이 뭐가 대수야? 왜 그런데 신경을 써야 해? 그가 솔직하게 자문해보고 곰곰이 생각해봤다면 이런 질문은 나쁜 질문이 아니었을 것이다. 그런 질문을 진지하게 했다면 해답이 그가 소중히 여기는 사람에게는 대수라는 것, 따라서 신경을 써야 할 문제라는 것을 알았을 것이다.

그래서 프레이는 사람들에게 이렇게 조언한다. 파트너와 의견이 맞지 않을 때는 상대방의 감정과 입장을 분명히 말로 표현할 수 있는지 알아보라. 일단 이런 질문으로 시작하라. 내가 생각하는 당신 입장을 설명해볼까? 그런 다음 당신도 당신이 생각하는 내 입장을 설명해줄래? "서로 상대방 주장을 정확하게 표현하기 전에는 두 사람 다 상대방이 하는 말을 이해하지 못한다고 보는 것이 맞을 것이다." 프레이의 질문은 모두 좋은 질문이며, 목표도 제각기 다르다. 그것들은 가까운 사이끼리 주기적으로 묻게 되는 중요한 질문으로 압축할 수 있다. 내가 뭘 놓치고 있지?

가까운 관계일수록 코앞에서 일어나는 일에 신경 쓰지 않으면 문제가 생긴다.[58] 결혼생활을 지속시키는 문제를 연구해온 심리학자 존 가트먼John Gottman이 가장 강조하는 것도 이 부분이다. 40년 동안 결혼한 커플을 연구해온 가트먼은 건강한 관계는 관심을 가져달라는 상대방의 '요청'에 주의를 기울이는 태도와 밀접한 관계가 있다고 말한다. 가트먼이 말하는 '요청'은 연결하려는 시도인데 보통은 아주 간단한 말로 표현된다. "저기 창밖에 있는 새 좀 봐." 또는 "방금 신문에서 재미있는 얘기를 봤는데 들어볼래?"

이런 요청을 수시로 무시하거나 시큰둥하게 반응하면 그 관계는 파경에 이를 가능성이 크다. 가트먼에 따르면, 가까운 사이에 있는 사람이 수시로 자문해봐야 할 1번째 질문은 이것이다. 내가 어떤 요청을 놓치고 있는 건가?(내가 방금 스마트폰만 뚫어지게 들여다보다 사랑하는 사람의 요청을 무시한 건가?)

물어야 할 질문이 하나 더 있다. 저 사람이 하는 이런저런 요청에 어떤 반응을 보여야 하나? 뻔한 대답. 좋은데? 재미있네. 이런 대답은 가트먼이 말하는 '최소한의 대응'으로, 무시하거나 '딴청을 부리는' 것만큼이나 나쁘다. 질문을 활용해 상대방의 관심을 높이고 상대방의 '말이 길어지게' 해야 한다. 와! 새가 예쁘네. 저게 무슨 새지? 재미있는 얘기가 뭔데?

같은 요청이라도 중요한 것이 있고 그렇지 않은 것이 있다. 누가

친구에게 물을 질문[59]

작가 케이틀린 와이드는 가장 친한 친구와 장거리 여행을 하던 중에 관계를 돈독하게 해줄 수 있는 질문들을 생각해내서 목록으로 작성했다. 그중 5개를 소개한다.

- **요즘 힘든 일이 뭐야?**
- **평소에 해보고 싶었던 것 있어?**
- **돈벌이와 관계없는 일을 시작한다면 뭘 하고 싶어?**
- **자서전을 쓴다면 제목은 뭘로 할래?**
- **만약 다른 나라에서 1년을 산다면, 어디서 살고 싶어?**

와서 걱정거리가 있다고 말하면 자세히 듣고 어떻게 도와주면 되는지 물어봐야 한다. 파트너나 친한 친구가 좋은 소식을 듣고 와도 마찬가지다. 그저 '축하한다' 또는 '잘됐네' 정도로 끝내지 말고 좀 더 긍정적인 감정을 끌어낼 수 있도록 질문하는 것이 좋다. 캘리포니아대학 샌타바버라캠퍼스 심리학 교수 셸리 게이블Shelly Gable은 이를 '적극적인 건설적 반응'[60]이라고 말한다. 그녀는 연구를 통해 그런 반응이 관계를 건강하게 유지하는 데 매우 중요하다는 사실을 알아냈다. 사이가 좋지 않은 파트너는 좋은 소식을 들어도 대수롭지 않게 여기거나 무시한다.

'적극적인 건설적 반응'은 질문으로도 나타낼 수 있다. 그 소식을 들었을 때 무슨 생각이 났어? 마크 고울스톤의 방식을 사용하면 질문으로 긍정적인 감정을 추측해볼 수 있다. 자랑스러웠겠다. 어땠어? 좋은 소식을 들었을 때 할 수 있는 또 다른 질문은 앞으로의 일을 묻는 것이다. 그러면 어떤 기회가 생길 것 같아?

내가 옳다는 걸 입증하는 게 그렇게 중요한가?

가까운 사이가 틀어졌을 때는 한발 물러서서 어쩌다 이렇게 됐는지 앞으로 어떻게 해야 할지 생각해봐야 한다. 그러나 이때도 흔히 나쁜 질문을 먼저 생각한다. 이혼해야 하나?(이제 관계를 끝내야 하나?) 이것은 '예/아니오'로 답하게 되는 닫힌 질문이다. 결정을 내려야 할 어느 순간에는 이런 질문도 필요하다. 그러나 이런 질문을 너무 빠르게 하면 선택의 여지가 없어진다. 좀 더 탐색해볼 수 있는 개방형 질문으로 시작하는 것이 좋다.

〈뉴욕타임스〉에 칼럼을 쓰는 에릭 코페지Eric Copage는 이혼하기 전에 꼭 물어봐야 할 질문 11개를 치료사나 결혼 상담사들을 통해 정리했다. 몇 가지를 소개하면 이렇다. 부부 사이에 어떤 부분이 문제인지 두 사람 모두 분명히 알고 있는가?[61] 이 질문은 부부의 소통 방식을 다룬 매슈 프레이의 설명과도 통한다. 저 사람이 없다면 더 행복해질까? 이것은 '수정 구슬' 질문이어서 정말로 행복해질지 알 수 없다. 하지만 파트너가 없는 미래의 삶을 짐작해보고 있을 수 있는 장단점을 따져보게 해준다.

중요한 질문이 있다. 파경을 피할 방법이 있다면 그것은 무엇일까? 뉴욕 리버사이드처치의 케빈 라이트Kevin Wright 목사가 추천하는 질문이다. 결혼생활을 유지하는 방법이 '하나'만 있는 것은 아니므로 이 질문을 좀 더 개방적으로 바꾸고 싶다. 파경을 피하려면 무엇부터 해야 할까?[62] '이 결혼을 되살리는 방법'에 답을 할 때는 각자 목록을 작성해보라고 라이트는 권한다. 한쪽에는 내가 해야 할 일을, 다른 한쪽에는 배우자가 해야 할 일을 적는다.

관계가 어긋날 때는 이유가 많다. 그러나 문제가 딱 하나일 때도 있다. 의견 불일치나 배신, 갈등만 일으킬 뿐 해결할 수 없는 문제, 단순히 조금씩 멀어지는 것 등이다. 이에 대한 책임이 일부나마 내게 있다고 생각하면 사과하겠는가? 이와 관련된 질문은 없다. 미안하다고 말한 후 용서를 '구하는' 행동을 보이는 것이 중요하다.

사과 정도면 될 것 같지만 라이프 코치 마이클 하이엇Michael Hyatt은 다음 세 마디를 하면 훨씬 효과적이라고 말한다.[63] 우선 간단한 사과로 시작한다. 미안해. 이어서 인정을 한다. 내가 잘못했어. 그리고 의문문으로 끝낸다. 용서해줄래? 효과를 극대화하려면 이 3가지 말을 다 해야 한다. 하이엇은 결코 쉬운 일이 아니지만, 특히 마지막 의문문이 가장 어렵다고 말한다. 어려운 만큼 가장 중요하다. "이런 말을 의문문으로 바꿈으로써 용서가 권리가 아니라는 사실을 인정하게 된다. 내 경험상 그러면 상대방은 거의 예외 없이 이렇게 말한다. '그래. 용서할게.'"

때로는 용서가 아니라 잊어서 불화를 끝내기도 한다. '옳다'고 우기며 시시비비를 가릴 일도 지나간 일로 치부해버리는 것이다. 이것 역시 쉽지 않은 일이라고 인지학자인 스티브 슬로먼은 말한다. "우리는 내가 옳다고 입증하려는 원초적 본능이 있다."[64] 그러나 해묵은 논쟁은 시시비비를 가리기 어렵다. 누군가의 정치적 견해를 바꿔보겠다고 설득하는 것만큼이나 가능성이 희박하다. 오프라 윈프리는 "내가 옳다는 것을 입증하려는 버릇은 커다란 성격적 결함이었다"[65]라고 썼다. 그녀는 그런 것을 가리느라 소중한 시간을 낭비하면서 친구나 사랑하는 사람과의 싸움, 오해를 지루하게 끌고 갔다.

오프라는 방법을 바꿨다. "그것은 한마디 질문에서 시작되었다. 내 말이 맞는 게 좋은가 아니면 화목한 게 좋은가?" 오프라의 이 질문은 친구와 갈등이 있을 때 효과 만점이다. 어쩌면 국가 간 전쟁에도 좋을지 모른다.

질문으로 인간관계가 더 좋아질 수 있을까?

올바른 질문은 파티에서 처음 만난 사람이나 집안의 가족과 신뢰를 쌓는 데는 물론 직장에서도 대단한 위력을 발휘한다. 그러나 직장에서는 일상보다 질문하기가 더 망설여진다. 업무 환경이 위계 구조로 되어 있기 때문이다. 따라서 질문은 그 속성상 권위에 도전하는 것으로 받아들여지기 쉽다. 내가 방문한 회사들은 거의 모두가 이런 문제를 안고 있었다. 그곳의 매니저들과 직원들은 하나같이 궁금해한다. 어떻게 하면 선을 지키고 상대방을 곤란하게 하지 않으면서 질문할 수 있을까?

직장에서 질문하는 법을 알아보기 전에 그것이 왜 중요한지부터 생각해볼 필요가 있다. 우선 질문을 하면 맡은 일을 더 잘할 수 있다. 또 질문하면 협업도 잘된다. 고객이나 회사 밖에 있는 사람들을 상대하는 경우에 질문은 그들을 더 잘 이해하고 그들의 요구를 충족시키고 그들을 사업에 끌어들이거나 사업을 계속 같이하도록 설득하는 데 도움이 된다.

맡은 일을 더 잘하기 위해서라면, 다음 두 질문을 다양한 방식으로 계속 물어야 한다. 내가 하는 일이 무엇인가? 어떻게 하면 그 일을 잘할 수 있는가?

1번째 질문은 일을 처음 시작할 때만 묻게 될 뿐 그 후로는 필요하지 않다고 생각할지 모르겠다. 그러나 요즘은 같은 일도 방식이 아주 빠르게 바뀌고 있으므로 이 질문은 반복해서 계속 던져야 한다. 어제 바뀐 내용을 감안할 때 오늘 내가 할 일은 무엇인가? 경험이 풍부한 직원이나 매니저들은 일하는 방식을 알고 있으므로 이런 질문을 하기 싫어한다. 심지어 모든 것이 급변하는 시기에도 기존의 방법과 업무 습관에 의문을 제기할 필요를 느끼지 못한다.

경험이 풍부한 사람들은 업무와 관련해 기본적인 질문을 하는 것 자체를 위험하게 여긴다. 어설프게 그런 질문을 했다가는 윗사람에게 무능한 사람으로 낙인찍힐지 모르기 때문이다. 그런 걱정도 이해는 가지만 위험보다 득이 많을 수 있고 위험을 줄일 방법도 있다.

내가 만났던 다양한 기업의 고위직 임원은 직위와 상관없이 모든 사람의 인식이 바뀌어야 한다고 생각하는 점에서는 크게 이견이 없었다. 그들은 중간 관리자와 일선 실무 직원들이 변할 의지가 없고 변할 능력이 없다는 점을 가장 우려했다. 이런 조직에서 직원들이 기존의 업무 방식에 의문을 제기한다면 경영진들은 반가워하고 안도할 것이다. 내가 본 바에 의하면 리더들은 질문하는 직원을 나무라기보다 더 높이 평가하고 보상한다.

'상향 질문(윗사람에게 하는 질문)'을 해도 어느 정도 예의를 갖추면 받아들여질 가능성이 커진다. 질문을 권위에 도전하거나 불평하기 위한 수단으로 사용하면 안 된다. 하급자가 상급자에게 '왜 우리가 이 일을 해야 하죠?'라든가 '왜 아직도 이런 낡은 장비를 사용하는 거죠?'라고 물으면 도전이나 불평으로 받아들여지기 쉽다.

이를 피하려면 의문을 제기할 문제를 미리 조사해야 한다. 왜 이런 절차와 관행이 생겼을까? 왜 이런 낡은 장비를 아직도 사용하는 것일까? 정책이나 장비에 변화를 주었을 때 얻을 수 있는 이득은 무엇이고 치러야 할 대가는 무엇인가? 그렇게 바꾸기는 얼마나 어려운가? 이런 문제를 생각해보고 관련된 사실을 확인하면 좀 더 구체적인 질문도 가능하다. 이 질문들은 정작 내가 관심 있는 문제와 실현 가능성에 초점을 맞추도록 바꿀 수 있다. 그동안 이슈 X에 대해 많이 생각해봤는데 그러다 보니 놀랍게도 Y라는 사실을 알게 되었습니다. 그래서 궁금해졌습니다. 우리가 Z라는 가능성을 검토해봐야 한다고 생각하지 않으세요?

변화를 조성할 구체적인 아이디어가 없어도 변화를 받아들일 의향이 있고 지금 하는 일에 영향을 줄 수 있다는 사실을 암시할 수 있도록 질문의 프레임을 바꿀 수는 있다. 알고 보니 우리 경쟁사는 새로운 소프트웨어를 사용한 덕에 업무를 훨씬 빠르게 처리하더군요. 우리도 이 방법을 적용하는 건 어떨까요? 제 역할도 좀 바꿔야 하지 않을까요?

'상향 질문'을 할 때 상대방에 존경심을 드러내면서 중요한 정보를 얻을 수 있는 가장 효과적인 방법은 조언을 구하는 것이다. 원하지 않는 조언을 주는 것은 조언을 청하는 것과 달리 위험하다고 앞서 말했다. 와튼스쿨 애덤 그랜트가 지적한 대로 조언을 해달라는 요청을 받으면 우쭐해진다. 그 점에서는 매니저도 예외가 아니다. 매니저에게 조언을 구한다는 것은 매니저의 일을 쉽게 해준다는 의미도 된다. 마음을 열고 매니저의 건설적인 비판을 기꺼이 받아들이겠다는 의사 표시이기 때문이다.

조언을 구할 때 흔히 하는 질문이 있다. 제 입장이라면 어떻게 하겠습니까? 이 질문은 여러 상황에 쓸 수 있다. 하지만 부하직원이 일을 더 잘할 수 있도록 매니저가 활용할 수 있는 여러 변종도 있다. 업무 코치이자 리더십포럼의 CEO 완다 월리스Wanda Wallace는 상사에게 이렇게 질문하라고 권한다. 어떤 직원이 이상적인 직원이라고 생각하세요?[66] 이렇게 하면 매니저는 간접적으로 건설적인 비판을 할 수 있으므로 양측이 모두 일을 수월하게 해결할 수 있다.

상사가 좋아할 만한 질문

- 제 입장이라면 어떻게 하겠습니까?
- 어떤 직원이 이상적인 직원이라고 생각하세요?
- 제가 이 일을 다른 방식으로 처리한다면 팀장님은 뭐가 달라질까요?
- 오늘 할 일 중에 가장 중요한 일이 무엇입니까? 제가 할 일은 뭔가요?

월리스는 또 다른 질문을 일러준다. 제가 이 일을 다른 방식으로 처리한다면 팀장님은 뭐가 달라질까요? K스퀘어드엔터프라이즈의 캐서린 크롤리Katherine Crowley는 이 질문을 살짝 비틀어 주기적으로 상사에게 이렇게 질문하라고 한다. 오늘 할 일 중에 가장 중요한 일이 무엇입니까?[67] 제가 할 일은 뭔가요? 이 2가지 질문은 매니저의 핵심 요구 사항과 우선순위에 초점을 맞추는 동시에, 나는 내가 맡은 업무를 열심히 하고 있으며 필요할 때는 얼마든지 활용할 수 있는 자원이라는 사실을 알리는 기능을 한다. 크롤리는 "당신의 상사는 여러 업무를 동시에 처리하고 있으며 우선순위는 계속 바뀐다"고 지적한다. 따라서 내가 묻지 않으면 상사는 당장 내게 원하는 것이 무엇인지 알기 어렵다.

매니저는 왜
'하향 질문'을 하기 어려운가?

직원들이 '상향 질문' 하는 법을 배워 도움을 받을 수 있다면, 매니저도 '하향 질문'으로 혜택을 받을 수 있다. 그런데도 부하직원에게 흥미롭고 진심이 담긴 질문을 할 줄 아는 사람은 많지 않다. 자신의 역할은 지시하는 것이지 묻는 것이 아니라고 생각하는 매니저들이 많다. 그래서 그들은 이건 이렇게 해라, 저건 저래서 잘못됐다, 그 일은 그래서 실적이 좋지 않다고 훈계한다.

"그렇게 하면 누가 책임자인지 알려줄 수 있다"[68]라고 퍼스대학 경영학과 캐시 리틀필드Cathy Littlefield 교수는 말한다. "매니저는 비판을 통해 얻는 힘으로 자신의 에고를 강화한다." 그러나 그것은 직원의 사기를 꺾기도 한다.

부하직원에게 할 일을 일러주고 성과를 비판해야 할 때와 장소가 분명히 있다. 그럴 때도 질문의 형태로 하면 충격을 줄이고 좋은 결과를 얻을 수 있다. 일반적으로 질문은 직원 간의 유대를 강화하는 데 도움이 되고 매니저도 관리 업무를 효율적으로 잘할 수 있다.

일이 뭔가 잘못되었다든가 생각만큼 결과가 나오지 않았다는 식으로 건설적인 비판이 필요한 상황에서 매니저는 '말을 물가로 끌고 가는' 질문을 쓸 수 있다. 일을 해놓고 보니 마음에 드나? 또는 어느 부분이 잘되고 어디가 잘못되었다고 생각하나? 매니저는 이런 질문으로 직원들이 문제를 정확히 파악할 수 있도록 유도할 수 있다. '지침 질문'(190쪽 '조언은 생략하고 상대방이 스스로 해결 방법을 생각해보도록 다음 7가지 질문을 하라' 참조)에 따라 매니저는 직원이 문제 해결법을 직접 생각해보도록 격려할 수 있다.

문제가 표면화되기 전에 질문하면 직원들이 업무에 얼마나 관심이 있으며 어느 정도 열의가 있는지 확인할 수 있다. 갤럽이 조사한 바에 따르면, 자신의 업무에 '전적으로 매달리는' 사람은 30%에 불과하다[69]고 한다. 진득하게 일에 매달릴 시간이 없다고? 어떤 일이면 열심히 할 수 있을 것 같은가? 매니저는 이런 질문을 통해 열정을 가지고 매달리거나 일을 잘하는 데 방해가 되는 요소를 찾을 수 있다.

직원들에게 물을 수 있는 중요한 질문이 또 있다. 나한테 물어볼 것 없나? 이런 질문은 여러 가지로 변종이 가능하므로 각자 질문에 괄호를 넣거나 구체적인 내용을 추가해도 된다. 우리가 시행하려는 새 정책에 대해 알고 싶은 게 있는가? 아니면 5년 뒤에 우리 회사나 우리 부서가 어떻게 될 거라고 생각하는가? 이런 질문에 준비된 답이 꼭 있어야 하는 것은 아니다. 질문을 진지하게 받아들이는 자세가 중요하다. 이 정도로 답하면 된다. 중요한 질문 같군요. 지금 당장은 답변하기 그렇지만, 좀 생각해보고 말씀드리겠습니다.

부하직원도 그렇지만 매니저도 질문할 때 시비조가 되지 않도록 조심해야 한다. 부하직원의 책상에 걸터앉아 대체 무슨 일을 하고 있는 건가? 또는 왜 일을 그런 식으로 하는 건가? 하고 소리를 지르면 그럴 의도가 아니었다고 해도 비판이 되고 만다.

어떻게 하면 시비조의 질문을 피할 수 있을까? 정답은 딱 하나, '호기심'이다. 호기심이 생겨 질문하면 상대방도 훨씬 좋게 받아들인다. 이런 기술은 특히 매니저에게 중요하다. 자기 밑에서 일하는 사람에게 호기심을 전달할 수 있다면, 신랄한 질문을 해도 강도가 크게 완화된다. 방법도 간단하다. 묻기 전에 '궁금해서 그러는데'라는 말을 덧붙이기만 하면 된다. 궁금해서 그러는데 왜 이런 방식을 택했나? 그러나 이렇게 물을 때도 진정성을 담아야 대화를 원만하게 이어갈 수 있다. 로빈 드리크에 따르면, 에고를 잠깐 밀어놓은 다음 '판단하지 않고 상대방의 생각을 탐색'한다면 더욱 효과적인 질문이 될 수 있다.

호기심 질문은 단순한 결과물이 아닌 그 이상의 무엇에 관심이 있다는 것을 보여준다. 갤럽의 업무 관리·복지 부분 수석과학자인 짐 하터Jim Harter 박사에 따르면, 부하직원에게 관심을 보이고 배려를 베푸는 매니저가 유능한 매니저다.[70] 그중 한 방법은 평소 대화를 할 때 '심도 있는 개방형' 질문을 하는 것이다. 어떻게 돼가나? 오늘 바쁜가? 등 상투적인 질문을 툭 던져놓고 다음 테이블로 가는 것이 아니라 좀 더 깊은 연결을 할 수 있는 질문을 던져야 한다. 이번 주에 하는 일 중 가장 멋진 일이 뭔가? 지금 하는 일 중에 특히 신나는 게 뭔가?

'마음을 열고 깊이 들어가는' 질문을 하면 동료의 관심과 열정을 알 수 있으므로 동료 사이의 관계도 개선할 수 있다. 그렇게까지 해야 하나라고 생각할 수 있다. 그건 개인이나 상황에 따라 알아서 판단하면 된다. 그냥 '어떻게 돼가?' 정도의 관심으로 관계를 무난하게 유지할 수 있는 동료도 있다.

그러나 협업과 팀워크가 중요한 직장에서는 동료 간의 유대감이 중요하다. 이 부분은 관계를 다지는 질문을 사용하면 된다. 이런 질문을 조금 바꾸면 칵테일 파티나 집에서처럼 사무실에서도 아주 좋은 효과를 거둘 수 있다. 질문과 사무실 동료와 관련된 중요한 것 하나. 정말 까다로운 동료를 상대할 때 질문을 통해 공통점을 찾으면 큰 도움이 된다. '브리지' 질문을 참고하면 된다. 그러나 그런 상황에서도 몇 가지 질문을 활용하면 쉽게 피하기 어려운 사람에게 어떻게 대응하고 적응해야 할지 방법을 찾는 데 도움이 될 것이다.

정말 참기 힘든 동료와 관련된 질문

- **내가 지금 과민반응하고 있다고 생각해?** 믿을 만한 동료에게 상황을 설명해 '제3자의 견해'를 구한다.
- **꼼꼼히 따져보자. 이 사람의 행동에서 가장 거슬리는 것이 무엇인가?**
- **그중에서 실제로 내 업무에 방해되는 것은?**
- **바꿀 수 있는 것은?**
- **이 사람에게 행동을 바꿔달라고 정중하게 요구할 방법이 있는가?**
- **누구 중재해줄 만한 사람이 없을까?** 두 사람이 다 알고 신뢰할 만한 사람이면 가장 좋다.
- **저 사람과 거리를 둘 방법이 없을까?** 가능하다면 책상을 옮기고, 그렇지 않다면 헤드폰을 써보라.

판매 공세를 '질문 공세'로 대체한다면?

회사 내부에서 하는 질문도 중요하지만, 회사를 대표하는 사람들이 외부를 향해 던지는 질문도 이에 못지않게 중요하다. 기업과 고객을 연결하는 가장 기본적인 방법은 주기적으로 이런 질문을 던지는 것이다. 세상은 우리에게 무엇을 요구하는가?

사업에서 이것은 언제나 처음에 묻게 되는 '시동' 질문이었다. 기업은 이 질문에 답하기 위해 존재한다. 그러나 요즘처럼 고객의 요구가 끊임없이 바뀌고 진화하는 비즈니스 환경에서, 이 질문에 대답해야 하는 기업은 이 질문을 한 번으로 그칠 것이 아니라 두고두고 반복해서 던져야 한다. 이런 질문을 가장 많이 하는 사람들은 일선의 실무자들, 즉 영업사원, 고객 서비스 담당 직원, 현장 연구원 등이다. 몰라서 그렇지 그들의 직함은 '최고 질문 책임자'다.

영업사원은 질문을 사용해 회사의 생명줄인 고객을 더 잘 이해하고 연결하는 이상적인 위치에 있다. 예전 영업사원은 홍보하고, 약속하고, 졸라대고, 설득하고, 파는 것이 자기 일이라고 생각했다. 이를 위해 솔직한 질문만 아니라면 무슨 수단을 동원해도 되는 줄 알았다. 그러나 이들의 판매 병기고에서 가장 효과적인 무기가 질문이란 사실이 알려지게 된 것은 최근에 질문 전문가들의 연구를 통해서였다. 와튼스쿨 애덤 그랜트는 듣고 질문하는 사람이 강매하는 사람보다 훨씬 더 많은 수익을 올린다[71]는 자료를 그 증거로 제시한다.

그 이유를 그랜트는 "누가 설득하려 들면 경계심부터 갖게 된다"라고 설명한다. 하지만 질문을 하면 관계를 만들 수 있다. 그랜트는 HBO가 초기에 초보 영업사원이던 빌 그럼블스Bill Grumbles를 보내 지점을 개설한 사례[72]를 예로 든다. 그럼블스는 고객의 사무실을 방문하면 벽에 걸린 사진을 둘러본 후 그것을 소재로 질문을 던졌다. 얼마 안 가 그는 대화의 달인이라는 말을 듣게 되었고 이어 HBO 최고의 세일즈맨이라는 명칭도 따라붙었다. "질문을 활용하는 그의 판매 방식에는 뭔가 다른 것이 있었고, 그 방법은 답을 제시하는 것과 달리 대단한 효과를 거두었다"라고 그랜트는 말했다.

그럼블스는 고객과 친분을 차곡차곡 쌓아갔다. 영업사원으로 그것은 훌륭한 출발점이었지만, 질문을 이용하면 그 이상도 가능하다. 질문의 목표는 그들이 당신의 회사와 일하거나 당신의 제품을 사용해야 하는 이유를 스스로 생각하도록 영감을 자극하는 것이다. 『파는 것이 인간이다』의 저자 대니얼 핑크는 이렇게 말한다. "그것은 판매와 설득의 기본 철칙이다. 어떤 일을 해야 할 그들 나름의 이유('당신'의 이유가 아니라)가 있을 때 그들은 그 이유를 더욱 확고하게 믿는 경향이 있다."[73]

대니얼 핑크는 '판매 공세' 작전을 버리고 '질문 공세'를 펼치는 이야기를 하는데, 이때의 질문은 잠재 고객이 그들의 사업 문제를 더 깊이 생각하고 가능성을 탐색하도록 독려하는 기능을 한다. 영업사원은 그렇게 함으로써 '설득하는 사람'의 역할에서 벗어나 컨설턴트나 협업자 역할에 한 걸음 다가선다. 그렇게 되면 책상 맞은편에 앉은 사람에게 공세를 펴기보다 그 사람과 같은 편에 있다는 느낌으로 협력하는 질문을 하게 된다. 자, 이제 머리를 맞대고 지금 귀사가 겪고 있는 문제를 함께 풀어볼까요?

꼭 그렇다는 보장은 없지만, 잘만 되면 이런 제안이 해결의 실마리가 될 수 있다. 대니얼 핑크가 지적했듯이, 이처럼 판매자가 협조하는 입장으로 역할을 바꿀 때 목표는 단기 판매보다 장기적인 사업 관계를 구축하는 쪽으로 초점이 옮겨진다.

새로운 판매 규칙이 '물어라, 알려주지 말고'라면, 똑같은 규칙을 조금 변형해 모든 종류의 비즈니스 컨설턴트에게도 적용할 수 있을 것이다. '물어라, 말하지 말고.' 컨설턴트는 전문적인 조언을 하는 사람이므로 이런 말은 언뜻 납득 가지 않을지 모르겠다. 그러나 비즈니스 컨설팅의 선구자인 피터 드러커는 오래전부터 질문이야말로 고객에게 가장 큰 도움을 줄 수 있는 도구[74]라고 생각했다.

피터 드러커는 기업의 수많은 리더가 문제에 대한 해결책을 얻기 위해 그를 찾는다고 말했다. 그러나 드러커가 보기에 그들은 적어도 그들의 사업에 대해서만큼은 드러커보다 아는 것이 훨씬 많았다. 그들에게 필요한 것은 그들의 사업을 잘 모르는 아웃사이더가 이걸 하라 저걸 하라 일러주는 것이 아니었다. 당면 문제에 대한 '외부의 시각'을 알려주고 그들이 받아보지 못한 질문을 대신 해주고(회사 내부 사람들은 문제와 아주 가까운 거리에 있고 전문성도 과신하므로 그런 질문을 받기 어렵다) 그렇게 함으로써 그들이 스스로 해답을 끌어내도록 도와줄 사람이 필요했다.

조직의 질문이 여러 방향을 향하도록 하는 것이 좋다. 직원들은 상부에 질문하고 매니저는 아래쪽으로 질문하고 회사의 특사는 질문을 외부에 전달한다. 질문이 위로, 아래로, 밖으로, 특히 안으로 자유롭게 흘러가도록 만들 수 있느냐는 리더의 역량에 달린 문제다. 리더는 조직이나 집단의 열의와 정성을 들여다보고 이렇게 물어야 한다. 우리의 사명과 목적은 무엇인가? 우리는 왜 여기에 있는가?

제4부에서 보게 되겠지만, 요즘 새롭게 확립되고 있는 리더십 모델은 질문으로 리드할 수 있고 그래야 한다는 개념에 뿌리를 두고 있다. 이는 최고 경영진뿐 아니라 창의적인 아이디어를 제시하고 하나의 공동체, 하나의 대의명분, 학교, 팀, 가족 등을 주도하거나 주도하려는 사람들이 명심하고 받아들여야 할 근본적인 변화다. 우리를 다른 사람들과 연결시켜주는 강력한 질문 도구는 그 사람들을 모아 더 큰 임무와 공동의 목적의식 아래 결집시키는 힘으로 쓸 수 있다.

제4부

공감하고 존경받는 리더가 되기 위해

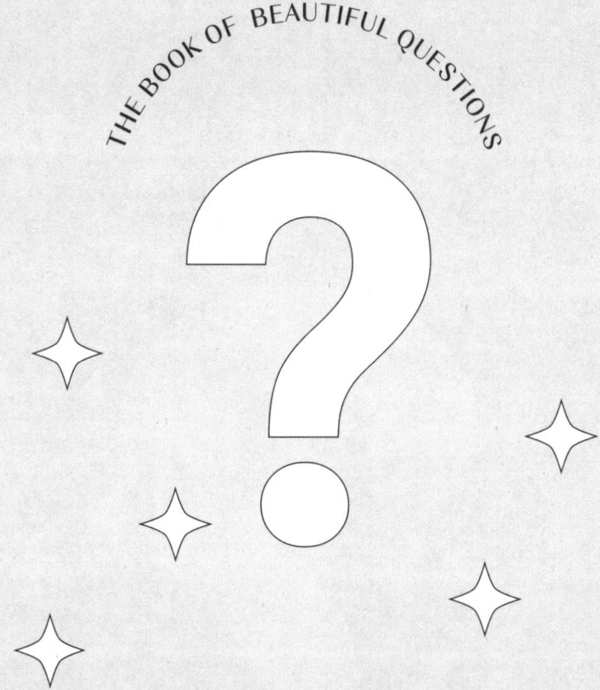
THE BOOK OF BEAUTIFUL QUESTIONS

문제를 바로잡으려면 어떻게 해야 할까?

2015년 어느 날 8학년인 비달 샤스타넷Vidal Chastanet은 브루클린 브라운스빌에 있는 학교 근처를 걷고 있었다. 그때 호기심이 많아 보이는 어떤 사람이 샤스타넷을 세우고 다짜고짜 물었다. "네 인생에 가장 많은 영향을 준 사람이 누구니?"[1]

소년은 잠시 생각하더니 의외의 대답을 했다. 그의 입에서 나온 이름은 스포츠 스타나 동화책 속 영웅이 아니었고 부모나 담임교사도 아니었다. 소년의 입에서 나온 대답은 교장 선생님으로, 나디아 로페즈Nadia Lopez라는 40세 여성이었다.

샤스타넷은 "우리가 문제를 일으켜도 교장 선생님은 정학시키는 법이 없어요"라고 설명했다. "선생님은 얘기하시죠. 학생이 학교를 마치지 못할 때마다 새로운 감옥이 세워진다고요." 언젠가 교장 선생님이 "학생을 한 번에 한 명씩 일으켜 세우고 말한 적도 있어요. 우리는 중요한 사람이라고요."

질문을 던졌던 브랜던 스탠턴Brandon Stanton은 샤스타넷이 한 말을 메모한 후 사진을 찍었다. 며칠 후 페이스북 페이지 '휴먼즈 오브 뉴욕Humans of New York'에 그 이야기를 실었다. 며칠 만에 샤스타넷과 교장 선생님 로페즈는 '인터넷의 유명인사'가 되었다. 샤스타넷과 그가 다니는 공립학교 학생들이라면 다 아는 사실을 이제 많은 사람이 알게 되었다. 모트홀브리지아카데미에는 매일 복도를 거니는 강력한 리더가 있다는 것을.

학교에서 로페즈가 하는 활동을 지켜보면 '질문하는 리더'의 진면목을 엿볼 수 있다. 로페즈는 대부분 시간을 학생 속에 섞여 지내며 가능한 한 많은 아이와 어울리려 애쓴다. 그녀는 걸음을 멈추고 아이와 눈을 마주치며 이것저것 묻는다. 싸우다 교실에서 쫓겨난 학생이 있으면 살짝 다가간다. "뭣 때문에 혼났니? 왜 그랬어?" 같은 나무람으로 시간을 낭비하지 않는다. 아이가 스스로 생각해보고 문제를 해결하도록 유도하는 방식을 좋아한다.

로페즈는 아이에게 묻는다. "문제를 바로잡으려면 어떻게 해야 할까?"[2] 아이는 잠시 생각한 뒤 말한다. "미안하다고 말하면 되나요?" 로페즈는 고개를 끄덕이며 말한다. "그래. 아주 간단하지? 답을 다 알고 있구나."

전직 간호사로 2010년에 모트홀브리지아카데미를 설립한 로페즈는 오래전 진단 질문을 통해 환자의 문제점을 찾는 법을 배웠다[3]고 내게 말했다. 그녀는 학생들에게도 질문을 사용한다. 만약 학생이 어떤 행동을 했다면, 어떤 의도에서 했을까? 근본 원인은 무엇인가? 가정의 문제인가 동네에서 목격한 어떤 일 때문일까? 문제를 진단하고 나면 질문을 통해 학생들이 해결 방법을 생각하도록 이끈다.

모트홀브리지아카데미 학생들은 서로에게 질문하는 법을 배운다. 단, 부드럽고 공손하게 해야 한다. 불우한 가정에서 자란 아이들은 자신의 의견을 분명하게 표현하고 신중하게 생각해서 질문하는 데 서툴다. 그들에게는 제대로 된 대화법을 배울 기회가 많지 않다고 로페즈는 말한다. "우리가 여기서 보여주려는 것이 그런 대화법이다." 벽에 걸린 학교의 이념 '질문을 통해 비판적으로 생각할 줄 하는 사람을 만드는 것'에서도 그런 의도를 엿볼 수 있다. 평생 배우는 사람을 배출하는 것이 이 학교의 목표라는 점을 강조하기 위해 모든 학생을 '학자들'이라 부르는 로페즈는 학생들도 스스로 그렇게 생각하기를 원한다.

중학교 교장이 이처럼 학생들과 밀착된 생활을 하는 것은 흔히 볼 수 있는 풍경이 아니다. 로페즈는 '학자들'에게 휴대전화 번호까지 알려준다. "다른 학교의 선생님들은 학교에서 교장 선생님의 얼굴을 보기도 힘들다고 말하더군요." 로페즈는 내게 그렇게 말했다. 그녀는 그것을 일종의 직무유기로 생각한다. "리더라면 리드해야 한다. 리드하려면 얼굴을 보여야 한다."

"현장에 있다는 것 자체가 사람들에게 책임을 지우는 것이다. 그것은 선생님들에게 이렇게 말하는 것이다. '교장이 여러분만큼 열심히 개입하고 일하고 있으니 변명할 생각은 마세요.' 또 선생님과 학자들 모두에게 그런 것이 내게는 중요한 일이라고 알려주는 것이다."

복도를 거닐다 불쑥 교실에 들르는 그녀는 가끔 혼자만의 시간을 내어 어떻게 하면 학교와 선생님과 학자들을 더 큰 목표와 도전에 맞서게 할지 방법을 생각하곤 한다. 학교를 단순히 학생들을 가르치기만 하는 곳이 아니라 소외된 아이들이 자신이 처한 상황을 바꾸고 그들의 가능성을 실현할 수 있는 장소로 만들겠다는 비전이 있다. 그렇게 조용히 생각하는 시간에 로페즈는 중요하면서도 어려운 질문을 화두처럼 붙들고 씨름한다.

21세기는 이 아이들에게 무엇을 요구하는가? 학교는 어떻게 그것을 제공할 것인가? 어떻게 하면 가난과 절망 속에서 살아가는 아이들에게 우리도 할 수 있다는 생각을 심어줄 수 있을까? 어떻게 하면 박봉과 과로에 시달리는 선생님들이 주저앉지 않도록 그들의 힘이 되어줄 수 있을까?

어떤 면에서 나디아 로페즈는 뒷걸음치는 사람 같다. 선생님, 심지어 교장 선생님까지 아이들 이름을 전부 외우고 식구 안부를 묻는 따뜻했던 시절로 돌아가려는 사람 말이다. 로페즈가 학교뿐 아니라 기업과 정부 등에 선보이는 모델은 새로운 형태의 리더십이다. 이런 새로운 접근 방식에는 변종도 많고 붙는 이름도 여럿이다. 지금 당장은 '서번트 리더십'이라는 명칭이 가장 잘 알려져 있다. 이런 새로운 형태의 리더를 '비저너리 헬퍼'라고 할 수 있는데, 사람들이 나가야 할 진로를 제시할 뿐 아니라 넛지나 친절한 말, 응원하는 몸짓 등 그들을 올바른 길로 인도하는 데 필요한 것이면 무엇이든 하는 리더를 말한다.

'비저너리 헬퍼'는 겸손과 호기심과 열린 마음 등 리더십과 직접적인 관련이 없어 보이는 자질도 갖추고 있다. 그런 리더는 최근까지도 권한을 가진 자들이 중요하게 여기지 않았고 심지어 인정하지 않았던 어떤 기술이 필요하다. 적절한 순간에 적절한 질문을 할 수 있는 의지와 능력이다.

그런 질문을 통해 새로운 세대의 리더는 끊임없이 배우고 변화를 예측하고 새로운 가능성을 상상하고 공감하고 소통한다. 그런 리더는 자신의 가치와 판단, 전략, 미래 계획, 심지어 핵심 신념 등 자신의 내면까지 들여다보려는 질문도 거침없이 던진다. 그들은 저 바깥세상의 모든 사람을 향해 질문을 던지는 데도 능하다. 그런 질문을 할 때 그들은 상대방의 마음을 편하게 해주어 귀중한 정보를 끌어내고 더 나아가 질문을 받는 상대방에게도 영감을 준다.

이 새로운 리더십 모델은 여러 맥락과 상황에 적용할 수 있지만, 그들에게 꼭 고위직에 어울리는 호화로운 사무실이나 CEO 직함이 필요한 것은 아니다. '비저너리 헬퍼'는 교사일 수 있고 부모일 수 있으며 지역 사회 활동가나 팀장, 세일즈 매니저, 사람들에게 용기를 주는 블로거, 사상적 리더, 사람들을 공동의 목표 아래 모으는 사람 등 누구도 될 수 있다.

이런 유형의 리더십은 'VUCA 시대'의 도전과 요구에 잘 들어맞는다. VUCA는 군대에서 지휘관들이 쓰던 용어로, 전례 없는 '유동성Volatility' '불확실성Uncertainty' '복잡성Complexity' '모호성Ambiguity'과 싸워야 하는 리더의 고충을 표현하는 말[4]이다. 이러한 상황에서 '비전'을 제시한다는 것은 앞으로 벌어질 일을 예측하고 계획을 세우는 등 자신의 상상력과 인지적 민첩성을 끊임없이 시험하는 행위다.

모든 해답이 있거나 적어도 틀리는 법이 없는 '직감'을 지닌, 지나간 시대를 상징하는 리더의 이미지로는 VUCA 시대를 견뎌낼 수 없다. 그보다는 자신의 직감에 수시로 의문을 제기하면서 모순되는 정보와 다양한 관점을 취합할 수 있는 새로운 리더의 프로필이 각광받는다. "오늘날의 리더는 사고가 유연해야 한다"[5]라고 리더십 컨설턴트이자 리드스타Lead Star 공동설립자인 앤지 모건Angie Morgan은 말한다. 그녀가 말하는 새로운 리더는 생각하는 사람이다. 그에게는 회의와 어수선한 일정에서 물러나 조용히 사색하고 따져보고 의문을 제기할 의지가 있어야 한다.

새로운 리더는 생각의 틀을 바꾸는 한편 주변 사람과 관계를 맺고 교류하는 방식까지 일부 조정해야 한다. 낡은 '지휘 통제' 방식은 지금 시대가 필요로 하는 독자적인 사고와 협업을 조장하는 데 아무런 도움이 되지 못한다. VUCA 환경에서의 리더십은 '통제보다는 영향력의 문제'[6]라고 구글의 코칭·리더십 책임자 데이비드 피터슨David B. Peterson은 말한다.

오늘날의 리더는 고지를 향해 돌격하라는 명령을 내리는 데 그치지 않고 평소 사람들을 지도하고, 용기를 주고, 그들의 노력을 응원해야 한다. 그러려면 그들과 의기투합하고 신뢰를 쌓아야 한다. 리더는 자신과 매우 다른 사람을 포함해 다양한 사람의 문화를 공감하고 소통할 수 있어야 한다. 리더는 깊은 배려로 사람들을 이해해야 하며 이해하려면 열린 마음으로 질문할 수 있어야 한다.

그러나 현실은 그렇지 않다. 적어도 현재까지 입수한 자료에 따르면 그렇다. 지금은 리더십 위기의 시대다. 이것은 세계경제포럼이 조사한 사람들의 86%의 견해[7]인데, 왜 그렇게 많은 사람이 그렇게 느끼는지 이해하는 것은 그다지 어렵지 않다. 이러한 위기는 기업의 고위 경영자나 정치인의 스캔들, 잡음이 끊이지 않는 학교, 기업의 배임 행위, 정부의 셧다운, 인도주의적 위기부터 직장 내 만연한 성희롱까지 갖은 문제를 적절히 예방하거나 대처하지 못하는 리더십의 모습에서 적나라하게 드러난다.

MIT리더십센터 소장 데버라 앤코나Deborah Ancona의 말을 빌리면 "최근의 리더십은 유해하고 부패하고 물정을 잘 모르고 실천할 줄 모르는 지도자로 가득 찬 그리스 비극의 특징을 무대에서 가감 없이 보여준다."[8]

이러한 리더십의 실패가 그 어느 때보다 리더십에 관한 정보가 넘쳐나는 상황에서 나온다는 것은 웃지 못할 아이러니다. 리더십을 다루는 헤아릴 수 없이 많은 책과 기사와 블로그에는 '리더가 해야 할 8가지 과제' '피해야 할 6가지 리더십 함정' '스티브 잡스로부터 배우는 7가지 리더십의 교훈' 등의 조언이 넘쳐난다.

이렇게 리더십에 관한 지식이 널려 있고 '리더가 되는 법'을 묻는 질문에 대한 답변이 손끝에 있는데 결과는 왜 이렇게 암담한가. 나디아 로페즈의 말대로 "문제를 바로잡으려면 어떻게 해야 할까?"

캠벨수프의 CEO를 역임한 후 직접 리더십 회사를 운영하는 더글러스 코넌트는 좋은 리더가 되는 것을 '손바닥 들여다보듯' 알아가는 과정[9]이라고 말한다. 블로그나 TED 강연 등 흔히 접할 수 있는 조언이나 요령에 기대지 말고, 스스로 기본적인 질문을 생각하고 물어야 한다는 말이다.

코넌트에 따르면, 다른 사람들이 리더십을 어떻게 생각하는지 알아내는 것은 중요하지 않다고 지적한다. 적어도 처음에는 내가 왜 리더가 되려 하는지, 다른 사람 위에 서는 것이 왜 중요한지, 어떻게 하면 나만의 철학과 전략을 개발하고 그것을 분명하게 드러낼 수 있는지 등에 대해 나만의 생각을 분명히 해두어야 한다. 이런 것들은 실천하기 어렵지만 실제로 일을 시작하는 단계에서 자신을 굳건히 지탱해주는 가치와 방법론의 기반을 다지는 데 도움이 된다.

그러나 이런 지적 기초 작업을 단단히 다지는 리더를 좀처럼 찾기 어렵다고 코넌트는 말한다. 리더는 대부분 정상에서 무엇이 그들을 기다리는지 생각하지 않은 채 언덕을 오른다. 그들은 생산성과 야망과 능란한 술수를 수단 삼아 올라간다. 작가 윌리엄 데레저위츠에 따르면, 우리의 리더는 종종 그들이 '달려들기로 마음먹은 위계의 미끄러운 기둥을 기어오를' 수 있다는 이유만으로 리더가 된다.[10]

그러나 권력을 휘두를 수 있는 자리에 막상 도달하고 나면 다음에 무얼 해야 할지 잘 모르므로 그들은 코넌트가 말한 '육감에 의한 리더십'을 행사하기 시작한다. 방대한 리더십 관련 문헌을 몇 개 골라서 속독하거나 연수 과정을 밟기도 하지만 그런 '외부' 조언은 '내부' 업무와 직접적인 관련이 없어서 별다른 도움이 되지 못한다.

'육감에 의한' 리더십은 예전에도 문제였지만, 요즘은 그 폐해가 더욱 심하다고 코넌트는 지적한다. VUCA 환경의 압력은 위기를 더 빠르게 증폭시키는데, 리더가 이런 도전을 예측하지 못해 적절히 대비하지 못하면 문제를 악화시킬 수 있다. "이들은 주주들을 기쁘게 해주기 위해 비용을 삭감하거나 일시적으로 직원들을 달래기 위해 반쪽만 사실인 이야기를 만들어낸다."[11] 그렇게 모래로 쌓은 성은 무너지고 만다. 어떻게 해야 이런 불행한 결말을 피할 수 있을까? 코넌트는 단순하지만, 비판적인 질문부터 시작할 것을 조언한다.

나는 왜 리더가 되기로 했는가?

'왜'로 시작하면 여러 가지로 좋은 점이 많은데, 리더십도 예외는 아니다. 동기나 근거나 목적과 관련해서는 기본적으로 '왜'가 출발점이 되어야 하지만 현실은 그렇지 않다. 리더가 되려는 사람은 사람들을 이끌고 그들을 돕기 위해 포기해야 하는 것은 생각지도 않고, 지위나 영예나 돈 등 리더가 됨으로써 얻기를 바라는 것에만 초점을 맞추는 경향이 있다고 더글러스 코넌트는 지적한다.

구체적으로 말해 리더가 되려는 사람은 자신의 포부를 이루고자 하는 다른 더 큰 목적이 있는지, 있다면 그것이 정확히 무엇인지 곰곰이 생각하고 따져보는데 충분한 시간을 들이지 않는다. 요즘은 리더에게 바라는 것이 매우 많다. 사람들을 이끄는 것 외에 함께 어울려야 하고 개인적인 야망을 넘어서는 어떤 목적의식도 분명해야 한다. 그런 일상 업무를 즐기지 못하고 무조건 앞만 보고 달리면, 리더가 되기 위한 노력 자체가 만족스럽지 못한 것이 되어 오래가지 못하고 포기하게 된다.

리더의 지위를 노리는 사람들이 개인적인 야심 하나만으로 움직인다면 우리의 교육 체계에도 일부 책임을 물어야 한다고 『콰이어트』의 저자 수전 케인Susan Cain은 말한다. 케인은 〈뉴욕타임스〉에 기고한 글에서 대학도 그렇고 대학생도 그렇고 너나 할 것 없이 지나칠 정도로 리더십에만 초점을 맞춘다고 지적한다.

학생들은 죄다 리더가 되려 하고 학교 역시 리더를 양성하는 기관으로 인정받으려 한다. 그러나 그것은 모두 리더십을 아주 협소한 의미로 정의하는 행위다. 그들이 생각하는 리더십의 기준은 학생이 얼마나 많은 성과를 쌓았는지, 얼마나 많은 동아리의 회장을 역임했는지 정도가 전부다. 이렇게 되면 '학생이 정말로 관심 있는 어떤 심오한 명분이나 이상보다 책임을 맡는다는 것 자체를 위해 리더가 되려는'[12] 생각밖에 남지 않는다.

세상은 지위보다 봉사하라는 소명을 받은 리더를 요구한다고 강조하는 수전 케인은 이런 멋진 질문을 던진다. 리더가 될 사람들에게 '당면한 문제에 각별한 관심을 가질 경우에만 리더의 역할을 맡으라'고 말한다면 어떻게 될까?

케인의 질문을 '자문' 형식으로 바꾼다면, 조직에서 리더의 자리를 염두에 두거나 실제로 그 역할을 맡는 사람들은 먼저 이렇게 질문할 것이다. 왜 나는 이런 일을 책임지고 이런 사람들을 이끌려 하는가? 그들은 왜 내가 이끌어주기를 원하는가?

1번째 질문에 그럴듯한 답을 할 수 있다면, 그 답은 2번째 질문에도 적용될 수 있다. 로페즈는 모트홀브리지아카데미의 아이들을 돕는 것이 자신과 교사들의 고귀한 소명이라고 생각한다. "나는 선생님들에게 우리는 스스로를 믿지 못하는 공동체를 변화시켜야 한다는 이유 때문에 이 자리에 있도록 선택받았다"고 말한다.

그렇다면 로페즈가 왜 이 특별한 학교를 이끌기를 원하는지, 학생들과 교사들은 왜 그녀가 이끌어주기 원하는지 그 이유가 분명해진다. 그런 확신을 가진 리더를 원하지 않는 사람이 누가 있겠는가. 하지만 1번째 질문에 대한 로페즈의 답변을 길게 늘여 '나는 여전히 이 학교의 교장이 될 자격이 있다고 생각한다'거나 '내 봉급이 인상되어야 한다고 생각한다'라고 했다면 이는 2번째 질문에 대한 형편없는 답이 될 것이다.

리더십에 도전하기 전에 먼저 물어야 할 질문

- **왜 나는 이런 일을 책임지고 이끌려 하는가?**
- **사람들은 왜 내가 이끌어주기를 원하는가?**
- **1번째 질문에 대한 대답이 2번째 질문에 대한 대답으로도 유효한가?** 그렇지 않다면 리더가 되려는 내 명분은 이기적이라고 할 수밖에 없다.

왜 내가 특정 조직을 이끌어야 하는지 생각하기 전에 던져야 할 진정한 '시동' 질문은 어디에나 적용할 수 있는 일반적인 질문이다. 왜 나는 리더가 되기로 했는가? 이것은 리더 지망생에게 무엇이 그들을 리더십에 도전하도록 떠밀었는지 진지하게 생각해보도록 만들기 위한 질문이다. 코넌트는 이 질문을 근거로 여러 가지 질문을 만들어보라고 권한다. 이런 것이다. 왜 나의 특별한 재능과 관심을 더 나은 세상을 만드는 데 사용하려 하는가?

내 관심·열정·강점을 발판 삼아 리더가 되려고 해도 그 명분이 요즘 시장에서 리더가 부딪히는 일상의 현실과 도전에 맞아야 한다는 점이 중요하다. 리드하고 싶은 것과 리더가 되려고 준비하거나 리더가 될 수 있는 것은 전혀 다른 문제다.

이를 위해 4가지 핵심 질문을 던져보면 내 명분이 21세기형 리더의 요구에 부합하는지 직접 판단할 수 있다. 리더가 되려는 사람이 먼저 물어야 할 가장 중요한 질문은 내가 과연 남에게 도움을 줄 의지가 있는가다. 사람들이 각자 가지고 있는 잠재력을 끌어낼 수 있도록 도우려는 사람들이야말로 요즘 세상이 리더에게 요구하는 자질을 갖춘 사람이다. 자신의 성과와 목표에 더 관심이 많은 사람은 리더가 될 자격이 부족하다.

실제로 이 문제는 능력이 탁월한 사람들이 리더의 역할로 자리를 바꾸려 할 때 가장 먼저 무엇부터 달라져야 하는지 말해준다. 코넌트의 말처럼 "리더가 되면 더는 '나'는 문제가 되지 않는다." 리드스타의 앤지 모건은 그녀가 조언하는 임원 중 대다수가 리더의 자리로 승진한 것에 대해 그들이 조직 내에서 다양한 과제 중심적이고 결과 지향적인 일에 탁월한 능력을 보여주었기 때문이라고 원인을 분석하면서, 그것이 그들을 '스타'로 만들어주었다는 점을 인정한다.

그러나 모건은 리더 역할을 맡는 순간 그들은 모든 초점과 방법을 바꿔야 했다고 말한다. "그동안 그들은 일을 '하는 사람'이었고 그런 대접에 익숙했지만, 이제는 관계를 형성하는 데 더 집중해달라는 요구를 받는다." 그들은 사람들이 원하는 일을 할 수 있도록 업무를 할당하고, 책임을 더 많이 공유하고, 다른 사람들이 최고의 실적을 올리고 더 많은 성과로 주목을 받게 해줄 의지가 있어야 한다.

기대 이상의 성과를 내는 사람 중에는 그런 식의 태도 전환에 어려움을 겪는 사람들이 있다. 뛰어난 실적으로 리더가 된 사람들을 집중적으로 연구한 헤이그룹Hay Group의 조사 결과에 따르면, "그들은 가르치고 협조하기보다 지휘하고 강요하는 편으로, 부하직원들의 숨통을 조인다. 다른 사람의 관심 따위는 안중에도 없다."[13]

리더가 되려는 사람은 그런 점을 경계하면서 자신이 정말로 실적보다 진정한 리더십 쪽으로 관심을 돌릴 준비가 되어 있는지 자문해 봐야 한다. 리더를 조직의 궁극적인 주역으로 생각하기보다 이런 질문을 해야 한다. 내 개인적인 성취를 뒤로 미루고 다른 사람이 앞으로 나아갈 수 있도록 도울 의향이 있는가?

다른 사람들의 성공을 돕는 것이 리더의 핵심 역할이라는 생각은 새삼스러운 개념이 아니지만, 근래에 '서번트 리더십' 운동이 힘을 얻으면서 이런 생각은 더욱 널리 확산되었다. 비즈니스 그루인 로버트 그린리프Robert Greenleaf가 앞장서서 주장한 이 철학은 리더에게 '다른 사람들의 최우선적 요구 사항이 충족되고 있는지 먼저 확인하라'[14]고 지시한다.

리더의 일반적인 목표를 생각할 때 '서번트 리더'가 해야 할 일이 몇 가지 있다. (1) 조직에 속한 사람들이 맡은 일에서 성공하도록 지원해야 한다. (2) 그들 스스로 리더가 되도록 준비시켜야 한다. (3) 조직을 넘어 더 큰 공동체에 봉사할 방법을 찾아야 한다.

컨설팅회사 리드스타를 공동창업하기 전 해병대 장교로 복무했던 모건은 서비스 기반의 리더십은 군대가 그 기원이라고 말한다. 군대에서 리더는 다른 사람들이 스스로 리더가 되도록 가르쳐야 한다. 전투 중에는 언제 어떻게 리더를 잃을지 모르므로 다른 사람도 지휘를 맡을 준비를 해놓아야 한다. 군대의 리더는 전장에서 대원 각자가 자신의 역할을 제대로 수행해야 전체의 생명을 안전하게 지킬 수 있다는 사실을 실전을 통해 배운다고 모건은 말한다. 그래서 리더에게는 모든 부대원이 스스로의 역량을 향상시키는 데 필요한 일을 해야 할 분명한 동기가 있다.

그러나 이런 종류의 서비스 지향적이고 관계 기반의 리더십 접근법을 비즈니스 세계에 도입하는 것은 쉽지 않다는 사실을 모건은 누구보다 잘 안다. 리더가 현장의 '헬퍼'라는 생각은 지금도 많은 고위 장교와 임원들이 선호하는, 멀리 떨어진 곳에서 '지휘하고 통제하는' 방식과 배치된다. 헬퍼로서의 리더는 긴밀한 접촉을 필요로 한다. 그런 리더는 상대방의 말을 듣고 효율적으로 소통하고 코칭하는 등 '보다 부드러운' 기술을 갖춰야 한다. 그런 리더에게는 많은 리더십 서클에서 부족한 것으로 보이는 또 다른 자질을 요구받는다. 다름 아닌 인간미다.

자신 있게 겸손할 수 있는가?

리더가 없는 집단은 "자연스레 자기중심적이고 자신감이 지나치고 자아도취에 빠진 사람을 리더로 세우는 경향을 보인다"[15]고 조직심리학자 토마스 차모로-프레무지크Tomas Chamorro-Premuzic는 말한다. 우리는 "일반적으로 자신감의 표시를 유능함의 신호로 오해한다." 차모로-프레무지크는 『왜 무능한 남자들이 리더가 되는 걸까?』에서 이런 오해의 수혜자는 대부분 남성이라고 썼다.

자신감이 지나치면 자만하게 되는데, 자만은 조직의 문화를 오염시킨다.[16] '경영진의 자만'을 연구한 컨설턴트 조너선 매키Jonathan Mackey와 샤론 토이Sharon Toye는 '자신감을 과시하는' 리더로 인해 문제가 발생하는 경우가 적지 않다고 지적한다. 사람들은 리더에게 자신감을 기대하고 리더 또한 스스로 그렇게 하도록 훈련받는다. 그렇게 자신감을 드러내다 보면 하지 말아야 할 행동까지 하게 된다. 사소한 일에 참견하거나 일이 잘못되었을 때 다른 사람들을 탓하고, 의견이 다르면 인간적으로 모욕을 주며, 규정을 비웃고, 자화자찬을 마다하지 않는다.

21세기의 리더가 될 각오가 되었는지 판단하려면 이렇게 물어야 한다

- **한발 물러나 다른 사람들이 앞으로 나아갈 수 있도록 도울 의향이 있는가?** 리더가 되려는 사람들은 떠오르는 스타이고 높은 실적을 올리는 유능한 인재들이다. 그러나 리더로서 성공 여부는 다른 사람들의 성공을 얼마나 도울 수 있는가에 달려 있다.
- **자신 있게 겸손할 수 있는가?** 리더는 모든 해답을 가지고 있지 않다는 것을 인정할 만큼 겸손해야 하며, 사람들이 해답을 찾도록 도울 수 있다고 자신 있게 말하는 균형 감각을 갖춰야 한다.
- **계속 배울 수 있는가?** 불확실성이 높아진다는 것은 리더가 더는 자신의 전문지식에 의존할 수 없는 세상이 되었다는 것을 의미한다. 그들은 초조한 마음으로 배워야 한다.
- **내 이미지에 맞게 조직을 만들려 하는가?** 자신과 비슷한 사람들로만 주변을 채워 조직의 성공에 필요한 다양한 생각을 사전에 차단하는 리더가 매우 많다.

리더의 이런 행동은 전혀 바람직하지 않다. 이런 것들은 혁신과 직원 몰입, 유지, 갈수록 중요해지는 협업에 대한 요구를 역행하는 일이므로 요즘 그런 행동을 하면 거의 확실하게 실패를 보장할 수 있다. 그렇지만 리더는 추종자들에게 믿음을 심어주어야 하므로 여전히 '자신감을 과시해야' 한다.

따라서 요즘 리더들에게는 특별한 균형 감각이 요구된다. 자신감을 가지되 겸손할 것. 리더는 자신의 판단에 의문을 제기하고 다른 사람들의 요구에 귀를 기울이며 공을 나누면서 권위와 대담함과 스스로에 대한 믿음을 투영해야 한다. 더글러스 코넌트는 이렇게 말한다. "내게 답이 없을 수도 있다는 사실을 기꺼이 인정해야 하지만 … 모두가 답을 찾을 수 있도록 돕겠다고 자신 있게 말해야 한다." 그래서 리더가 되려는 사람이 물어야 할 2번째 질문은 이렇게 요약할 수 있다. 나는 자신 있게 겸손한 리더가 될 수 있는가?

리더가 되려는 사람이 물어야 할 3번째 질문은 VUCA의 U, 즉 불확실성Uncertainty과 관련이 있다. 요즘 세상에 리더가 된다는 것은 불확실성을 용인할 뿐 아니라 그것을 받아들일 의향이 있다고 결심하는 것이다. 과거의 리더는 전략을 개발하고 그것을 조직 운영에 적용한 다음 몇 년 동안 그 전략에 의지하는 것으로 자리를 유지할 수 있었다. 그렇게 자신을 이 자리까지 이끌어준 전략을 계속 붙들고 활용하면 그것으로 족했다.

하지만 이제는 모든 것이 아주 빨리 변하므로 예전에 통했던 전략이 더는 효과가 없거나 지금 효과가 있는 것이 내일 통하지 않는 경우가 적지 않다. 그래서 오늘날의 리더는 전술과 방향을 끊임없이 바꿔야 한다. 누구에게도 쉽지 않은 일이다.

에어비앤비의 공동창업자 브라이언 체스키 같은 실리콘밸리의 기업가에게도 이런 일은 어렵다. "나는 해도도 없는 바다를 향해 가야 하고 한 번도 해본 적이 없는 일을 계속할 것이라는 사실을 받아들여야 했다."[17] 체스키는 〈뉴욕타임스〉와의 인터뷰에서 "확실하지 않은 역할에 익숙해지는 법을 배워야 했다"라고 말했다. 그런 불확실한 환경에서 성공하기 위해 "내가 배운 것 중에 가장 중요한 것은 배우는 것이다." 그래서 리더가 되려는 사람이 물어야 할 3번째 핵심 질문은 이렇다. 나는 계속 배우는 법을 배울 수 있을까?

그러려면 낡은 아이디어나 전략에 의지할 생각을 말아야 한다. 그것이 성공한 아이디어와 전략이라 해도 말이다. 보스턴컨설팅그룹의 로절라인드 토레스Roselinde Torres는 오늘날의 리더는 이렇게 자문해야 한다고 말한다. 과거의 것들을 버릴 용기가 내게 있는가?[18] 리더는 구태를 멀리하는 한편 끊임없이 새로운 아이디어를 실험해야 한다. 즉 빠르게 아이디어를 내어 시험해보고, 역시 빠르게 그것들을 바꾸거나 폐기해야 한다.

배우는 리더는 호기심 속에서 지내야 하고 지속적으로 그 호기심을 충족시켜야 한다. 질문도 그렇지만 호기심은 리더십의 특성으로 취급받지 못했던 요소다. 최근 프라이스워터하우스쿠퍼스컨설팅 등의 연구를 통해 호기심은 21세기 리더가 갖춰야 할 최고의 덕목으로 인정받고 있다.[19] 창의적 컨설팅회사 리핀콧Lippincott의 최고전략책임자 존 마셜John Marshall은 이런 질문을 던진다. 어떻게 하면 나의 호기심을 자극할 수 있을까? 마셜은 일과부터 매일 교류하는 사람들까지 모든 것을 살펴보라고 조언한다.

주변에 내게 영감을 주고 때로 기이한 생각까지 하는 등 대단한 사고력을 가진 사람이 있는가?[20] 나의 하루는 회의와 결정의 연속인가 아니면 새로운 영역을 자유롭게 탐험할 수 있도록 짜인 일정인가? 나는 사무실 동료에서 운전기사까지 처음 만나는 사람들에게 그들의 생각과 기분을 물어보는가?

다양한 영향에 노출되는 것이 중요하다는 존 마셜의 지적은 21세기 리더십의 변화된 요구에 대해 또 다른 논점을 제기해, 리더가 되려는 사람들에게 마지막 중요한 질문을 하게 만든다. 과거의 리더는 자신과 비슷하거나 생각이 비슷한 사람들로 주변을 채우려는 경향이 강해서 여러 문제를 일으켰다. 이렇게 되면 리더는 같은 유의 거품에 파묻히게 되어, 전략을 수립하거나 거품 밖에서 무슨 일이 일어나고 있는지 평가하려고 할 때 다양한 관점과 영향을 접하기 어렵게 된다.

로절라인드 토레스는 거품에 파묻힌 상태에서는 변화를 예측하는 능력이 제한될 수밖에 없다고 지적한다. 다양한 네트워크를 보유하고 있어야 트렌드와 문화적 패턴을 식별할 수 있다. 그래서 리더는 이렇게 물어야 한다. 내가 놓치기 쉬운 관점을 얘기해줄 수 있는 다양한 사람을 주변에 모아놓고 있는가?[21]

컨설팅회사 딜로이트Deloitte의 연구에 따르면, 다양한 견해를 가진 조직이 더 좋은 성과를 보이지만 실제로 고위급 리더는 대부분 이런 문제를 가장 소홀히 다룬다고 한다. 구글의 데이비드 피터슨은 그래서 이렇게 말한다. "다양성은 높은 실적과 상관관계가 있는데도 고위 리더들이 이를 진지하게 받아들이지 않는다는 점은 흥미로운 역설일 수밖에 없다."[22]

왜 리더는 다양성을 조장하는 데 거부감이 있는 것일까? 토레스는 이렇게 말한다. "우리는 굿 올드 보이 네트워크(Good old boy network, 아이비리그 출신들의 학연)를 자주 지적한다. … 하지만 우리도 어느 정도는 편한 사람들의 네트워크를 가지고 있다."

리더가 '좋아하는' 사람들을 채용하고 승진시키는 것도 부인할 수 없는 리더십의 특혜 중 하나다. 그렇게 되면 성별이나 인종이나 계급이 같거나 나이가 비슷한 사람들만 주변에 모이게 된다. 성격도 마찬가지여서 외향적인 사람은 외향적인 사람들하고만 일하려 한다. 그래서 마음이 맞는 편안한 부류들로 집단을 조성하려는 리더는 잠깐 멈추고 자신이 21세기 리더십의 자질을 갖추었는지 판단할 수 있는 4번째 핵심 질문을 던져야 한다. 내 이미지에 맞게 조직을 만들려 하는가? 그렇다는 답이 나오면 '올드 보이' 클럽은 사적인 시간으로 제한하고, 조직에는 그런 제한을 두지 말아야 한다. 조직은 다양한 생각이 많을수록 좋다.

내가 지금 올바른 이유로 리더가 되려 하는지 알아보기 위한 '시동' 질문 4가지를 생각해보고 그에 대한 답이 긍정적으로 나온다고 해도, 그것은 리더십 질문 과정의 시작일 뿐이다. 이어지는 질문은 대부분 다른 사람들과 직접 대면해 상호 작용을 계속 해 나가는 과정에서 나올 것이다. 그러나 자신만의 리더십 철학과 전략을 만들기 시작할 때 지침이 될 '자문'은 아직 더 있다. 그런 질문은 혼자 그리고 깊이, 적절한 시간에 생각해야 한다.

리드하려면 왜 물러나야 하는가?

리더에게는 시간을 빼앗는 일이 끝도 없이 나타난다. 결정하고 해결해야 할 문제가 끊이지 않고 미룰 수 없는 긴급한 전화도 계속 이어진다. 이런 압박이 계속되는데도 쉬어가면서 생각할 짬을 낼 수 있을까? 워런 버핏은 "난 거의 매일 그냥 앉아서 생각하는 데 많은 시간을 할당해야 한다고 주장하는 사람"[23]이라고 말한다. 사업 파트너인 찰리 멍거는 버핏의 달력에 '커트 데이'라고 표시한 날에는 다른 일정을 잡지 않는다고 귀띔한다. 그날 버핏은 머리카락을 자르고, 나머지 시간은 생각할 수 있도록 비워둔다.

워런 버핏처럼 성공한 리더가 생각할 시간을 따로 마련하는 데는 그럴 만한 이유가 있다. 보스턴컨설팅그룹의 연구에 따르면, "성찰은 혁신과 전략과 실행에 필요한 더 나은 통찰력을 가져다준다."[24] 급한 불을 끄는 데 많은 시간을 들이는 리더일수록 대응하거나 문제를 해결하는 일을 중단하고 다른 방식으로 접근해볼 시간적 여유를 가져야 한다고 보스턴컨설팅그룹은 주장한다. 그래서 생각을 연결하고 의미를 살펴보고 근본적인 문제를 찾고 향후 가능성을 구상해야 한다. 이런 유형의 성찰적 사고를 통해 리더는 더 큰 그림을 선명하게 그릴 수 있다.

리더는 예상치 못한 도전에 보다 효과적으로 대응할 수 있도록 대비해야 한다고 더글러스 코넌트는 말한다. "성찰은 자신의 원칙에 닻을 내릴 수 있게 해주므로 리더에게는 절대적으로 중요하다. 하지만 변화가 왔을 때 내 입장만 고집해서는 안 된다." 일정한 시간을 성찰에 할애해 어려운 문제를 미리 생각해두면 '필요할 때 즉시 적절하게 리드할' 수 있다.

하지만 어떻게 시간을 내는가? 절박한 문제가 생기면 깊은 생각과 성찰에 필요한 시간은 일정에서 밀려나고 만다. 유일한 해결책은 성찰에 필요한 시간을 따로 정한 다음 다른 일에 밀려나지 않도록 지켜내는 것이다. 이른 시간도 좋고 늦어도 좋고 그사이의 어느 때라도 상관없다. "리더는 생각할 시간이 없다고 하지만 전부 헛소리다. 필요하면 1시간 더 일찍 일어나면 된다." 코넌트는 이렇게 단언한다. 이른 아침마다 코넌트는 하나의 의식처럼 정원에서 커피를 마시면서 비판적인 질문을 곰곰이 생각해보는 버릇을 들였다. "시간은 언제 어떻게든 짜낼 수 있지만, 그 시간을 지키는 문제는 나름의 원칙이 있어야 한다."

생각 같아서는 시간을 충분히 잡아, 1시간 정도 아무런 방해도 받지 않고 골똘히 생각하면서 떠오르는 아이디어를 붙잡아 기록해 놓고 싶다. 그러나 구글의 데이비드 피터슨은 더 짧게 끊어도 성찰은 가능하다고 말한다. "하루에 1분이면 되는 일도 있다." 운동하거나 출퇴근하면서도 그런 짬을 낼 수 있다고 그는 덧붙인다. 피터슨은 '무얼 하면서 성찰'하는 것도 가능하다고 생각한다. 한창 무언가를 하고 있을 때, "무슨 일이 일어나고 있는지, 정말 여기서 무슨 일이 일어나고 있는지 생각해보라. 하던 일이 끝나면 무엇이 효과가 있었고 무엇이 효과가 없었는지 되짚어보라. 그리고 물어보라. 뭔가 다르게 할 수 있는 게 없었나?"

성찰은 혼자 하는 것이고, 그렇지 않더라도 시작만큼은 혼자 해야 한다고 코넌트는 말한다. "처음에 리더십과 관련된 질문을 생각할 때는 정말 혼자 힘으로 그것들과 힘겨루기를 해야 한다. 그래야 자기만의 관점에 안착할 수 있다. 이 문제에 대한 내 진짜 생각은 이렇다. 그런 다음 적어두고, 좀 더 생각해봐야 한다."

그러다 어느 순간에 믿을 만한 파트너를 그 과정에 참여시키는 것도 괜찮다. 물론 너무 빨리 참여시키는 것은 바람직하지 않지만. 파트너는 내 생각을 되짚어볼 수 있는 반향판 역할이 되어야 한다고 코넌트는 말한다. 그러니 파트너에게 이렇게 질문해보라. 내 생각이 괜찮아 보여? 나다운 생각인 것 같아? 뭐 빠진 것 없어?

내 코드는 무엇인가?

조직의 목적을 실현하려면 성찰하는 시간에 생각해볼 만한 질문을 크게 3가지로 나눠 따져봐야 한다. (1) 핵심 가치, (2) 현재 집중해야 할 문제, (3) 앞으로의 비전이다. 왜 이 3가지인가? 이 3가지는 성공하는 리더가 되는데 매우 중요하고 깊이 생각해야 하는 어려운 질문을 제기하는 문제이지만, 보통은 당장 코앞의 문제에 밀려 소홀히 취급되기 때문이다.

핵심 가치는 2단계로 접근할 수 있다. (1) 개인적인 가치를 검토해야 한다. 개인적인 소신과 리더로서 구현하고 싶은 것 등을 참고하면 된다. (2) 조직의 가치도 검토해야 한다. 그것은 집단이 표방하고 열망하는 가치다. 가치 질문은 부분적으로 지침 원리에 초점을 맞추지만, 목적·역사·정체성, 리더로서의 나의 정체성과 조직이 표방하는 것에 대한 정의도 포함된다.

개인적 가치는 이런 질문부터 시작하라고 코넌트는 제안한다. 내 코드는 무엇인가? 그의 정의에 따르면 코드는 리더를 리더로 만들어주는 원칙과 행동의 집합이다. 내 가치관과 원칙을 세워갈 때, 다른 사람의 안내를 받을 수도 있다. "자신의 인생에 지대한 영향을 끼친 사람들을 생각해보라"라고 더글러스 코넌트는 말한다. "조부모일 수 있고 선생님일 수 있다. 대부분 가치 코드는 성장기 때 만들어진다는 것을 확인할 수 있었다."

반면 유명 투자회사인 브리지워터어소시에이츠를 창업한 레이 달리오Ray Dalio는 별생각 없이 다른 사람의 원칙을 그대로 적용했다가는 "자신의 목표와 성격에 맞지 않은 방식으로 일을 해야 하는 위험에 처할 수 있다"[25]라고 경고한다.

달리오와 코넌트 두 사람 다 자신의 리더십 원칙을 확인하는 가장 좋은 방법은 개인적으로 뚜렷한 성장을 보였던 기간과 특정한 성과에 초점을 맞춰 과거의 경험을 살펴보는 것이라고 말한다. 자신에게 이런 질문을 해보라.

내가 최선을 다한 적은 언제였던가? 그때 내게 추진력과 영감을 주었던 것은 무엇이었나? 나는 다른 사람들과 일하면서 무엇을 배웠는가? 그 과정에서 결과가 좋았던 적은 언제이며 그 원인은 무엇이었는가? 내가 원칙을 고수했던 적은 언제인가? 내 입장을 방어하기 위해 어떤 비상한 노력을 했는가?

반대로 실패나 좌절도 자세히 들여다볼 필요가 있다. 달리오는 자신의 원칙들 대부분은 실수를 되짚어보는 과정에서 배웠다고 말한다. 따라서 이런 질문을 해야 한다.

내가 효율적으로 목표를 달성하지 못하고, 사람들을 제대로 리드하지 못한 적은 언제인가? 무엇을 잘못한 것 같은가? 내 입장을 분명히 하지 못한 적은 언제이며 이유는 무엇인가?

이러한 경험과 교훈을 생각하면서 핵심 사항을 적고 계속해서 떠오르는 패턴이나 주제를 찾아보라. 가장 좋았던 경험이 내가 마음을 열고 모든 것을 비운 순간에 다가왔다는 사실을 알게 되면, 그것을 나의 지침이나 가치의 기초로 삼을 수 있다.

가치관이 분명하게 확립되면 리더로서의 개인적 코드를 굳히고 강화해 나갈 수 있다. 그것은 또한 내 행동에도 대단한 영향을 준다. 리드스타의 앤지 모건은 '갈라테이아 효과'를 이야기한다. 갈라테이아 효과는 실제로 생명을 얻게 된 그리스 신화의 상아 조각상 이름에서 따온 용어로 믿음이 강할수록 가능성이 커지는 효과를 말한다. 그래서 스스로 정직하다고 생각하면 정직한 사람처럼 행동하게 된다. 모건의 말을 빌리면, "진실을 말하기 불편할 때도 진실을 말하는 사람이 된다."[26]

리더는 자기만의 코드를 가져야 할 뿐 아니라 다른 사람들에게 그 코드를 명확하게 전달해야 한다. 아마도 리더로서 자신이 '표방하는' 것을 전달하는 가장 좋은 방법은 행동으로 보여주는 것일지 모른다. 갈라테이아처럼 그런 가치는 행동을 통해 드러난다. 그런 가치들은 갈라테이아처럼 주기적으로 생명을 얻어야 한다.

자신의 가치를 다른 사람에게 전달할 때는 말보다 행동이 앞서야 하지만 말도 중요하다. 가치와 원칙을 선언문 형태로 알릴 수 있지만, 이 경우 서사만큼 위력적인 것은 없다. 그러니 이렇게 자문해보라. 내 이야기는 무엇인가? 좀 더 간결하게 하려면 그 이야기를 요약해 이런 질문에 답이 되도록 해야 한다. 내 로그라인은 무엇인가? 로그라인Logline은 할리우드 시나리오에 쓰이는 용어로 줄거리를 한두 문장으로 요약한 것이다.

강력한 리더는 자신이 어디 출신이고 여기에 어떻게 왔으며 어디로 갈 것인지 사람들에게 알려 줄 수 있는 하나의 압축된 이야기가 있어야 하며 보이지는 않지만, 자신의 가치를 그 이야기의 이면에 담아야 한다.

출신은 보잘것없었지만, 그녀는 빠듯한 예산으로 차고에 회사를 차리고 남들이 하지 않은 일을 해 성공을 거두었다. 그러다 불경기로 거의 모든 것을 잃고 말았다. 그러나 재기하기 위해 분투했고 지금은 전혀 다른 차원의 새로운 운영 방식을 시험하고 있다.

이런 이야기는 리더를 따르는 사람들에게도 알려져야 한다. 나디아 로페즈는 브루클린에 세운 학교에서 자신이 이민자 가정에서 태어났으며, 어떻게 대학을 졸업했고, 여러 직업을 전전하다 어떻게 자신의 소명을 찾게 되었으며, 자원을 끌어모아 학교를 얻게 된 경위를 학생들에게 들려준다. 이 이야기는 그녀를 따르는 아이들에게 동기를 부여하지만, 스스로에게 동기를 부여하는 기능도 한다. 그래서 하나의 서사는 우리가 우리 자신의 이야기에 어울리는 삶을 살면서 새롭고 더 나은 장章을 계속 덧붙이도록 등을 떠민다.

자신의 가치관과 원칙에 맞게 행동하는지는 어떻게 아는가? 매일

리더로서 나의 코드를 해독하려면 이런 질문을 하라

- **나의 가치관을 형성하는 데 영향을 준 사람은 누구인가?** 리더십 가치관은 이른 시기에 친척이나 교사로부터 영향을 받아 형성되는 경우가 적지 않다. 그들의 가르침을 다시 한번 살펴보라.
- **내가 최선을 다한 적은 언제였던가?** 과거에 거두었던 성공을 연구해 나의 강점과 생산적인 행동을 평가해보라.
- **내가 정한 기준에 미치지 못한 적은 언제이며 이유는 무엇인가?** 실패를 분석해보면 지침으로 삼을 만한 원칙을 개발하는 데 유용한 교훈을 찾을 수 있다.
- **내 입장 또는 반대 입장을 분명히 밝힌 적은 언제였나?** 이 질문은 내가 가장 중요하게 여기는 것, 즉 내 리더십 코드를 명확히 밝히는 데 도움이 된다.
- **내 로그라인은 무엇인가?** 이야기를 통해 내 가치관을 알리고, 리더로서 '관심 있는' 문제를 한두 문장으로 요약해보라.

또는 매주, 중요한 이벤트나 조치가 끝난 후에 자신에게 물어보라. 내 코드에 맞게 살았는가? 높은 기준을 하루도 안 빠지고 충족시키기는 어렵겠지만 기준에 미흡한 부분이 있다면 학습의 기회로 삼아야 한다. 어떤 면에서 내 입으로 말한 가치에 미치지 못하는 행동을 했는가? 어떻게 달리할 방법은 없을까?

리더가 코드와 스토리를 가져야 한다면 전체로서의 조직도 그래야 한다. 개인의 코드와 회사의 코드가 같을 수는 없지만 겹치는 부분도 있을 것이다. 회사의 코드를 밝혀내고 명확히 하려면 '나'를 '우리'로 대체하고, 그렇지 않으면 과거에 대해 비슷한 질문을 던져보라. 처음에는 이렇게 시작하면 된다. 우리는 왜 애초에 여기에 있었는가? 조직은 명확한 목표 의식을 가지고 시작한다. 그것은 문제를 해결하거나 충족되지 않은 요구를 채우는 것일 수 있다. 그러나 시간이 흐르면서 그런 의식은 희미해진다. 그래서 도중에 잘된 것과 미흡했던 것에 관해 물어야 한다. 하나의 조직으로서 우리는 언제 최고였는가? 우리는 그동안의 연혁을 통해 무엇을 표방해왔는가? 우리는 왜 중요하며 누구에게 중요한가?

'우리는 왜 중요하며 누구에게 중요한가?'는 내 조직이 애초에 존재한 이유의 본질에 다가서게 해주므로 생각해볼 만한 질문이다. 이 질문을 붙들고 씨름하는 과정에서 프레임을 여러 가지로 바꾸면 다양한 관점을 취할 수 있다. 나는 트레이더조의 전 회장 더그 라우치Doug Rauch의 버전을 좋아한다. 만약 내일 우리가 사라진다면, 누가 우리를 그리워할까?[27] 패스트컴퍼니의 공동창업자 윌리엄 테일러William C. Taylor의 제안도 마음에 든다. 다른 조직이 할 수 없거나 하지 않는 일 중에 우리가 하는 것은 무엇인가?[28]

"왜 어떤 조직은 중요한가"를 묻는 이런 본질적인 질문들은 불필요해 보인다. 오래전에 답이 나온 것 같아 더는 물을 필요가 없을지 모른다. 그러나 리더의 핵심 역할 중 하나는 회사를 핵심 아이디어와 가치와 본질적인 이야기에 단단히 묶어두는 것이다. 조직의 존재의 이유는 시간이 가면서 바뀔 수 있으므로 회사의 기본적 진실을 강화하고 그것이 여전히 유효한지 알기 위해서라도 이런 본질적인 질문은 수시로 물어야 한다.

요즘처럼 정치적 긴장이 첨예화된 시대일수록 조직의 리더는 기업이 표방하는 것은 무엇이고 거부하는 것은 무엇인지 분명히 밝혀야 한다. 카네기멜런대학 뉴리더십학과 리앤 마이어Leanne Meyer 학과장은 "비즈니스 리더에 대한 기대는 전환점에 섰다"[29]라면서, 고객과 직원은 회사가 내세우는 윤리적·도덕적·정치적 입장에 그 어느 때보다 더 많은 관심을 보인다고 지적한다. 과거의 비즈니스 리더는 논란의 여지가 많거나 정치적 색채가 강한 이슈는 무조건 피하는 경향을 보였다. 오늘날 그렇게 했다가는 중요한 사회 정의 문제에 관심을 가지지 않는 것으로 보여 이런 문제에 관심이 많은 대다수 고객과 직원에게 좋지 않은 인상을 줄 위험이 있다.

리더는 당면한 관심사를 넘어 세계 시민으로서 조직이 행동해야 할 바를 알아내는 데 필요한 질문을 해야 한다. 컨설턴트 팀 오길비는 요즘 리더가 물어야 할 질문을 이렇게 요약한다. 어떻게 하면 일개 회사가 아닌 하나의 명분으로 존재할 수 있을까?[30] 어떤 조직이 고귀한 목적을 위해 헌신하는 것으로 보인다면, 직원도 일해야 할 동기가 생기고 고객과의 유대감도 강화할 수 있다.

사명 질문을 던져 자신의 회사가 왜 중요한지 분명히 밝혀라

- **만약 내일 우리가 사라진다면, 누가 우리를 그리워할까?** 이런 추측성 질문을 통해 우리 회사가 왜 중요하고 누구에게 중요한지 명확히 해둘 수 있다.
- **다른 사람이 할 수 없거나 하지 않는 일 중에 우리가 하는 것은 무엇인가?** 이 질문은 조직의 강점과 특성에 집중하게 만든다.
- **우리가 반대하는 것은 무엇인가?** 지지하는 것을 말하기는 쉽다. 하지만 회사가 거부하는 것을 말할 때는 위험을 감수해야 해서 이런 질문은 더욱 중요하다.
- **어떻게 하면 일개 회사가 아닌 하나의 명분으로 존재할 수 있을까?** 직원과 지역 사회와 세계를 위해 가치 있는 무언가에 기여해달라는 기대가 갈수록 커지고 있다.

그러나 하나의 명분이 되기 위해서는 단순히 그 명분에 기여하는 것 이상의 무엇이 필요하다. 즉 가치 있는 아이디어나 노력에 대해 기업은 행동·정책·공헌을 통해 초지일관 지속적으로 실천하는 모습을 보여야 한다. 가장 이상적인 모습은 조직이 앞장서서 주도하고 지원함으로써 그 조직을 고유한 위치에 자리매김해주는 그런 명분을 갖는 것이다.

굶주린 사람들을 먹일 방법을 찾는 식품회사나 고객이 1켤레를 구매할 때마다 불우한 이웃에게 신발 1켤레를 기부하는 신발 회사가 그런 사례다. 리더는 조직의 특정한 강점과 핵심 가치를 파악한 후 '사명' 질문을 통해 그 강점과 핵심 가치를 세상의 적절한 요구에 맞춰야 한다. 우리의 고귀한 소명은 무엇인가?

내가 최소한 기본적으로 해야 할 일은 무엇인가?

환경이 복잡해지고 까다로워지면 리더는 점점 더 많은 것을 해야 한다는 압박감을 받는다. 기회를 잡고 새로운 가능성을 받아들이며 최신 트렌드를 활용해야 한다. 이렇게 쫓기듯 일을 하다 보면 원하는 만큼 성과를 내지 못하는 함정에 빠질 수 있다. 작가 겸 비즈니스 컨설턴트인 그렉 맥커운은 이 점이 오늘날 리더가 마주하고 있는 가장 큰 위협 가운데 하나라고 말한다.

그렉 맥커운은 이런 위협의 본질을 이해하기 위해 다음 같은 질문을 던졌다. 왜 성공할 수 있는 사람들이 하찮은 일에 발목을 잡히는 것일까?[31] 그는 리더들이 대부분 '많을수록 좋다'는 가정하에 조직을 운영한다는 사실을 밝혀냈다. 맥커운의 말대로 '성공은 초점을 분산시키므로' 리더와 조직이 크게 성공할수록 이 문제는 더 악화되는 것 같았다.

특정 시장을 겨냥해 단순한 아이디어로 출발한 기업이라도 성공을 거두고 나면 곧 새로운 분야로 발을 넓혀 다변화 전략을 추구한다. 제품 종류가 많아질 뿐 아니라 각각의 제품도 많은 기능을 탑재하고 복잡해진다. 리더의 일정은 너무 많은 요구와 끊임없이 이어지는 회의로 채워져 계속 늘어나는 '긴급 사항'의 무게를 감당하지 못할 정도다. 우선 사항은 말 자체의 의미 때문에 20개 정도에 이르면 더는 우선 사항이라고 할 수 없다고 맥커운은 지적한다.

리더가 우선순위를 정하는 사람이라는 점에서 볼 때 리더에게는 가장 중요한 것에 집중할 수 있는 능력이 필요하다. 맥커운은 이를 '본질주의'라고 부른다. 잘하지 못하는 부분에서 더 잘하기 위해 리더가 바꿔야 할 게 있다. 그중 하나가 태도 변화인데, 맥커운은 멋진 질문으로 그 핵심을 포착한다. 우리가 바쁘다는 것에 대한 예찬을 중요성의 척도로 더는 삼지 않는다면?

태도 변화에 덧붙여 행동에서도 근본적인 변화가 있어야 한다. 앞에 많은 가능성이 놓여 있을 때 리더는 과감하게 하나만 선택할 수 있어야 한다. 가능성 A와 B가 제시될 때, '본질주의자'는 이런 질문을 생각한다[32]고 맥커운은 말한다. 나는 이 중에 어떤 문제를 원하는가? 심사숙고한 끝에 어떻게 하면 둘 다 할 수 있을까라고 묻는 것과는 상반된 질문이다.

질문은 단순화와 집중력 향상에 필수적인 도구다. '원칙 없이 많은 것을 추구하려는 충동'을 억제하려면 이렇게 물으면 된다. 이것이 정말 필요한가? 이것을 추가하면 무엇을 잃게 될까?

고도의 집중력으로 리더십에 접근한 대표적인 인물은 스티브 잡스일 것이다. 잡스는 여러 면에서 완벽한 리더와는 거리가 멀었다. '비저너리 헬퍼' 기준으로 보면 직원들을 사정없이 질타하는 악명 높은 성격 탓에 '헬퍼'로서 그는 낙제점에 가까웠다. 그러나 '비저너리' 부분에서는 매우 탁월한 솜씨를 보였다. 면도날 같은 집중력도 그를 '비저너리 리더'로 만들어준 이유 중 하나였다.

그의 전기 작가 월터 아이작슨Walter Isaacson에 따르면, 잡스는 애플에서 사고 능력이 가장 뛰어나다는 사람들을 모아놓고 이렇게 물었다고 한다. "다음에 할 일 10가지는 뭡니까?" 그러면 사람들은 '톱 10'에 들어갈 아이디어를 다투어 내놓는다. 그러면 "잡스는 하위 7개를 쳐내고 이렇게 말한다. '이 3가지만 할 겁니다.'"[33]

추가하는 것보다는 제거하기가 어렵고, 예라고 말하기보다는 아니오라고 하기가 더 어렵다. 리더십 코치 마이클 번가이 스태니어도 이렇게 말한다. "리더가 어떤 것에 대해 안 된다고 말할 때는 일반적으로 그 얘기를 한 사람에게 반대한다는 뜻이어서 용기가 필요하다."[34] 그러면서 "뒤처리는 내게 맡기라며 많은 일을 벌일 것이 아니라 집중해야 할 몇 가지 핵심 사항에 전념하는" 데도 훈련과 용기가 필요하다고 덧붙인다.

몇 가지만 골라 집중하면 일을 추진할 수 있는 여력과 자원을 확보할 수 있다. 그런 절충이 마음에 들지 않는다면 질문의 프레임을 이렇게 바꾸라고 맥커운은 조언한다. 무엇을 포기해야 하나라고 묻지 말고 이렇게 물어보라. 무엇을 제대로 한번 해보고 싶은가?

새로운 가능성과 선택에만 그런 질문이 필요한 것은 아니다. 시간이 갈수록 자신들이 설정한 프로젝트와 절차의 몸집을 키우는 조직이 많다. 리더는 옛것을 들어내기보다 새것을 추가하는 데 더 많은 관심을 보인다. 유명한 기업 컨설턴트인 피터 드러커는 그러한 욕심을 억누르기 위해 리더는 이런 질문을 수시로 던져야 한다고 말한다. 중단해야 할 일이 뭐가 있는가? 드러커는 이런 관행을 '체계적 폐기'[35]라고 말하면서 실속 없는 확장을 막기 위해 꼭 필요한 개념이라고 강조한다.

리더는 조직의 모든 관료적 절차에 대해 기본적으로 '왜'라고 물어야 한다. 애당초 왜 이런 규정(과정)이 존재했는가? 처음 시행했을 때의 이유를 확인했으면 추가 질문을 던져야 한다. 한때 의미가 있었다고 해서 지금도 타당하다고 할 수 있을까?

더는 의미가 없거나 애초부터 의미가 없었던 정책을 찾아 없앨 때는 그런 정책 때문에 힘들어하는 사람, 즉 실무자에게 물어보라. 컨설턴트인 리사 보델Lisa Bodell은 현장 직원에게 결정권을 주라고 권고한다. 정말로 없애야 할 한심한 규정은 없는가?[36] 그러면서 보델은 가드레일을 제시하라고 말한다. 규정 중에는 꼭 필요한 것도 있고 없애면 불법인 것도 있다. 규정을 왜 제거해야 하는지, 어떻게 바꿀 수 있는지, 그렇게 하기가 어렵다고 생각하는지도 물어봐야 한다.

리드스타의 모건은 해야 할 일의 우선순위를 정하고 한정된 시간을 최대한 효율적으로 활용하기 위해 매일 아침 자신에게 'HBUHighest Best Use' 질문을 던진다고 말한다. 지금 이 순간 내 시간을 가장 효과적으로 쓰려면 어떻게 해야 할까?

물론 이 질문에 답하려면 그에 앞서 이 질문부터 해야 한다. 지금 정말로 중요한 것이 무엇인가? 시간은 정해져 있으므로 먼저 처리해야 할 일이 있다. 그것이 무엇인지 파악한 다음 거기에 시간과 자원을 투입하는 것이 리더가 하는 일이다.

하버드대학 제임스 라이언James Ryan은 정말로 중요한 것이 무엇인가를 자신의 5가지 필수 질문 중 하나로 활용한다[37]며 이렇게 말한다. "이 질문은 크든 작든 결정을 내릴 때마다 쓰는 좋은 질문이다. 리더는 회의를 시작할 때 이 회의에서 정말로 중요한 것은 무엇인가라고 물어야 한다." 모건의 질문에 비춰봐도 딱히 생각나는 게 없다면 그것은 내 시간을 '가장 효과적으로 쓸' 만한 일이 아니기 때문일 것이다.

리더가 집중하는 데 필요한 질문이 하나 더 있다. '초점 맞추기' 질문이라고 불러 마땅한 이 질문은 세계 최대 부동산 회사 중 하나인 켈러 윌리엄스Keller Williams의 공동창업자 게리 켈러Gary Keller가 만든 것이다. 어려운 과제에 도전하려는 리더는 이런 질문으로 시작하라고 켈러는 권한다. 내가 할 수 있는 일 중에 다른 모든 일을 더 쉽게 혹은 불필요하게 만드는 것이 있다면 무엇일까?[38]

리더의 초점을 좁히는 데 필요한 질문

- **내가 할 수 있는 일 중에 다른 모든 일을 더 쉽게 혹은 불필요하게 만드는 것이 있다면 무엇일까?** 새로운 도전이나 프로젝트를 시작할 때는 '초점 맞추기' 질문이 필요하다.(게리 켈러)
- **중단해야 할 일이 뭐가 있는가?** '체계적 폐기'를 실천하라.(피터 드러커)
- **무엇을 제대로 한번 해보고 싶은가?** '무엇을 포기해야 하나?'라고 묻지 말라.(그렉 맥커운)
- **정말로 없애야 할 한심한 규정은 없는가?** 이 질문을 직원들에게 던져 그들이 무엇을 선택하는지 확인하라.(리사 보델)
- **지금 이 순간 내 시간을 가장 효과적으로 쓰려면 어떻게 해야 할까?** HBU 질문을 사용해 개인의 생산성을 극대화하라.(앤지 모건)

게리 켈러의 질문은 길게 이어지는 목록이 아닌 한 가지 우선 사항에만 초점을 맞추도록 해주는 것이어서 이런 질문을 하면 과제에 곧 착수할 수 있다. 리더가 직원의 사기를 높이면서 혁신에 박차를 가하려 할 때 이 모든 것을 쉽게 만들 수 있는 '한 가지'는 직원이 각자의 프로젝트에 더 많은 시간을 할애할 수 있는 정책을 시행하는 것이다.

추진하는 일의 복잡성 정도에 따라 그 '한 가지'를 알아내는 데는 약간의 정신적 역설계가 필요할지 모르겠다. 그러나 이 질문을 놓고 어느 정도 생각하면 거의 예외 없이 누구나 좋은 대답을 생각해낸다고 켈러는 말한다. 일단 하나의 답이 생각나면 리더와 조직은 그것을 해내는 데 시간이 얼마나 걸릴지 알아낸 후 당장 필요한 시간을 할애해 일을 끝내는 것이 좋다.

우리 회사가 파산한다면 원인이 뭘까?

"매니저의 시선은 항상 발끝에 머물고 리더의 시선은 수평선에 머문다."[39] 리더십 그루 워런 베니스Warren Bennis의 말이다. 리더는 항상 멀리 보이는 징후, 즉 수평선 위로 막 떠오르는 새로운 기술이나 트렌드를 예의 주시한다. 그러나 요즘의 리더는 미래학자까지 겸해야 한다. 그래서 몇 년 뒤에나 일어날, 아직 수면 위로 드러나지 않는 변화까지 예측해야 한다.

서퍼들끼리 하는 말로 바꿔 표현하면, 리더는 '3번째 파도'를 예측해야 한다. 휴렛팩커드 CEO인 디온 와이슬러Dion Weisler에 따르면, 1번째 파도는 "지금 내가 타고 있는 파도로 현재의 핵심 사업이다."[40] 2번째 파도는 이제 막 부서지는 파도로, 새로 다가올 성장 기회를 의미한다. 그러나 3번째 파도는 미래다. 그 파도를 타려는 서퍼는 '기상예보를 듣고 다음번 큰 파도가 언제 닥칠지 알아내기 위해' 집으로 간다.

'비저너리' 리더는 3번째 파도를 예상해야 할 뿐 아니라 그 파도에 잘 올라탈 방법까지 알아내야 한다. 이를 위해서는 지속적인 가치를 깊이 파고들거나 현재의 관심사에 더욱 예리하게 초점을 맞추도록 설계된 질문과는 조금 다른 질문을 던져야 한다. '비전 있는' 질문은 탐구하고 추측하는 경향이 강해, 미래의 시나리오를 상상할 수 있게 해준다. 그것은 우리 내면에 갇힌 일론 머스크를 끄집어내는 질문이다.

미래를 헤아리는 일은 여러 이유에서 쉽지 않다. 수정 구슬은 손에 넣기 어렵고 예측은 믿을 수 없다. 게다가 눈앞에 닥친 압박 때문에 최근의 위기나 임박한 마감일에 집중할 수밖에 없다. 우리는 인지적으로 현재 일어나고 있거나 최근에 일어난 일에 편향적으로 비중을 두는 경향이 있다.

"내가 리더라 해도 당면한 사소한 문제에 집착하느라 몇 년 후에 닥칠 주요 문제에 대해서는 충분히 생각하지 못할 것이다."[41] 기업의 장기 계획을 세워주는 컨설턴트 돈 더로스비Don Derosby의 말이다. 이를 막기 위해 더로스비는 1년 뒤의 상황으로 입장을 바꿔서 현재의 이슈를 바라보고 그다음에는 2년 뒤 또 그다음에는 5년 뒤로 관점을 옮기는 등 '기준 시점을 바꿀 것'을 권한다.

미래를 생각하려면 먼저 머릿속으로 그려봐야 하고, 그러려면 그 미래에 대해 질문을 던져야 한다. 더로스비는 '신탁 질문'이라는 것을 즐겨 사용한다. 그는 고객에게 이렇게 묻는다. 신탁을 전하는 사제가 앞으로 3년 후에 일어날 일을 알려준다면 가장 알고 싶은 것이 무엇입니까?

그런 것을 알려줄 신탁이 있을 리는 없겠지만, 이런 질문을 하는 이유는 미래의 시나리오에 집중하기 위해서다. 미래를 염두에 두고 현재의 문제를 생각하면서 나중에 가장 중요하게 될 문제가 무엇인지 상상해보도록 하는 것이다.

신탁 질문을 받으면 시나리오를 짜고 연구에 착수하는 식으로 반응하게 된다. 실제로 신탁할 질문을 생각하면 그 질문에 대답하는 작업을 수행하도록 노력해야 한다.

추측성 질문은 잠재적인 미래의 위협을 생각하는 데 도움이 된다. 흔히 사용하는 질문은 뉴욕의 식당사업가 대니 마이어Danny Meyer가 만든 것으로 "우리 회사가 파산한다면 원인이 뭘까?"[42]다. 이런 질문은 미래의 경쟁사를 생각하게 한다. 이 포식자는 어떻게 생겼으며 왜 우리보다 유리할까? 그것을 알아내면 나 자신이 포식자가 될 방법을 생각하게 된다. 마이어는 그런 질문을 통해 고급 햄버거와 밀크셰이크 체인인 쉐이크쉑을 생각해냈다.

미래의 기회를 엿보는 리더는 추측성 질문을 사용해 가능한 범위의 경계를 넓힐 수 있다. 모든 리더는 이렇게 물어야 한다. 지금 하는 일을 훨씬 더 빠르고 효율적으로 처리할 수 있는 능력이 우리에게 있다면? 그렇다면 무엇을 해낼 수 있을까? 진보의 속성상, 질문의 1번째 부분은 현실이 될 수 있다. 그렇다면 그것을 예측하고 2번째 부분에 대한 계획을 세우는 것도 타당하다.

직원 입장에서 미래의 가능성을 생각해보라. 직원이 생각하는 이상적인 일터를 만든다면? 그들의 일과는 어떻게 될까? 그런 다음 고객을 대신해서 추측성 질문을 해보라. MIT 마이클 슈레이즈Michael Schrage 교수가 생각하는 리더의 질문은 이렇다. 누가 우리의 고객이 되기를 원하는가?[43]

미래의 변화에 대한 예측이 정확할수록 추측성 질문도 좋아진다. 어떻게 하면 이런 변화를 더 잘 예견할 수 있을까? 디온 와이슬러

비전 있는 질문을 통해 우리 '내면에 갇힌 스티브 잡스'를 끄집어내라

- **우리 회사가 파산한다면 원인이 뭘까?** 존재하지 않는 위협을 상상하는 것부터 시작하라.
- **어떻게 하면 3번째 파도에 대비할 수 있을까?** 3번째 파도는 지금 내가 타고 있는 파도나 막 부서지는 파도가 아니라 아직 부서지지 않은 큰 파도다.
- **신탁을 전하는 사제가 앞으로 3년 뒤에 일어날 일을 알려준다면 무엇을 물어보겠는가?** 가장 중요한 질문을 생각해본 다음 내가 그 사제라고 생각하고 그 문제와 씨름해보라.
- **7세대 뒤의 후손은 지금 우리가 하는 일을 어떻게 생각할까?** 이로쿼이족의 지혜를 빌려 장기 계획을 세우라.
- **어떻게 하면 내일의 모습을 보여줄 수 있을까?** 사람들에게 더 나은 미래를 보여줌으로써 영감을 주어라.
- **우리의 '비전 질문'은 무엇인가?** 비전 선언문은 잊고 개방적인 질의로 미래를 추구하라.

의 3번째 파도 비유로 말하면 '기상예보'를 읽으면 된다. 앞날을 예측하고 보도하는 비즈니스 미래학자나 예측전문가는 차고 넘친다. 그러나 보스턴컨설팅그룹의 로절라인드 토레스는 일상적인 활동과 상호 교류가 현재 벌어지고 있는 일과 앞으로 일어날 일에 대한 시야를 넓히는 데 어떤 역할을 하는지 알아야 한다고 강조한다. 지금 누구와 시간을 보내고 있는가? 다루는 현안은 무엇인가? 어디로 여행하는가? 무엇을 읽고 있는가? 이러한 것들을 파악하면 트렌드와 패턴을 파악하는 데 도움이 된다고 말한다.

'비저너리 리더'는 얼마나 멀리 내다봐야 하는가? 더로스비는 미래를 1년 뒤, 2년 뒤, 5년 뒤 등 단계별로 나눠 생각하라고 말한다. 비즈니스 컨설턴트인 수지 웰치는 중요한 결정을 놓고 무게를 비교할 때는 다른 저울을 사용하라고 말한다. 10분 뒤, 10개월 뒤, 10년 뒤에 이 결정은 어떤 의미가 있는가?[44]

비즈니스 운영이 환경에 미치는 영향 같은 중요한 문제는 오래된 이로쿼이 원칙을 참고해 질문을 고쳐야 한다. 7세대 뒤의 후손은 지금 우리가 하는 일을 어떻게 생각할까?[45] 이로쿼이의 위대한 평화의 법에 담긴 이 원칙은 7대 후손에게 미칠 영향까지 고려하라고 말한다.

'비저너리 리더'는 조직이 나아갈 방향에 대해 지침이 될 비전을 개발할 뿐 아니라 다른 사람들과 그 비전을 공유할 수 있어야 한다. 공개적인 '비전 선언문'의 형태로 미래를 엿보게 해줄 수 있지만, 말로 하는 것보다 실제로 보여주는 것이 더 효과적이다. 구체적인 방법은 리더 개인이 정할 문제이지만 이런 질문으로 시작하는 것도 괜찮다. 어떻게 하면 내일의 모습을 보여줄 수 있을까?

로페즈 교장이 좋은 사례다. 학생들에게 제시하는 그녀의 비전은 아이들이 좋은 대학에 가는 것이지만, 그녀는 말로만 비전을 보여주지 않는다. 로페즈는 아이들을 하버드대학으로 데려가 스스로 미래의 모습을 그려보도록 한다.

마지막으로 비전 선언문을 사용하는 리더는 정해진 선언문의 단어나 구두점을 조금 바꿔 '비전 질문'으로 바꿀 수 있다. 질문으로 바꾸면 조금 더 매력적인 선언문이 되고, 좀 더 개방적이고 전향적이 된다. 그리고 사람들은 그 질문과 가능성을 생각하게 된다.

나이키의 비전 선언문인 '전 세계 모든 선수에게 영감과 혁신을 전달하기 위해'는 이렇게 고칠 수 있다. '어떻게 하면 전 세계의 모든 선수에게 영감과 혁신을 전할 수 있을까?' 사우스웨스트항공사의 선언문 '세계에서 가장 사랑받고 가장 많이 날고 가장 많은 수익을 올리는 항공사가 되기 위해'는 '어떻게 하면 세계에서 가장 사랑받고 가장 많이 날고 가장 많은 수익을 올리는 항공사가 될 수 있을까?'로 바꿀 수 있다.

선언문을 질문으로 바꿨으면 다음 단계는 그 질문을 모든 직원과 공유하는 것이다. 그리고 그들이 비전 질문에 대한 소유권을 가지고 거기에 대답하기 위한 노력에 동참하도록 촉구해야 한다. 그래서 '비저너리 헬퍼'로서 리더의 다음 도전은 내부에서 외부로 방향을 바꿔 '비저너리'에서 '헬퍼' 쪽으로 옮겨가게 된다.

어떻게 도와주어야 하는가?

더그 코넌트는 2001년 캠벨로 이적했을 당시의 회사 형편을 설명해달라는 요청을 받았을 때 돌려 말하지 않았다. 그는 자신이 '유해한 문화'를 헤치며 나아갔다[46]고 말했다. 코넌트는 캠벨수프가 1년 만에 시장 가치의 절반을 잃은 뒤 신임 CEO로 취임했다. 그때까지 이 회사의 지도부는 몇몇 실수를 거듭했고 수익이 크게 줄어들었으며 직원들을 해고하고 심지어 제품 품질까지 손을 대기 시작했다. "그들은 치킨 누들 수프에서 실제로 치킨을 덜어내고 있었다."[47]

'몰입'으로 측정되는 직원들의 사기가 가장 큰 문제였을 것이다. 몰입은 사람들이 자신의 업무에 얼마나 열성을 갖고 임하는지 평가하는 기준이다. 코넌트는 리서치 전문 회사인 갤럽에 의뢰해 직원 몰입도를 조사했다. 결과는 "〈포천〉지 선정 500대 기업 중 최하위였다." 당시 직원 2명당 1명은 다른 일자리를 찾고 있었다고 그는 말했다.

그래서 코넌트가 광고나 매장 내 진열장을 바꾸고 심지어 덜어낸 닭고기를 다시 수프에 넣는 등 많은 변화를 일으키기 시작했을 때 최우선 과제로 직원들의 사기를 삼았다. 시장에서 승리하려면 먼저 회사 내부에서 승리해야 한다고 생각했다. 그런 철학은 그가 이전에 나비스코 수장으로서 거두었던 성공에서 비롯된 것이지만 그 뿌리는 훨씬 더 전으로 거슬러 올라간다.

코넌트는 경력 초기에 제너럴밀스General Mills에서 갑자기 해고되어 '건물 밖으로 쫓겨나는' 수모를 당했다고 회상한다. 퇴사할 때 임원 자리를 알아볼 수 있는 전화번호를 하나 받았다. 그가 전화를 걸자 한 카운슬러가 전화를 받았다. "안녕하세요. 닐 맥케나Neil McKenna입니다. 어떻게 도와드릴까요?"

맥케나는 코넌트가 자신의 지위를 되찾는 데 도움을 주었을 뿐 아니라 아주 기본적인 관리 방식을 받아들이도록 영감을 주었다. 그것은 아주 간단한 질문에서 시작되었다. 어떻게 도와드릴까요? "리더십의 관점에서 볼 때 나는 이것이 궁극적인 질문이라고 믿게 되었다." 하지만 그렇게 간단하게 생각할 질문이 아니다. 리더는 이 질문을 수시로 또 효과적으로 써야 하지만 무엇보다 이 질문을 하려면 겸손해야 한다고 그는 말한다. 이런 질문을 할 때는 진지한 마음으로 상대방을 돕겠다는 생각이 있어야 한다. 그 사람의 반응에 맞춰줄 의지도 있어야 한다.

코넌트는 이 질문을 들고 캠벨로 가면서 만보기도 가지고 갔다. 가장 좋은 질문 방법은 회사 곳곳을 다니며 사람들과 직접 얼굴을 맞대고 묻는 것이었다. 그는 매일 1만 걸음을 걷기로 했다. 가능하면 회사 구석구석까지 돌려고 했다. 건물과 건물을 돌아다니며 걸음을 멈추는 곳마다 무엇이 잘되어가는지, 가장 힘든 일이 무엇인지 직접 물었고 결정적인 한마디로 대화의 정점을 마무리했다. 내가 어떻게 도와주면 되겠나?

어차피 매니저들은 해결해야 할 문제를 찾아야 하므로 그들은 이런 질문을 자주 하게 된다. 여기는 문제가 뭔가? 코넌트는 방법을 바꿔서 좀 더 긍정적인 면에 초점을 맞추었다. 잘되고 있는 것이 뭔가? 우리가 지금 제대로 하고 있는 것이 뭔가? 그는 회사 곳곳에서 작은 승리를 확인할 때마다 모두가 보는 앞에서 그들을 축하해주었다. 매일 20장의 메모를 했는데 각 메모는 직원 개인에게 보내는 것으로, 그 직원이 특별히 잘한 부분을 콕 집어 칭찬하는 내용이었다. 캠벨에서 재임한 10년 동안 쓴 메모는 3만 장일 것으로 추산한다.

회사의 매출과 수익, 주가가 상승하면서 코넌트가 캠벨의 수치를 되돌리는 데는 그리 오래 걸리지 않았다. 그 추세는 2011년 은퇴할 때까지 10년 동안 꾸준히 이어졌다. 그러나 코넌트가 특별히 자부심을 느끼는 부분은 캠벨의 재임 기간 중 직원 몰입도가 급상승한 점이었다. 직원 몰입 면에서 〈포천〉지 선정 500대 기업 중 최하위였던 캠벨수프는 가장 높은 순위로 올라섰다.

코넌트는 요즘 직접 운영하는 회사의 리더십 컨설턴트로, 노스웨스턴대학 켈로그최고경영자연구소 이사장으로 상호 작용과 질문, 경청, 조력에 뿌리를 둔 리더십을 꾸준히 전파하고 있다. 바쁜 고위 경영자들에게 그의 방식을 설득하기는 쉽지 않다. 그들은 대부분 "'진짜 일'을 마무리하기도 바빠서 이런 상호 교류는 옆으로 제쳐둔다."[48] 그에 대해 코넌트는 '이게 진짜 일'이라고 말한다.

캠벨수프가 2001년에 마주했던 문제, 즉 직원들 상당수가 다른 회사에서 일하기를 원하는 현상은 요즘 많은 회사가 겪고 있는 고질적인 문제다. 최근의 연구를 봐도 직원 몰입도는 예상외로 심각한 수준이다. 몇몇 자료를 토대로 추산하면 미국 직장인 중 지금 하는 일을 그만두고 싶어 하는 사람이 3분의 1에 이르는 것으로 파악된다.[49] 이는 요즘의 리더가 직면한 가장 큰 도전 중 하나다.

만병통치약은 없다. 모든 사람이 즐거운 마음으로 일터로 향하게 할 묘안은 없다. 그러나 코넌트처럼 현장을 중시하고 적극적으로 사람들과 교류하며 질문을 던지는 리더는 직원들의 사기를 진작시키고 성과를 높이는 데 필요한 일들을 얼마든지 찾아낼 수 있다. 질문하는 리더는 위기가 닥치기 전에 직원들의 문제와 고충을 간파하고, 꼭 필요한 시간과 장소에 필요한 자원을 지원하고 용기를 주어 직원과 경영진 사이에 신뢰와 친밀감을 형성할 수 있다.

리더가 질문을 1차 소통 수단으로 활용해 직원과 직접 교류하게 되면 직원에게 도움이 될 뿐 아니라 조직을 운영하는 데 필요한 중요한 정보도 얻을 수 있다. 전 MIT 슬론경영대학원 조직개발 전문가이자 『겸손한 질문Humble Inquiry』의 저자인 에드거 샤인Edgar Schein은 조직을 괴롭히는 문제는 대부분 원활치 않은 상향 소통이라고 지적하며, 그 심각성이 '중대한 병리 현상' 수준이라고 분석한다.[50] "부하직원들은 일하는 장소를 더 잘 돌아가게 하거나 더 안전하게 만들 방법을 많이 알고 있지만 여러 이유로 입을 닫고 있다."

왜 꼭 필요한 정보를 갖고 있으면서 말하지 않느냐고 물으면 직원은 늘 같은 대답을 한다. 상사와 경영자들이 들으려 하지 않는다는 것이다. 더 나쁜 것은 '어디 화풀이할 데라도 찾고' 싶다고 말하는 사람이 많다는 점이다. 해결법은 단 하나다. 매니저가 부하직원에게 직접 가서 "아주 흥미롭군. 어디 한번 말해보게"라고 말하는 것이다. 그렇게 하지 않으면 "정보가 드러나지 않으므로 계속 사고가 발생하고 제품의 품질도 개선되지 않을 것"이라고 그는 덧붙인다.

그 어느 때보다 오늘의 리더는 전 GE 회장 잭 웰치가 말하는 '점진적 고립' 상태에 빠지기 쉽다. 사람과 중요한 정보로부터 고립된다는 말이다. "닫힌 문 안에서 보내는 하루는 사람들과 프로세스와 시장 현실을 모르고 지나가는 하루"[51]라고 웰치는 말한다. 그는 모든 리더가 책상 위에 이런 표지판을 세워두어야 한다고 말한다. "자네 왜 아직도 여기 있는가?" 리더가 수시로 방을 나가 사무실을 돌아다니며 말하는 '소요 질문'을 던지면 당연히 이런 의문이 제기될 것이다. "사람들에게 무엇을 물어봐야 할까?"

우선 리더는 의미 있는 대답을 끌어낼 수 있는 질문을 해야 한다. 샤인은 '겸손한 질문'이라는 말을 정의하면서 '누군가를 끌어내는 능력과 기술'이라고 설명한다. 그러려면 진정성 있는 관심과 호기심으로 열린 질문을 해야 한다.

샤인은 '지시조의 질문, 수사적 질문, 난처한 질문, 형식만 질문인 설명' 등을 피하라고 말한다. 특히 비판적인 질문을 삼가야 한다. 이건 누구 잘못인가? 대체 무슨 생각을 하는 건가? 이런 질문을 받으면 상대는 궁지에 몰리게 되어 대화의 여지를 닫고 만다. 스스로 문제해결사나 분쟁조정자로 생각하는 리더는 무엇이 잘못되고 누가 책임을 져야 하는지 등에 초점을 맞추지만, 그럴 때일수록 강점과 해결책에 시선을 돌려야 상호작용이 더 원활해진다.

현장이 어떻게 돌아가는지 살피고 있는가?

요즘 널리 활용되는 '긍정적 탐구'라는 모델을 창안한 케이스웨스턴리저브대학 경영학 교수 데이비드 쿠퍼라이더는 기업 리더들이 문제에만 집중한다[52]고 지적한다. 하지만 그는 효과가 있었던 방법과 사람들이 강점을 발휘하는 부분을 강조하는 것, 성장과 개선 가능성에 대해 낙관적인 시각으로 질문하면 더 좋은 성과를 거둘 수 있다고 주장하면서 그런 사실을 입증해주는 사례 연구를 제시한다.

그렇다고 해서 직원의 문제를 못 본 체하라는 말은 아니다. '소요 질문'의 목적에는 현장에 버젓이 존재하고 그래서 해결해야 하는 문제를 찾는 것도 있다. 그것 역시 긍정적인 질문으로 시작할 수 있다. 직원이 마감 시한을 넘겨 일을 끝냈다면, 늦게나마 일을 마무리할 수 있어 다행이라든가 일이 잘되었다든가 하는 긍정적인 말로 시작할 수 있다. 그런 다음 기한을 넘긴 사유를 물으면 된다. 그때도 비난조는 피해야 한다. 마감 문제에 관해 설명해줄 수 있을까? 그런 다음 협업 솔루션 쪽으로 질문 내용을 바꾸면 된다. 품질을 양보하지 않고 일의 속도를 높일 방법은 없을까? 내가 뭘 도와주면 되겠나?

지금 이 사례에서 주목할 부분이 하나 있다. '왜'라는 말이 나오지 않았다는 사실이다. '왜'는 다른 상황에서 여러모로 유용하고 효과적으로 쓸 수 있다. 나는 어떤 문제나 도전을 이해하려 할 때 자신에게 '왜'라고 묻는 것의 중요성을 확신한다. 그러나 직원과 마주한 상태에서 이 말을 직접 쓸 때는 조심해야 한다.

컨설팅회사 스트라우드인터내셔널의 너새니얼 그린Nathaniel Greene은 이렇게 말한다. "'왜' 또는 '왜 아닌가'라는 질문을 받으면 변명할 거리부터 찾게 된다"[53]고 말한다. 사람들은 '왜'라는 질문에 대해 '문제가 자신의 잘못이 아니며 상황을 바꾸기 어려웠던 그럴듯한 이유를 설명하는' 식으로 대응한다고 그린은 지적한다. 이런 변명을 듣는 일은 시간 낭비다. 그보다는 문제를 해결하고 앞으로 나아가는 데 초점을 맞춰야 한다.

로빈 드리크는 직원과 친밀감을 형성하고 신뢰를 얻는 것이 목표라면 '질문에서 판단이나 예고를 빼라'고 조언한다. 그는 정보를 가진 사람과 이야기를 나눌 때 가능하면 빨리 신뢰를 얻으려고 노력한다. 그래서 이야기를 나누기 전에 먼저 자신에게 묻는다. 어떻게 해야 내가 아닌 그들의 니즈와 관심사를 대화 주제로 만들 수 있을까?

대화를 나누는 중에도 그는 마음속으로 체크리스트를 확인하면서 궤도를 이탈하지 않도록 주의한다. 내 우선순위가 아닌 저들의 우선 사항에 초점을 맞추고 있는가? 내가 저들에게 할 일을 알려주는 것이 아니라 그들에게 선택권을 주고 있는가?

드리크는 정보를 가진 사람이나 첩보원들과 즉석에서 친밀감을 형성하기 위해 나름대로 원칙을 정해놓고 질문을 한다. "나는 '도전' 질문을 좋아한다. 누구나 넘어야 할 도전이 있다. 그 도전을 그들 입

소요 질문을 할 때 삼가야 할 질문

- **어떻게 돼가나?** 뻔한 질문을 하면 반응도 뻔하다.
- **왜 그랬나?** 직원에게 단도직입적으로 '왜'라고 물으면 '변명'할 생각부터 한다.
- **누가 일을 망쳤지?** 희생양을 찾기보다 문제를 해결할 방법을 묻고 앞으로 나아가야 한다.
- **이걸 아직도 안 해봤다고?** "내가 해봐서 아는데" 같은 말을 자주 하면 아무도 더는 아이디어를 제시하지 않을 것이다.

대신 이렇게 질문하라

- **지금 당장 가장 힘든 일이 무엇인가?** 도전 질문은 구체적으로 할 수 있고(진행 중인 프로젝트에 관한 질문) 평범하게 할 수 있다(평소 일에 대한 질문).
- **진전이 있나?** 도무지 진전이 없다고 생각되면 좌절하기 쉽다.
- **내가 이해할 수 있도록 설명을 해주겠나?** 문제가 있어도 '왜'라고 묻지 말고 이렇게 물어야 한다. 말은 좀 길지만 비난조를 피할 수 있다.
- **우리가 무엇을 하고 있는지, 왜 하는지 자네는 분명히 아는가?** 회사의 목표와 지침과 정책 변경과 미래의 비전을 물어보라.
- **내가 뭘 도와주면 되겠나?** 더그 코넌트는 이것이야말로 리더가 해야 할 '궁극적인 질문'이라고 했지만, 이것도 진심을 담아 말해야 의미가 있다.

으로 직접 말하게 하면 2가지 점에서 편하다. 그들의 우선 사항과 관심을 알 수 있고, 어떤 식으로든 내가 도움을 줄 기회가 생긴다."

그런 도전은 일반적인 방법으로 알아낼 수 있다. 여기서 자네가 해결해야 할 가장 큰 도전은 무엇인가? 또는 좀 더 구체적으로 물을 수 있다. 이 프로젝트에서 가장 어려운 도전은 무엇인가? 이 2가지 질문을 통해 필요한 것이 무엇인지 알아내면 '마무리' 질문으로 대화를 원만하게 마칠 수 있다. 내가 어떻게 도와주면 되겠나?

사무실을 돌아다니는 리더의 과제 중 직원들의 업무에 진척이 있는지 알아내는 것이 가장 중요하다. 하버드대학 경영학 교수 테리사 애머빌Teresa Amabile은 일에 몰두하려면 의미 있는 과제에서 진척을 확인할 수 있어야 한다[54]고 말한다. 리더십 코치 마셜 골드스미스Marshall

Goldsmith는 일의 진척 정도를 물을 수 있는 질문의 전형을 일러준다. 오늘 일을 진척시키기 위해 최선을 다했는가? 골드스미스는 이런 식으로 질문의 프레임을 바꾸면 대답하는 사람이 자신의 노력에 대한 소유권을 가질 수 있다고 말한다. 일의 진전을 방해하는 것이 있다면, 장애물을 찾아 제거하는 것 또한 리더의 일이다. 그것은 너무 많은 회의일 수도 있고, 부족한 자원이나 훈련 부족일 수도 있다. 사람들에게 물어보라. 혹시 우리가 자네 일을 방해하는 것이 있나? 그러면 기다렸다는 듯 신이 나서 얘기할지 모른다.

좀처럼 일에 진척이 없거나 기대에 부응하지 못하는 직원이 있다고 해도 최악은 생각하지 말아야 한다. 대신 컨설턴트 존 바렛John Barrett이 권하는 질문을 자신에게 해보라. '못하는가, 안 하는가, 모르는가 질문'이다. 직원이 일을 못 하는 것은 무능해서인가, 의지가 없어서인가, 방법을 몰라서인가?[55] 답이 3번째라면 직원의 잘못이 아니다. 필요한 교육이나 훈련을 받도록 하는 것은 리더의 책임이다.

질문을 활용하면 현재의 우려와 니즈를 파악하는 것 외에 직원의 목표·야심·강점·열정까지 알아낼 수 있다. 개인의 관심 분야를 좀 더 잘 알고 싶다면 이렇게 물어보라. 자네가 지금 가장 뜨거운 열의를 가지고 하는 일이 무엇인가?

리더는 이런 질문을 통해 앞으로 진행할 프로젝트에서 직원의 열정을 가장 잘 활용할 방법을 생각해낼 수 있다. 어떻게 이런 방법을 쓸 생각을 하게 되었나라고 물으면 문제를 생각하고 해결할 방법에 대한 통찰력을 제공할 수 있다. 매니지먼트 코치 윌리엄 어루다William Arruda는 직원이 스스로 방법을 찾도록 자극을 주는 질문을 권한다. 이런 것이다. 어떻게 하면 이 일을 잘하게 될 것 같은가?[56]

업무와 관련된 직원의 고충을 물어보면 그들이 조직의 목표와 원대한 사명을 얼마나 잘 이해하고 있는지 확인할 수 있다. 리더는 직원에게 지침으로 삼아야 할 비전을 분명히 전달했다고 생각하지만, 그렇다고 해서 메시지가 제대로 전달되었다고 장담할 수는 없다. 하버드대학 경영대학원의 로버트 캐플란은 이렇게 자문해보라고 말한다. 내가 직원들에게 회사의 비전과 우선 순위를 물어보면 그들이 과연 분명하게 말할 수 있을까?[57] 궁금하면 직접 가서 물어보라. 우리가 무엇을 하고 있는지, 왜 하는지 자네는 분명히 아는가?

특히 '왜' 부분이 중요하다. 비전 선언문이나 회사에서 자주 쓰는 전문 용어 몇 개는 누구나 외우고 말할 수 있다. 그 회사가 왜 특정 노선을 택하고 어떤 핵심 원칙을 지키기로 했는지, 지난주에 리더는 왜 고통스러운 결정을 선택하고 발표했는지 조직에 있는 사람들 모두가 제대로 이해하고 있는가 하는 점이 중요하다.

이런 대화를 나눌 때 업무 외의 분야에서 직원이 갖고 있는 열정과 꿈에 대해 폭넓게 질문할 여지가 있는가? 일 외의 삶에서 자네에게 가장 영감을 주는 일은 무엇인가? 한 인간으로서 계속 배우고 성장하기 위해 따로 하는 일이 있는가? 이처럼 업무 외의 관심사를 물으면 친밀감을 형성하는 데 도움이 될 뿐 아니라 그런 '외부적' 관심사를 조직의 요구와 연결할 고리를 찾을 수 있다. 그런 연결 고리를 직접 알아낼 수 없다면 직원에게 이렇게 물어보라. X에 대한 자네의 열정을 우리가 조금 빌려서 되살릴 수 있다면 어떻게 될까? 우리가 어떻게 하면 그럴 수 있을까?

회사를 둘러보며 질문을 할 때는 대화체를 쓸 수 있도록 어조와 방법에 유의해야 한다. "호기심에서 하는 말인데" "궁금해서 묻는 말인데" "내가 잘 몰라서 그러는데"처럼 부드러운 어조로 시작하는 것이 좋다. 질문할 때는 대답할 시간을 주어야 한다. 답이 금방 나오지 않더라도 대신 해주려 해서는 안 된다. 하지만 대답이 늦어져 오래 쩔쩔매는 상태를 방치해서도 안 된다. 그럴 때는 "그 문제는 나중에 다시 얘기하지" 같은 말로 화제를 바꾸는 것이 좋다.

심문하는 말투가 되지 않도록 조심해야 한다. "스페인 종교재판소에 불려가 심문받는 것을 좋아할 사람은 아무도 없다. 심문하는 사람이야 그렇게 해서 영감을 받을지 모르지만."[58] 마이클 번가이 스태니어는 그렇게 경고하며 말한다. 리더는 사람들의 "무능을 드러낼 것이 아니라 지혜를 찾도록 거들고 … 스트레스를 줄여야" 한다.

이 문제라면 나디아 로페즈 교장의 가이드라인이 모범 답안일 것 같다. 누군가에게 질문할 때는 근접 비행으로 위협하지 말라. 여유를 가지고 말을 잠시 멈추라. 말할 때는 상대방의 눈을 들여다보라. 그리고 상대방의 말을 경청하라. 상대방이 말한 내용을 근거로 추가 질문을 하라. 로페즈가 북적이는 복도에서 안절부절못하는 학생들과 이런 식으로 대화할 방법을 찾을 수 있다면, 우리도 직장에서 성인들과 같은 방법을 실천할 수 있다.

나는 진심으로 호기심의 문화를 원하는가?

지금까지는 리더가 더 많은 질문을 할 방법을 설명했다. 그렇다면 조직이나 모임 또는 가정에서 리더가 아닌 구성원이 질문을 더 많이 할 수 있도록 하려면 어떻게 해야 할까? 쉽게 확인할 수 있는 일이지만 이번에도 '어떻게'보다는 '왜'를 먼저 생각해보는 편이 낫다. 왜 리더는 더 많은 질문을 하도록 독려하는가? 왜 뚜껑을 열어 직원의 질문을 쏟아져 나오게 하는가?

확실한 답이 하나 있다. 가능한 한 많은 출처로부터 새로운 아이디어를 얻어야 혁신할 수 있기 때문이다. 절차와 프로세스를 검토하는 매니저, 비효율성을 찾아내는 현장 실무자 등 여러 부류의 사람이 던지는 질문은 곧바로 중요한 변화와 개선의 단서가 된다. 소크라테스도 "우리는 우리 중 어느 누구보다 똑똑하다"[59]라고 말했다. 기업은 집단지성을 일깨워 더 똑똑해지고 생산성을 높인다.

광범위한 출처의 질문을 장려하는 2번째 이유는 신속하고 지속적인 변화에 대처해야 하기 때문이다. 이럴 때 질문은 변화를 탐색하는 데 매우 중요하면서도 편리한 도구다. 이런 변화에 신속히 대응해야 하는 회사의 직원은 맡은 일에 대해 질문하고 그 질문을 통해 뭔가를 배워야 더 능숙하게 적응하고 살아남을 수 있다.

게다가 훌륭한 리더는 그를 따르는 사람들이 만족감과 성취감을 느끼기 원한다. 그렇게 되면 이직률도 떨어진다. 일에서 성취감을 느끼는 방법 가운데 하나는 일을 통해 배우는 것이다. 배울 것이 더는 없을 때 직장을 그만두는 경우가 많다[60]는 조사도 있다. 사람들이 계속해서 배우기를 원한다면 그들에게 탐구하고 궁금해하고 질문할 수 있는 자유를 주어야 한다. 그것이 '왜'에 대한 답이다. 그런 자유는 혁신을 최우선 과제로 삼고 배우는 분위기를 조장하고 독자적 사고와 내부 토론에 관용적인 조직에 매력적이다.

이런 관용은 중요하다. 호기심 많고 일에 몰입하며 탐구하기 좋아하는 노동력을 확보하는 일은 결코 쉬운 과제가 아니다. 나는 리더들에게 가끔 이런 질문을 던진다. 당신 회사에서 직원의 질문이 많아진다면 그 질문을 어떻게 처리하겠습니까? 무조건 질문을 무시했다가는 질문한 사람이 언짢아지니 그럴 수도 없다. 또 하나 중요한 점이 있다. 직원의 질문이 마음에 들지 않으면 어떻게 합니까?

이 2가지 질문에 가슴이 철렁했다면 질문하는 문화를 장려했을 때의 결과를 생각해보지 않았다는 뜻이다. 경계해야 할 징후는 또 있다. CEO들은 종종 직원들에게 "질문을 가져오지 말고 답을 가져오게"라고 말한다. 조금 비슷한 표현도 있다. "문제를 가져오지 말고 솔루션을 가져오게." 이런 말을 한 적이 있거나 습관적으로 하는 리더라면 자신이 하는 말의 의미를 다시 생각해볼 필요가 있다.

이런 말을 한다는 것은 솔루션과 혁신 방법을 가져오는 사람은 좋아하지만, 그런 결과를 낳기까지의 성가신 과정에는 관심이 없다는 뜻이다. 혁신은 그런 식으로 작동하지 않는다. 혁신을 독려하려면 질문과 실험을 개선과 혁신의 잠재적 기회로 받아들여야 한다. 누가 문제를 찾아내고 그에 대해 의문을 제기한다면, 그 사람은 그 순간 귀중한 무언가를 기여한 것이다. 적극적으로 질문하는 문화에서는 일하는 사람이 질문에 답하거나 문제를 해결해야 할 책임이 없다. 그가 어쩌다 답을 알게 되었다면 다행이지만, 문제의 종류에 따라 팀 전체가 나서야 해결될 일인지 모른다.

내가 진정으로 질문하는 문화를 원하는지 알고 싶다면 이렇게 자문해보라. 나는 언제라도 "자네가 찾아낸 문제를 가져와 보게"라고 말할 준비가 되어 있는가? 질문하는 문화에서는 다들 그렇게 한다.

질문하는 문화를 조성하는 방법은 여러 가지지만 한 가지만큼은 분명하게 말할 수 있다. 위에서부터 시작해야 한다는 점이다. 호기심을 연구한 자료에 따르면, 교실의 선생님이든 가정의 부모이든 회사의 CEO든 질문을 통해 문제를 해결하는 모습을 위에서 솔선수범으로 보여주고 그런 방법을 권장하는 환경이 조성되어야 호기심이 번성한다.[61] 버지니아대학 다든경영대학원 에드 헤스Ed Hess는 "리더가 좋은 사고의 롤모델이 되어야 한다"[62]고 말한다. 그러려면 리더 자신이 호기심을 갖고 배우고 문제를 해결하는 방법에 대해 매우 개방적이어야 한다. "리더는 자신의 생각을 사람들 앞에서 큰 소리로 말할 수 있어야 한다."

다행스럽게도 리더들은 대부분 호기심이 많다. 이는 저널리스트 애덤 브라이언트Adam Bryant가 10여 년 동안 〈뉴욕타임스〉에 게재한 「코너 오피스」에 등장한 사람들의 프로필을 근거로 내린 결론이다.

브라이언트는 인터뷰한 많은 CEO에게는 공통적인 특징이 있다고 말한다.

"그들은 '응용화된 호기심'이라고밖에 달리 표현할 방법이 없는 정신적 습관을 공유한다. 그들은 무엇이든 묻는다. 그들은 일이 작동하는 원리를 알려고 하고, 같은 일도 어떻게 하면 더 잘할 수 있는지 궁금해한다. 그들은 사람들에게 호기심을 가지며 그들의 개인적인 사연을 알고 싶어 한다."[63]

질문하는 문화를 조성하려면 리더가 호기심을 가지고 기회가 있을 때마다 질문하는 기질을 드러내야 한다. 그래서 버클리대학 경영학 교수 모튼 핸슨Morten Hansen은 회의할 때도 '개방형 질문'으로 시작하라[64]고 한다. 그는 자기 의견을 말하는 것으로 회의를 시작하는 리더가 아주 많다고 지적하며, 이렇게 되면 "방에 있는 다른 사람들은 그저 묵묵히 협조만 하는 사람이 된다"고 말한다.

질문하는 리더는 군말 없이 시키는 대로 하는 사람들보다 다른 의견을 제시하는 사람들을 좋아한다. 에디슨인터내셔널 유틸리티 지주회사의 CEO 페드로 피자로Pedro Pizarro는 심지어 회사 내 고위 간부들에게 공개 장소에서 자신에게 반대하라고 요구하기까지 한다. "그러면 사람들은 내가 높이 평가하는 사람도 나와 언쟁을 벌일 수 있다는 사실을 알게 된다."[65]

질문하는 모습을 직접 보여주는 것은 중요한 출발점이기는 해도 그것 역시 첫 단계에 지나지 않는다. 더그 코넌트는 조직 문화에 변화를 주려면 3가지 단계를 밟으라고 조언한다. 우선 어떤 문화를 원하는지부터 알아내야 한다. 그런 다음 그런 문화를 표방하겠다고 선언한다. 그리고 마지막으로 그것을 뒷받침할 수 있는 관행을 만들어내야 한다. '선언' 부분은 쉽다. 하지만 선언해놓고 별다른 후속 조치를 하지 않는 리더가 아주 많다.

코넌트의 공식을 약간 바꾸면 리더는 두 부분으로 되어 있는 질문으로 시작할 수 있다. 나는 어떤 문화를 원하는가? 그리고 그런 문화를 조성하는 데 필요한 행동과 조건은 무엇인가?

어떻게 하면 안전하게 질문할 수 있을까?

호기심을 장려하고 배우고 질문하게 만드는 문화를 조성하려면 어떤 조건을 갖춰야 하는가? 교육계는 이 문제로 많은 고민을 해왔다. 호기심과 질문을 권장하려는 교사들은 학생들이 질문을 더 많이 할 수 있는 분위기를 만들기 위해 문제를 4가지로 나눠 생각했다. 어떻게 하면 안전하게 질문할 수 있을까? 질문에 대한 보상은 어떻게 해야 하는가? 어떻게 하면 질문을 생산적으로 만들 수 있을까? 어떻게 하면 질문하는 습관을 들일 수 있을까?[66]

이런 문제는 학교뿐 아니라 사업과 직장에도 그대로 적용된다. 안전을 예로 들어보자. 학생들이 교실에서 손을 들고 질문하기를 두려워하는 것처럼, 직장인도 약 3분의 2는 "직장에서 질문하면 안 된다"[67]고 여기는 것으로 조사되었다. 그들은 여러 이유로 사람들이 질문을 달가워하지 않으며 심지어 반항으로 간주한다고 생각한다.

따라서 질문하는 문화를 조성할 때 1번째로 해야 할 일은 질문의 안전지대를 조성하는 일이다. 이를 위해 교사들은 다양한 방법을 쓴다. 어떤 질문을 해도 좋고 어떤 질문도 평가하지 않겠다고 일러주는 한편, 학생에게 개별적으로 질문해보라고 요청하고 때로는 질문의 수준을 향상시키는 활동이나 훈련 계획을 마련하기도 한다.

교실에서 아이들이 질문할 때 느끼는 두려움을 줄이는 방법은 직장에서도 그대로 통한다. 소규모 스타트업이든 세계적인 대기업이든 그 점에서는 차이가 없다. 일단 참가자를 소그룹으로 나누면 많은 사람 앞에서 질문해야 하는 부담을 줄일 수 있다. 가능하면 질문을 많이 하라고 독려하되 질문이 좋다 나쁘다 등의 말로 평가하지 않는다면 사람들은 점점 더 자유롭게 질문한다. 그래서 늘 말없이 앉아 듣기만 하던 직원만 보던 경영진들은 달라진 모습에 깜짝 놀라지만, 그런 위험 부담이 큰 분위기에서 질문하는 것에 긴장하지 않는 사람은 거의 없을 것이다.

리더들은 훌륭한 교사가 즐겨 하는 말을 따라 "아무 질문이나 해도 돼"라고 말할 수 있다. 실제로 매주 한 번씩 CEO가 누가 어떤 질문을 하든 꼭 답변해주는 정책을 시행하는 회사도 있다. 구글이 바로 그런 경우인데, 그들은 직원이 좋아하는 질문을 온라인 투표로 선택하게 하고 답변을 한다. 이 방법을 좀 더 적극적으로 확대할 수 있다. 매주 또는 매달 회사에 있는 모든 매니저와 슈퍼바이저가 '무엇이든 질문하세요' 세션에 참가하는 것은 어떨까?

용기를 내서 질문하게 하려면 질문했다고 해서 질책을 당하거나 홍잡히는 일이 없다는 점을 분명히 인식시켜야 한다. 익명으로 질문을 제출하도록 시스템을 만들고 싶다면 그렇게 해도 좋다. 그러나 신분을 숨기고 질문하는 것이 썩 보기 좋은 모습은 아니다. 건강한 질문 문화에서는 누구나 떳떳하게 질문할 수 있어야 한다. 그러려면 직원이 "왜 이런 부품 결함에 대해 아무런 조치를 하지 않았던 거죠?"

라고 질문하면서도 후환을 두려워하지 않는 환경을 조성해야 한다.

간혹 질문했다가 묘한 방식으로 혼쭐이 날 때가 있다. 더 많은 일로 '보상 아닌 보상을 받는' 경우다. 누가 이렇게 묻는다. X 문제는 이렇게 하면 더 잘할 수 있지 않을까요? 그러면 매니저는 이렇게 대답한다. 그런 지적을 해주니 고맙군. 이 문제에 관심이 많은 것 같은데 자네가 책임지고 이 일을 처리하는 것은 어떤가? 기회를 잡은 것 같지만 질문한 사람은 자기 발등의 불을 끄기도 벅차고 그 문제를 도맡아 처리할 능력도 부족하다. 이런 대응은 손을 들어 문제를 지적한 사람의 기를 꺾는 아주 확실한 방법이다.

질문한 행위를 나무라지 않기로 했으면 질문에 대한 보상도 생각해봐야 한다. 그것은 두 단어로 요약할 수 있다. '인정'과 '동기 부여'다. 여기서 다시 교사들의 방법을 엿보자. 그들 중에는 학생의 질문 중에 가장 흥미롭거나 창의적이거나 합리적이거나 기막힌 것을 골라 '호기심의 벽'에 전시하는 교사들이 있다. 회사나 그 밖의 조직에서도 '이 주의 질문' 콘테스트를 통해 온라인이나 오프라인 게시판에 게시해 질문을 장려할 수 있다.

회사 리더들은 직원으로부터 받은 질문을 메모해두었다가 회의에서 이렇게 말할 수 있다. "며칠 전에 회계팀의 존이 아주 좋은 질문을 했는데 이 자리에서 여러분과 함께 생각해보고 싶습니다." 아니면 더그 코넌트의 방식대로 지정된 경로를 통해 질문을 제출한 사람에게 직접 간단한 답변을 써서 전달하는 방법도 있다. 어쨌든 어떤 형태로든 질문을 인정해주면 큰 비용을 들이지 않고도 리더가 질문을 중요하게 여긴다는 신호를 확실하게 보낼 수 있다.

인센티브를 주는 방법도 있다. 인센티브는 비용이 들지만, 생산적

질문하는 문화를 조성하는 데 필요한 질문 4가지

- **어떻게 하면 안전하게 질문할 수 있을까?** 질문에 대해 엄격한 '평가 금지' 규정을 마련하라. 어떤 질문도 환영한다는 인식을 심어주어야 한다.
- **질문에 대한 보상은 어떻게 해야 하는가?** 생산적인 질문은 직접 말로 인정해주고 더 나아가 보너스나 눈에 보이는 인센티브를 제공할 필요가 있다.
- **어떻게 하면 질문을 생산적인 것으로 만들 수 있을까?** 결과를 만들 수 있도록 질문하는 방법을 훈련시켜야 한다.
- **어떻게 하면 질문하는 습관을 들일 수 있을까?** 질문을 중심으로 회의나 그 밖의 활동이 이뤄지도록 만들 필요가 있다.

인 질문을 하는 사람들에게 보너스나 다른 특권을 제공하는 것은 그만한 투자 가치가 있다. 생산적인 질문은 회사의 정책을 바꾸거나 새로운 연구 프로젝트를 추진하거나 직원 프로그램 또는 회사의 제품을 업그레이드하는 등 변화를 초래하는 질문으로 정의할 수 있다. 기업은 예전부터 해결책을 찾아낸 사람에게 보상을 해왔지만, 그에 앞서 누군가가 먼저 문제를 찾아내고 질문하지 않았다면 해결책도 나오지 않았을 것이라는 사실을 인식할 때가 되었다.

이런 '생산적인' 질문은 4가지 문화 질문 중 3번째 질문을 하게 만든다. 어떻게 하면 질문을 생산적인 것으로 만들 수 있을까?

목표는 사람들이 질문을 더 많이 할 뿐 아니라 좋은 질문을 하도록 만드는 것이다. 문제나 기회를 찾아내는 질문, 새로운 아이디어를 제시하고 개선을 끌어내는 질문 등을 하게 만들어야 한다. 이를 위해 조직은 질문의 기술과 방법과 관행을 훈련시킬 필요가 있다. 여기에는 질문으로 브레인스토밍하고, 하나의 질문을 세련되게 다듬고, 비판적 사고 능력을 기르고, 질문으로 문제를 해결하고, 효과적으로 질문하는 방법 등이 포함된다. 제5부에 이런 질문 기술과 관련된 훈련의 예를 몇 가지 실어놓았다. 대부분 실행하기 쉬운 것이다.

질문을 좀 더 생산적으로 만들려면 질문의 목적이 바람직한 결과를 얻기 위한 것이라는 점을 분명하게 인식시켜야 한다. 철학적인 질문을 놓고 끝없는 토론을 이어가거나 단지 궁금증 자체를 위해 궁금해하는 것은 업무에 도움이 되지 않는다. 물론 혼자 있을 때는 그런 것도 해볼 만하다. 하지만 질문을 활용해 실질적이고 가시적인 결과를 낳는 것이 중요하다. 그러려면 새로운 가능성을 따져보는 일부터 그것을 현실로 만드는 방법까지 모든 혁신 과정을 꾸준히 실행할 수 있는 질문 방법을 직원 모두가 이해해야 한다.

질문 문화를 조성하는 것과 관련된 마지막 질문은 이것이다. 어떻게 하면 질문하는 습관을 들일 수 있을까? 그러려면 질문이 마음의 습관이라는 것을 인정해야 한다. 질문을 하면 할수록 자연스레 본능적으로 예전에 무시하거나 당연하게 여겼던 것에 대해 의문을 품고 질문하게 된다. 다시 말하지만 정해놓고 연습하면 질문을 습관으로 만들 수 있다. 보상도 마찬가지다. 질문이 일상적 업무의 관행이 될수록 질문하는 습관은 더 빨리 몸에 배게 된다. 그러니 이렇게 자문해보라.

모든 회의를 질문으로 시작한다면? '질문하는 날'을 정해놓고 그때 모두 모여 이런 질문을 한다면? 오늘 우리는 어떤 가정에 도전할 수 있는가? 모두가 한 주에 하나씩 야무진 질문을 생각해내 그것을 동료에게 알리라고 한다면?

중요한 질문을 동료와 함께 해결하려 할 때는 학교의 방법론을 빌리는 것도 괜찮다. 특히 '질문 기반 학습IBL, Inquiry-Based Learning'이라는 교수법[68]을 참고할 필요가 있다. IBL은 아이들이 어려운 질문을 정형화한 다음 소유권을 갖도록 장려하기 위해 고안한 방법론이다.

IBL을 직장에 적용할 때는 4단계로 나눠 생각할 수 있다. (1) 직원 개인이나 팀에게 문제를 다루는 데 필요한 야심 찬 질문을 정형화하도록 요구한다. 그렇게 만들어진 질문은 먼저 상사나 경영진에게 보내 승인을 받도록 한다. (2) 직원이나 팀은 그 질문을 연구한다. 회사는 일정 분량의 '자유 시간'을 할당해주어 마음 놓고 연구하게 한다. (3) 연구가 끝나면 질문자는 회사나 부서에 발표할 때 그 질문과 거기서 터득한 내용을 공유한다. (4) 동료 청중은 '우리가 어떻게 해야 하는가?'를 논의하는 브레인스토밍 세션에 합세해 질문자가 학습한 내용을 즉시 업무에 적용할 방법을 모색한다.

IBL 프로젝트, 질문을 기반으로 한 회의, 정해진 일정에 따라 진행하는 질문 연습 등을 통해 직원은 질문하는 습관을 확실하게 몸에 붙이고 질문 기술을 세련되게 다듬을 수 있다.

생산적인 질문 문화를 조성하는 데 알아두어야 할 마지막 핵심 사항은 2가지다. 먼저 사람들이 질문을 많이 할수록 갈등의 요인이 많아진다. 따라서 상대방의 비위를 건드리지 않는 질문을 공손히 하도록 가르치는 것이 중요하다. 단어 선택에 조심하고 단순하고 부드러운 말투를 쓰면 맞서기 위한 것이 아니라 호기심 때문에 묻는다는 것을 상대방에게 알릴 수 있다.

회사 또한 어느 정도까지는 의견 차이가 있는 것이 정상이라는 원칙을 기반으로 활발한 토론을 할 수 있도록 규정을 마련할 필요가 있다. 버클리대학 모튼 핸슨은 이를 '싸우며 단결한다'는 말로 요약한다. "당신은 직원이 진정한 토론을 하기 바란다. 그것이 가장 좋은 의사결정의 지지 기반이기 때문이다."[69] 이런 노선에 부합하는 질문으로는 제프 베이조스의 질문이 압권이다. "만약 합의가 이뤄지지 않아도 어떤 방향에 대한 확신이 있다면, 이렇게 말하는 것이 좋다. '이 문제로 의견이 나뉜다는 것을 알고 있다. 하지만 나를 한번 믿어 보는 것은 어떨까? 의견이 달라도 일은 해야 할 것 아닌가?'"[70]

마지막으로 특정 인물에게만 질문 권한을 주는 것이 아니라 포괄적이고 광범위한 질문 문화를 원한다면, 모든 사람이 호기심을 가질 수 있다는 사실부터 인정해야 한다. 호기심 전문가 이안 레슬리Ian Leslie의 말을 인용하면, 호기심은 '특성이 아닌 하나의 상태'다. 호기심은 상황이나 환경, 조건에 따라 부풀기도 하고 시들해지기도 한다.[71] 자극적이고 개방적이며 탐구하고 질문하는 환경을 조성한다면 사람들의 호기심은 부쩍 커질 것이다.

그러나 말수가 적어 호기심을 공개적으로 표현하지 못하는 사람도 여전히 있다. 질문은 권력이나 특권과 얽혀 있다. 질문할 자격이 있다고 생각해 질문을 자주 하는 사람이 있고, 아웃사이더 같은 태도를 취하거나 예의를 차리는 편이어서 하고 싶은 질문도 참는 사람이 있다.

말수가 적은 사람의 의견을 끌어내는 것도 리더가 할 일이다. 컨설턴트 제인 현Jane Hyun과 오드리 리Audrey Lee는 리더들에게 이런 질문을 권한다. 얘기를 안 한 사람이 누구지? 누구에게 마이크를 줄까?[72] 인종이나 성별 외에도 근무 기간이나 부서에 따라 사람들의 말이 '들리지 않는' 이유는 여럿이다. 하지만 질문하는 문화에서는 누구나 대단한 질문을 할 수 있고 또 해야 하므로 이런 요소는 전혀 중요한 문제가 되지 않는다.

제5부

일상에서 질문을 탐구하라

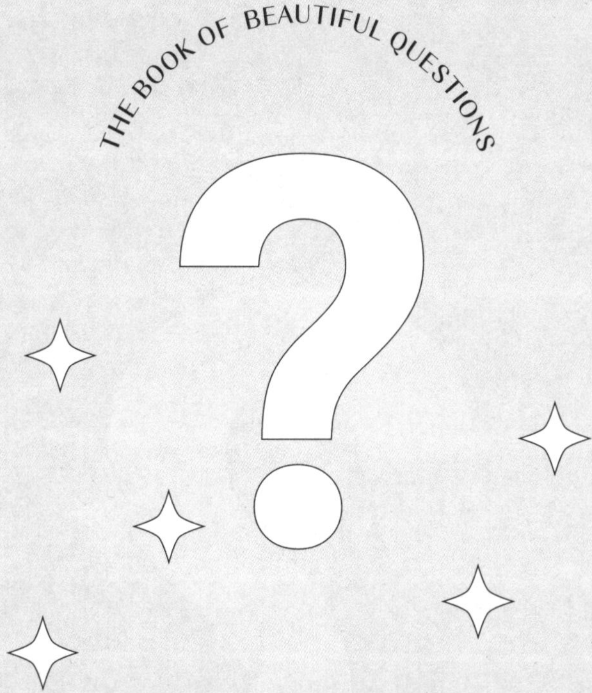
THE BOOK OF BEAUTIFUL QUESTIONS

질문을 어떻게 행동으로 옮길 것인가?

지금까지 많은 질문을 제시했다. 하지만 질문을 놓고 생각하는 것과 실제로 사용하는 것은 별개의 문제다. 나는 질문Questioning과 행동Action을 병행하면 꼭 변화Change를 끌어낼 수 있다고 믿는다Q+A=C. 반면 질문Questioning에서 행동Action이 빠지면 철학Philosophy만 남는다Q-A=P. 철학도 필요할 때가 있겠지만 이 책은 질문을 통해 일이나 관계, 삶의 여러 상황에서 실질적인 결과를 얻어내는 데 초점을 맞추었다. 그러려면 질문을 내게 유익한 무엇으로 만들어야 한다.

물론 쉬운 일은 아니다. 우리는 무슨 일이 닥치면 별생각 없이 본능적으로 습관에 따라 정해진 방식대로 급하게 행동하고 일을 처리한다. 그게 일반적인 성향이다. 우리는 대부분 시간을 '자동 항법 장치'에 맞춰놓고 지낸다. 그게 꼭 나쁜 것은 아니다. 자동 항법 장치로 해놓으면 그 시간에 다른 일을 할 수 있고 따로 유쾌하거나 심지어 생산적인 공상을 할 수도 있다. 그러나 중요한 결정을 내려야 하거나 난감한 문제를 풀거나 창의적인 작업을 하거나 중요한 대화를 해야 할 때가 있다. 그럴 때는 수동 모드로 바꿔 신중하게 생각하고 질문을 활용해 생각에 자극을 주어 사고의 방향을 필요한 쪽으로 유도해야 한다.

필요할 때 스스로에게 '더 많이 질문하라'라고 타이른 다음 질문 모드로 바뀌기를 기대하면 그것으로 그만인가? 그동안 심리학자나 행동과학자들을 만나 인터뷰했지만, 일반적으로 인간이 중요한 상황에서 좀 더 신중해지고 자신에게 질문을 더 많이 하도록 스스로 훈련할 수 있는지는 조금씩 견해가 달랐다. 그래도 우리의 타고난 성향을 통제하는 것이 거의 불가능하다는 생각이 가장 우세했다. 특히 충동적으로 결정하거나 대화에 감정적으로 반응하는 사람들에게는 생각 모드로 바꾼다는 것이 결코 쉬운 일이 아니다. 중요한 순간이 닥치면 스스로 여유를 가지고 질문을 더 많이 하라고 자신을 타이를 수 있지만, 그 순간에도 대부분 평소 하던 대로 행동하게 된다.

하지만 전문가들은 자신에게 더 많은 질문을 하도록 독려하는 것이 꼭 불가능한 일은 아니라고 생각한다. 물론 연습을 해야 한다는 전제가 붙고 외부의 도움을 받아야 할 때도 있지만. 외부의 도움은 주요 사항을 일깨워주는 '외부 신호'의 형태로 오기도 한다. 외과 의사나 항공기 조종사는 중요한 순간에 인쇄된 점검표를 확인한다.[1] 이륙하기 전에 X, Y, Z 하는 것을 잊지 마시오. 질문할 때도 이런 점검표를 쓸 수 있다. 이 경우 점검표는 '믿을 만한 사람'이나 동료가 되기도 한다. 그는 중요한 순간에 내게 이렇게 묻는다. 꼭 해야 할 질문을 틀림없이 했어? 나도 그에게 같은 질문을 할 수 있다.

내가 권하는 외부 신호는 'Q 카드'다. Q 카드는 전략적으로 중요한 자리에 비치해도 되고 수행원이 지니고 다녀도 된다. 물론 카드를 동료와 같이 써도 좋다. Q 카드는 중대한 상황이 닥치기 전에 검토할 수 있도록 질문을 준비해두겠다는 아이디어다.

이들 질문은 처음 시작할 때만 의미 있다. 시간이 지나 질문하는 것이 습관이 되고 어떤 상황에서 어떤 유형의 질문이 효과가 좋은지 알게 되면 카드나 목록을 따로 출력해야 할 필요를 느끼지 못할 것이다. 작성한 목록이 머릿속에서 차츰 정돈되고 진화하는 과정에서 각자 자신에게 맞는 세련된 질문을 개발하면 된다.

언제든 질문할 수 있도록 Q 카드를 준비하라

이 책의 '질문 박스'에는 200개 정도의 질문이 실려 있는데, 직장과 일상생활에서 만나게 되는 30가지 정도의 상황에 쓸 수 있다. 이 책 홈페이지에 접속하면 이 질문 박스들을 PDF 형식으로 출력할 수 있어 자신만의 Q 카드를 만들 수 있다. 책에 실린 질문 박스를 오리거나 전자책에 있는 모든 질문을 하이라이트로 설정하는 것보다 출력하는 편이 나을 것이다. 해당 웹사이트 beautifulquestion.com/Q-cards에 접속해 설명대로 따르면 된다.

이 책 끝부분에는 '질문 색인'이 달려 있다. 여기에는 박스의 질문과 그 외의 질문까지 포함해 이 책에 나오는 500개 이상의 질문이 실려 있다. 이 질문 목록도 같은 웹사이트에서 출력할 수 있다. 'Question Index' 탭만 클릭하면 된다.

필요할 때 활용할 '멋진 질문'을 만들 때는 이 책에서 설명한 3가지 주요 주제를 명심해야 한다. 이 3가지는 질문을 정교하게 다듬는 데 도움이 될 것이다.

(1) 이 책에 실린 질문, 특히 '왜'라는 질문은 대부분 기본적인 고정관념에 의문을 제기한다. 따라서 앞으로 자신만의 질문 목록을 작성할 때는 이런 '고정관념 타파' 작업부터 해야 한다는 점을 잊지 말자.

(2) 관점을 바꾼다. 이 책에 실린 질문은 대부분 문제를 다른 각도에서 보도록 만든 것이다. 다른 각도라는 말은 다른 사람의 견해일

수 있고 다른 시기의 관점, 즉 미래의 시점에서 현재를 바라봤을 때의 견해일 수 있다.

(3) 주요 주제는 반직관적 효과다. 이 책에 나오는 질문은 대부분 예상과 상반되는 가능성을 생각해보도록 부추긴다. 고정관념에 도전하고, 관점을 바꾸고, 반대의 경우를 생각하는 이 3가지 주제는 새로운 질문을 목록에 추가할 때 꼭 명심해야 할 사항이다.

더 많은 질문을 하려면 두려움·지식·편견·지나친 자신감·시간 등 '질문의 적'과 대담하게 맞서야 한다. 호기심 많은 4살짜리 아이야 두려움 없이 아무 질문이나 할 수 있지만, 우리는 하기 싫은 질문을 억지로라도 해야 한다.

그래서 제안을 하나 하겠다. 내일 정오가 되기 전에 소박한 질문을 적어도 하나 해보라. 커피를 왜 마시지? 왜 매일 아침 커피를 마실까? 이런 커피 습관이 언제 어떻게 시작됐을까? 커피의 역사는? 이런 K컵 머신은 언제 발명되었을까? 그 발명도 질문에서 시작됐을까? 그래, 구글을 찾아봐야겠군.

혼자서 이런 식의 '초보' 질문을 하도록 습관을 들이는 것도 좋지만, 질문하는 용기를 키우려면 질문을 공개적으로 해야 한다. 커피숍에서 바리스타가 하는 행동을 유심히 지켜본 다음 공손하게 물어보라. 지금 라떼 만드는 모습을 보다 궁금증이 생겨서 그러는데요, 그렇게 하는 특별한 이유라도 있나요? 진정한 호기심과 관심은 언제 어디서나 환영받는다는 사실을 금방 확인하게 될 것이다.

지식과 편견과 지나친 자만도 넘어야 할 또 하나의 도전이다. 우선 알고 있다고 생각하는 것 하나를 고른다. 그리고 내가 틀렸다는 것을 증명해보라. 정말 제대로 해보고 싶다면, 제1부에 소개한 아노펜지어스의 '급소를 찌르는' 질문 접근법을 따라 해보라. 매일 자신에게 이렇게 물어보면 된다. 왜 내가 믿는 것을 믿는가? 한 가지 특별한 믿음을 골라 사정을 봐주지 말고 추궁해보라.

질문하는 습관을 들일 때 가장 큰 장애는 5번째 적, 시간이다. 질문하려면 시간을 대가로 치러야 한다. 급히 결정하거나 즉석에서 대응해야 할 때도 잠깐 멈춰 생각할 시간이 필요하다. 한가롭게 산책하거나 방에 혼자 앉아 중요한 질문을 곰곰이 생각하려면 시간이 더 많이 걸린다.

시간을 들일 때도 '행동하면서 하는 질문'과 '성찰하면서 하는 질문'으로 나눠 생각해볼 필요가 있다. 전자는 어떤 결정을 하거나 사람들과 소통하거나 창작 활동을 하다 일의 속도를 조금 줄이고 질문하는 습관을 들이는 것을 말한다. 질문하기 위해 아예 일을 멈추면 시간이 더 걸릴 수 있으니 평소에 질문을 마련해두는 것이 좋다.

성찰은 따로 시간을 내야 하는 문제가 있다. 제4부에 소개한 더글러스 코넌트의 조언대로 아침에 1시간 일찍 일어나 커피를 들고 정원에 나가 생각하는 것도 한 방법이다. 이런 시간에는 향후 진로나 해결해야 할 중요한 문제와 관련된 어려운 질문을 생각해보라. 아니면 구글의 데이비드 피터슨이 권하는 것처럼 출퇴근하는 도중 잠깐 시간을 내어 질문을 생각해보는 것도 좋은 방법이다. 그날 해야 할 일 등 즉석에서 생각난 것도 좋다. 몇 분이 대수롭지 않아 보여도 모이면 그것도 무시 못 할 분량이 된다.

나와 같은 질문학자인 MIT리더십센터 할 그레거슨Hal Gregersen은 하루에 4분만 내어 질문을 생각해도 1년이면 24시간[2]이라고 말한다. 하루 꼬박 질문만 생각하는 셈이다.

아침에 하기 힘들면 밤에 하면 된다. 그 덕에 다음날 불현듯 멋진 생각이 떠오를지 모를 일이다. 링크드인의 공동창업자 리드 호프먼Reid Hoffman은 매일 밤 잠들기 전에 몇 분씩 특정한 문제나 도전에 대해 자기 자신에게 질문하는데, 종종 밤사이에 멋진 대답과 아이디어가 떠올라 몇 분 정도 투자한 것에 대한 보상을 톡톡히 받는다[3]고 말한다. 그 몇 분을 따로 내려면 소셜미디어나 TV 뉴스 보는 시간을 줄여야 한다. 요즘 우리는 몇 시간씩 트윗이나 문자나 뉴스 제목을 훑어보며 '읽고 반응하는' 모드 상태로 지낸다.

이런 미디어에 들이는 시간의 10%만이라도 작정하고 생각하는 시간으로 바꿔보라. '동굴'이나 거북 등딱지, 숲속의 오솔길 등 세상과 잠깐 단절된 장소만 찾으면 되는 일이다. 그리로 갈 때는 스마트폰은 놔두고 질문만 가져가라.

정해놓고 이렇게 하려면 질문을 습관으로 만들어야 한다. 전문가들은 새로운 습관을 들이거나 낡은 습관을 버리고 싶으면 보상 체계를 활용하라[4]고 권한다. 그러니 이렇게 물어보라. 질문한 것에 대해 나 자신에게 어떤 보상을 해줄 수 있을까? 2가지를 생각할 수 있다. (1) 조용히 성찰의 시간을 보냈을 때만 이메일이나 소셜미디어를 확인할 수 있도록 정하는 것이다. (2) 멋진 질문을 하나 만들 때마다 자신에게 방종할 기회를 주는 것이다.

질문 습관을 들일 때는 걸음마 하듯 작은 것부터 시작해 목표한 행동을 조금씩 몸에 익히는 방법이 좋다. 우선 다음에 나오는 쉬운 질문 연습으로 시작해보라. 제시한 연습은 대부분 그동안 다뤘던 아이디어를 실천하는 데 도움이 되는 것들이다.

질문 근육을 키우려면 어떤 워밍업이 필요할까?

질문을 잘하려면 많이 질문해야 한다. 질문 작성이나 '퀘스천스토밍'도 질문을 빨리 효과적으로 할 수 있는 능력을 기르기 위해 고안된 방법이다. 이런 유의 연습을 업무 현장에 실제로 적용해보았고, 그 결과 이런 방법이 특히 질문 근육을 이완시키는 데 좋다는 것을 확인할 수 있었다. 이런 연습은 만만치 않은 문제를 전혀 다른 방향에서 접근하는 데도 도움이 된다. 그것은 다름 아닌 온전히 질문으로만 표적을 공격하는 방법이다.

연습 질문 작성 기법

퀘스천스토밍 연습은 여러 가지가 있지만, 바른질문연구소가 개발한 질문 작성 기법이 가장 좋다.[5] 이 연습은 회사 연수나 학교 교실에서 그룹으로 해도 좋고 개별적으로 해도 된다. 방법은 이렇다.

(1) **'질문의 초점'을 잡는다**. 먼저 질문을 만들 때 중점을 둬야 할 주제를 두세 단어로 된 전제나 선언으로 표현하라. '기술적 변화' '호기심 장려하기' '균형 잡힌 삶' 등. 질문으로 시작하지 말라. 선언

이나 문구를 기반으로 질문을 작성하는 편이 더 쉽다.

(2) **질문을 만든다**. 정해진 시간(10분 정도) 안에 '질문의 초점'을 기반으로 가능한 한 많은 질문을 만들어 적어보라. 의견이나 답변은 안 되고 오직 질문만 적어야 한다. 어떤 질문이 좋은지 토론도 하지 말라. 이때 나오는 아이디어는 단지 주제를 여러 다른 각도에서 묻기 위한 것이다.

(3) **질문을 좋게 고쳐본다**. 적어놓은 질문으로 작업을 시작하라. 닫힌 질문은 열린 질문으로, 열린 질문은 닫힌 질문으로 고쳐보라. 균형 잡힌 삶이 바람직한가로 시작하는 닫힌 질문은 왜 균형 잡힌 삶이 바람직한가로 바꿀 수 있다. 이렇게 하다 보면 몇 가지 경우로 좁혀지는 질문도 있고 확대되는 질문이 있다는 것을 알게 된다. "질문 방식에 따라 결과도 달라지고 방향도 바뀐다"라고 바른질문연구소 댄 로스스타인Dan Rothstein은 말한다.

(4) **질문의 우선순위를 정한다**. 마음에 드는 질문 3개를 고르라. 흥미를 돋우거나 새로운 발상의 단서가 될 만한 것을 찾아보라.

(5) **이후의 단계를 정한다**. 이제 선택된 질문으로 뭔가를 해야 할지, 한다면 어떻게 할지 등을 결정해야 한다. 이 질문들을 다른 사람에게 알려줘야 할까? 이들 질문에 답을 구하려면 조사해야 하나?

(6) **알아낸 내용을 바탕으로 깊이 생각해본다**. 잠깐 시간을 내어 '질문으로 생각하는 것'이 어떤 느낌인지, 질문을 작성하는 과정에 대해 무엇을 배웠는지 생각해본다. 하면 할수록 조금씩 쉬워지는가? 질문을 더 좋게 수정하거나 하나의 질문으로 다른 질문을 생각해내는 어떤 요령을 알아냈는가? 이렇게 하면 배운 것을 확실히 파악해 다음에 더 잘할 수 있다.

좀 더 좋은 질문을 만들 수 있을까?

질문을 만들어봤으니 이제 질문을 더 좋게 만들어보자.

연습 질문을 더 좋게 만드는 방법 6가지

질문을 고치는 방법은 많지만, 퀘스천스토밍 연습에서 나온 마음에 드는 질문으로 해볼 수 있는 간단한 방법 6가지만 소개하겠다.

(1) **개방형으로 바꾼다.** '예/아니오' 이상의 답을 원한다면 닫힌 질문을 '무엇' '왜' '어떻게' 등이 들어가는 질문으로 바꿔야 한다. 작년 이후로 상황이 달라졌는가라고 묻기보다는 작년 이후로 상황이 어떻게 달라졌는가라고 묻는 것이 더 좋다.

(2) **폐쇄형으로 바꾼다.** 그러나 내재된 결함이 있는지 확인할 때처럼 간단히 '예/아니오'로 질문하는 편이 더 나을 수 있다. 그럴 때는 왜 이런 문제가 생기는 걸까? 같은 질문을 던져 많은 시간을 들이기보다 단순히 이렇게 묻는 편이 좋다. 이것이 문제인가?

(3) **질문의 초점을 좁힌다.** 질문이 정확하면 답도 좋게 나온다. 요즘 같은 시장의 변화는 우리에게 어떤 영향을 미치는가? 대신 이렇

게 묻는 편이 낫다. 전자상거래의 인기 상승이 우리에게 어떤 영향을 미칠까?

(4) **거기에 '왜'를 더한다**. '질문 뒤에 감춰진 질문'에까지 손을 뻗어야 한다. 그렇게 하려면 질문한 뒤에 '왜'를 덧붙이면 된다. "어떤 트렌드에 관심이 가장 많이 가는가?"는 이렇게 바꿔 물어보라. "어떤 트렌드에 가장 관심이 많이 가는가? 왜 그런가?"

(5) **부드럽게 바꾼다**. 질문 하나 때문에 대결 분위기가 형성되기도 한다. 같은 질문도 부드러운 말로 시작하면 분위기를 누그러뜨릴 수 있다. 비판이 목적이 아니라 호기심에서 묻는다는 인상을 주는 문구가 좋다. 왜 그런 식으로 하는 거지라고 묻기보다는 궁금한 게 있는데 왜 그런 식으로 접근하게 됐지가 훨씬 부드럽다.

(6) **중화한다**. 다른 의도를 가지거나 듣고 싶은 답이 나오게 할 생각을 하지 말고 질문이 중립적이 되도록 해야 한다. 유도 심문은 검사나 수사관에게는 효과가 있지만, 일반적으로 피해야 할 방법이다. 그 영화 끔찍하지 않았어? 같은 질문은 의도가 뻔히 보이는 유도 질문이다. 이렇게 바꾸면 조금 나아진다. 그 영화, 광고만큼 좋았던 것 같아? 이렇게 하면 더 좋아진다. 그 영화 어땠어?

'헛소리 탐지기'는 어떻게 시험하는가?

비판적인 사고능력을 다듬고 싶다면 간단한 연습을 해보라. 전부 공정하게 평가할 수 있도록 만든 질문들이다.

연습 비판적 사고 훈련

신문이나 블로그의 의견이나 평, 칼럼을 읽고 5가지 질문을 해보라.

(1) 이 주장은 증거가 얼마나 확실한가? 어떤 주장을 위해 제시한 논점이 얼마나 많은지 나열해보라. 그런 다음 각 논점을 뒷받침하는 증거들을 생각해보라. 이 증거는 믿을 만한 출처에서 나온 것인가? 그런 주장 뒤에 감춰진 다른 의도는 없는가?

(2) 그 주장이 말하지 않는 것은 무엇인가? 기사에서 누락된 내용, 즉 충분히 보도되지 않은 내용이나 누락된 세부 사항, 반대 의견이 없는지 살펴보라.

(3) 논리에 조리가 있는가? B 때문에 A를 믿어야 한다는 논리에 결함이 없는지 살펴보라. 알고 보면 A와 B 사이에는 별다른 연관성이 없을지 모른다.

(4) 상반되는 견해로는 어떤 것이 있을까? 확실하게 대립되는 견해를 찾을 수 없다면, 반대 입장의 사람이라면 뭐라고 했을지 생각해보라. 가능하다면 상반된 논점을 다양하게 생각해보는 것이 좋다.

(5) 어느 쪽 증거가 더 많은가? 이 같은 가장 어려운 질문을 던지는 것으로 연습을 마무리하라. 상반된 견해가 당초 주장보다 더 확실한가? 아니면 원래의 주장이 완벽하지는 않더라도 타당한가? 어떤 주장에 대해 찬성과 반대가 다 가능할 때도 사리에 맞는 판단이라야 비판적 사고라고 할 수 있다.

연습 못마땅한 생각과 싸우기[6]

다른 사람의 주장에 대해 비판적으로 생각해본 후, 나 자신의 신념도 똑같이 비판해보라. 특히 부정적인 견해를 갖고 있는 대상을 찾아보라. 그런 다음 질문을 사용해 그런 나의 부정적 견해의 타당성을 비판하고, 그 주장에 긍정적인 측면은 없는지 따져보라. 이것은 비판적 사고를 활용해 못마땅한 생각과 싸우는 연습이다.

우리는 어떤 일을 마주했을 때 부정적인 사건을 연상하거나 부정적인 인식이나 가능성에 비중을 많이 두는 '부정 편향'에 빠지기 쉽다. 업무를 제대로 처리하지 못하면 '난 해고될 거야'라며 걱정한다. 뉴스를 들으면 단정적으로 말한다. '세상이 미쳐 돌아가는군.'

이런 생각이 들면 그것을 완전한 서술문으로 적은 다음 그에 대해 비판적인 질문을 던져보라. 이런 주장을 뒷받침하는 증거는 무엇인가? 그 증거는 얼마나 믿을 만한가? 이 주장에서 빠진 정보는 없는가? 이 주장은 논리적으로 타당한가? 상반된 주장으로는 어떤 것이 있는가?

'미쳐 돌아간다'라는 주장으로 연습을 한다면 이와 반대되는 주장도 얼마든지 가능하다는 것을 금방 알게 될 것이다. 세계인의 평균적인 건강과 복지 등 세상이 계속 좋아지고 있다는 것을 알려주는 지표를 찾아보면 된다.[7] 문제는 눈길을 끄는 기사 제목이 흔히 보기 힘든 불쾌하고 섬뜩한 사건에 초점을 맞추고 있다는 점이다.

'피를 흘려야 시선을 끈다'라는 오래된 뉴스 공식은 여전히 힘을 발휘한다. 비판적인 사고를 개발하려면 세상의 정황을 알려주는 정보의 출처가 부정적인 쪽으로 편향되어 있다는 사실을 감안해야 한다. 그렇다고 해서 뉴스의 신빙성을 무조건 의심하라는 말은 아니다. 단지 우리가 어떤 사건을 판단할 때 그런 편향성을 고려해야 한다는 의미일 뿐이다.

비판적 사고는 세상을 부정적으로 바라보게 하지만, 비판적 질문을 잘 활용하면 자신에 대한 부정적인 생각을 바로잡아주는 자가 치료 수단이 될 수도 있다. 심리학자 주디스 벡Judith Beck은 환자들이 가지고 있는 부정적인 생각의 진실성에 의문을 제기하도록 가르치는 치료법을 적극 활용한다고 말한다. 이 일에 대한 나의 좋지 못한 감정이 과연 정당한 것일까?[8] 이 상황을 달리 볼 방법은 없을까?

자신에 대한 부정적인 생각을 시험대에 올릴 수 있는 아주 좋은 질문이 2가지 더 있다. 먼저 이렇게 묻는 것이다. 나하고 가장 친한 친구가 자신에 대해 이와 똑같은 부정적인 말을 한다면, 나는 그에게 뭐라고 말해줄까? 그다음 질문은 이렇다. 오늘은 얼마나 좋았는가?[9] 심리학자 마틴 셀리그먼은 매일 이런 긍정적인 질문을 하고 답하는 행위만큼 부정적인 사고에 더 강력한 해독제가 없다고 말한다.

주변 세상을 신선한 눈으로 본다면?

질문은 세상을 바라보는 하나의 방법이다. 그저 보이는 대로 받아들이는 것이 아니라 유심히 보고 의문을 갖는 태도다. 문제는 이것이다. 어떻게 하면 익숙한 일상 세계를 신선한 눈으로 볼 수 있을까? 영화 〈죽은 시인의 사회〉의 한 장면처럼 책상 위로 올라서는 것도 한 방법이다. 로빈 윌리엄스가 연기한 키팅 선생은 책상 위로 올라가 "여기서 보면 세상이 전혀 다르게 보인다"라고 말한다. 하지만 발밑의 책상은 넘어갈지 모르니 좀 더 안전한 연습을 해보자.

연습 세상을 신선하게 바라보기

(1) 매일 보는 것을 사진으로 찍는다. 아침 식탁이나 직장 풍경, 카페, 피트니스센터 로비 등을 클로즈업으로 찍는다.

(2) 사진을 자세히 들여다본다. 시선을 전경에서 배경으로 옮겨보라. 사진을 확대해 세밀하게 보고 다시 축소해 전체 맥락을 보라.

(3) 그전까지 의식하지 못했던 것 3가지를 찾아보라. 작고 하찮은 것, 병치, 패턴 등.

(4) 이렇게 찾은 3가지를 각각 질문으로 바꾼 다음 원래의 질문에 추가할 질문이 없는지 살펴보라. 책상 이쪽은 깔끔한데 저쪽은 왜 저렇게 어수선할까? 내가 일하는 방식에 대해 할 말이 없는가?

일단 살펴보고 질문하는 연습을 끝냈으면 이제 문제를 찾아보라. 해볼 만한 문제점을 찾을 수 있다면, 일이 아주 잘 되어가는 중이다.

연습 문제 찾기

일상적인 활동을 하거나 여행하면서 뭔가를 기록해보라. 하지만 이번에는 아무 곳에나 카메라를 들이대는 것이 아니라 '짜증 나게' 하는 일을 적는다. 뉴스를 읽을 시간이 없다거나 문이 잠겼다거나 커피 주문하는 줄이 너무 길다는 등.

이런 일상의 짜증을 '왜' '만약에' '어떻게' 사이클로 표현해보라. 개혁가나 발명가들은 '왜' '만약에' '어떻게' 순으로 질문해 문제를 해결하는 경우가 많다.[10] 이 3가지 질문은 3가지 다른 탐구 작업을 수행한다. '왜'는 문제를 이해하는 데 도움이 된다. '만약에'는 대안을 생각해내는 데 필요하다. '어떻게'는 보다 실용적이고 실천적인 태도로 해결책을 찾게 이끌어준다.

확인한 문제 중 하나에 초점을 맞춰 '왜' 질문을 가능한 한 많이 생각해보라. 이런 문제가 애당초 왜 존재했는가? 왜 아직도 해결한 사람이 없는가? 상상력을 발휘해 여러 가지 '만약에' 가능성을 브레인스토밍하라. X를 해본다면? Y를 시도하는 것은 어떨까? 그런 다음 '만약에' 중에 가장 마음에 드는 질문을 하나 골라 '어떻게' 질문으로 바꿔보라. 어떻게 하면 이 괜찮은 '만약에' 아이디어를 하나의 프로젝트로 만들 수 있을까? 첫 단계는 어떻게 해야 할까? 연습으로 그치지 않고 이 질문을 가지고 계속 씨름을 할지와 상관없이 아마도 일상의 짜증을 최소화할 방법이 보이기 시작했을 것이다.

집안 문제나 직장 문제에도 '왜' '만약에' '어떻게' 프레임워크를 적용해볼 수 있다. 우리 가족은 좀처럼 저녁을 같이 먹지 않는 것 같아. 또는 우리 부서는 전략적인 계획에 좀처럼 끼지 못하고 있어. 이런 소재를 통해 3가지 질문 코스가 어떻게 실행 가능한 해결책으로 이어지는지 살펴보라.

연습 연계성 질문

우리는 여전히 '창의적인 질문' 모드에 있지만 이제 '연계성 질문'을 연습해보자. 연계성 질문은 2가지 별개의 대상에 대해 이 둘을 하나로 합친다면 어떻게 될까라고 묻는 질문을 말한다. 이런 형태의 결합성 사고는 아이폰에서 뮤지컬 〈해밀턴〉까지 많은 위대한 창작물을 낳는 계기가 되었다.

2010년에 나온 베스트셀러 『뱀파이어 헌터, 에이브러햄 링컨』도 이런 발상에서 비롯된 작품이다. 이 책의 저자인 세스 그레이엄 스미스Seth Grahame-Smith는 서점의 인기 서적 코너에 역사적 인물을 모아놓은 자리 옆에 뱀파이어에 관한 책들이 놓인 것을 보고 이런 연계성 아이디어를 생각해냈다.[11] 그러니 꼭 서점이 아니더라도 아무 가게에든 들어가 하이브리드가 될 만한 재미있는 테마나 아이템을 찾아보라. 집 주변을 둘러보거나 잡지를 들춰봐도 결합할 만한 소재는 쉽게 찾을 수 있을 것이다.

이런 조합을 질문으로 표현해보라. 훈족의 왕 아틸라가 느닷없이 실리콘밸리에 떨어졌다면? 감자 깎는 칼을 장갑과 결합하면 어떤 모양이 될까? 일단 연결할 아이디어가 떠올랐으면 그에 대해 질문해보라. 흥미로운 점은 무엇이고 효과가 없는 부분은 어디일까? 이와 비슷한 것 중에 더 흥미로운 조합은 없을까? 흥미를 끌만 한 요소가 없어도 두뇌에는 연결 작업이라는 과제를 부여한 셈이다. '만약에' 조합이 그럴듯하다고 생각되면, 아이디어에 살을 붙일 방법을 자신에게 물어보라.

첫 대면의 어색함은 어떻게 깰 것인가?

질문으로 사람들과 새로운 관계를 만들 수 있고 관계를 심화시킬 수 있다. 칵테일 파티나 처음 보는 사람들을 만날 수 있는 장소에서 이런 질문을 시도해보라. 관건은 안녕하세요? 날씨 좋죠? 같은 상투적 질문을 하지 않는 것이다. 그보다는 질문 상자 속으로 깊이 들어가 좀 더 의미 있는 대답이나 이야기를 끌어낼 질문을 찾아보라.

연습 첫 대면의 어색함을 깨는 질문

모임에서 누구에게 말을 걸기 전에 자기 자신에게 이렇게 물어보라. 내가 파티에서 기자라도 되는 듯 상대방의 사연을 캐묻는다면?

이제 그런 이야기를 털어놓게 만들 질문을 생각해보라. 내 이야기 중 남들에게 들려주고픈 이야기는 무엇인가? 입장을 바꿔놓고 생각해서, 다른 사람이 내 입으로 내 얘기를 하게 만든다면 그 사람은 어떻게 질문해야 할까? 이처럼 입장을 바꿔보면 내가 물어야 할 질문의 종류에 대한 일반적인 의미를 짐작할 수 있다.

여러 목적에 두루 활용할 수 있는 사례를 몇 가지 소개하겠다. 요즘 특별히 관심을 두고 하는 일이 있나요? 지난주에 가장 재미있었던 일이나 특별히 배울 게 있었던 일이 있나요? 원하는 사람 누구하고도 오후 한나절을 보낼 수 있다면 누구를 선택하시겠어요? 이 중 하나를 그대로 써도 좋지만, 대본대로만 하는 것은 피하기 바란다. 자신의 무기고에서 질문을 골라 상황에 어울린다고 생각되는 것을 사용해보라.

일단 대화를 시작했으면, 패러프레이징이나 메아리 질문 등 상대방의 말을 확인하는 적극적인 듣기 기법을 통해 열심히 듣고 있다는 것을 보여줘야 한다. 정말로 정상에 올랐어요? 추가 질문을 통해 감정까지 얘기하게 만들어라. 그 위에 섰을 때 기분이 어땠어요?

처음 보는 사람에게 정해진 질문만 받는 데 익숙한 사람들은 이렇게 말하는 듯한 표정으로 쳐다볼 것이다. 당신 지금 선을 넘는 것 같은데? 그러면 그냥 이렇게 말하라. "난 이런 식으로 묻는 걸 좋아해요. 재미있는 얘기를 들을 때가 종종 있거든요." 가끔 이렇게 미친 척할 때가 있다는 것을 보여줬으면 공은 상대방에게 넘어간 것이다. 어쩌면 그쪽도 이렇게 생각할지 모른다. 재미있는 얘기야 당연히 있지! 그 정도 사연도 없을까 봐?

여기서 팁 하나! 대화가 자연스럽게 내 의견이나 이야기 쪽으로 넘어가면, 말을 수시로 멈추고 상대방에게 어떻게 생각하세요라고 묻는 것을 잊지 말라.[12] 이것은 하버드대학 질문학자 제임스 라이언이 가장 좋아하는 질문이다. "이 질문은 질문으로서도 쓸모가 있지만, 상대방의 견해를 청해 들어야 한다는 것을 상기시키는 기능도 한다. 이렇게 의식적으로 상대방을 대화에 참여시키지 않으면 그들은 계속 입을 다물게 되고 대화 분위기는 갈수록 가라앉는다."

연습 L.I.F.E. 질문[13]

가족이 모이면 으레 얘기꽃이 핀다. L.I.F.E. 질문 연습은 일주일에 한 번 아이들과 함께 저녁 식탁에서 할 수 있는 게임이다. 사소한 일화나 일상의 이야기를 통해 친밀감을 높이고 추억을 나눌 수 있다. 돌아가면서 한 사람씩 L.I.F.E. 질문에 답하도록 하라. 다음 일요일 저녁때도 L.I.F.E. 게임을 한다는 것을 알면 모두 그때 얘기할 이야깃거리나 추억을 생각하고 준비할 것이다.

L. 이번 주 내내 머릿속에서 떠나지 않는 뭐 사소하더라도Little 별난 일이 없니? 우리가 기억해두고 다른 사람에게도 얘기해줘야겠다고 마음먹은 사소한 일들이 우리의 삶을 이어주는 이야기들이다. 그리고 '별난 일'에 초점을 맞추면 아이들의 관심을 끌 수 있다.

I. 이번 주에 새로 알게 된 정보Information는 뭐가 있지? 새로 알게 된 사실이나 배운 지식을 얘기함으로써 다른 사람들을 즐겁게 하면서 그 지식을 더욱 확실하게 두뇌에 각인시킨다.

F. 이번 주에 했다가 잘 안 된Failed 것은 뭐가 있니? 의류 업체 스팽스를 설립한 사라 블레이클리는 저녁 식탁에서 아버지가 자주 묻는 이 질문에서 많은 영감을 받았다[14]고 한다. 일상적으로 저지르는 시행착오를 인정하고 토론하면 실패는 누구나 하는 것이며 전혀 두려워할 대상이 아니라는 것, 실제로 문제를 더 잘 해결할 수 있는 단서를 얻게 된다는 점을 깨닫게 된다.

E. 이번 주에 나누었던 대화Exchange 중에 뭐 기억할 만한 것 있니? 이런 질문을 하면 어떻게 지내니? 정도로 끝내지 않고 그 이상의 대화를 이어갈 수 있고 상대방의 생각과 기분에 관심이 있다는 사실도 드러낼 수 있다.

연습 조언을 대신할 수 있는 질문[15]

이런 대화체 질문 연습은 조언을 자제하고 대신 유도성 질문을 하기 위한 훈련이다. 배우자나 친구, 직장 동료와 일대일로 연습해보라. 1번째 단계는 이렇게 묻는 것이다. 조언이 필요하거나 혼자 해결하기 어려운 일 있어? 상대방의 이야기를 듣다 좋은 해결 방법이 생각나도 이래라저래라 얘기하면 안 된다. 대신 질문을 통해 그들이 알아내도록 유도하는 것이 좋다. 이렇게 물어보라.

(1) 어떻게 돼가? 어려운 문제가 있으면 내게 말해봐.

(2) 어떤 시도를 해봤어?

(3) 문제를 해결하기 위해서 뭐든 할 수 있다면 어떻게 할래?

(4) 그 밖에 다른 건? 필요하다면 더 좋은 해결책이 나올 때까지 이 질문을 반복해도 좋다.

(5) 이 중 어느 것이 가장 괜찮아 보여?

(6) 이 아이디어를 실행하는 데 방해가 되는 것은 무엇이고, 어떻게 처리해야 할까?

(7) 당장 실행에 옮기려면 무엇부터 해야 할까?

나 자신을 인터뷰한다면?

질문을 통해 상대방의 입을 열게 할 때처럼 자신에게도 같은 방법을 써보라. 셀프 인터뷰를 하면 나 자신의 개인적인 이야기를 더욱 분명하게 정리할 수 있다. 그러면 취업 인터뷰나 네트워킹 활동, 엘리베이터에서 상사를 만나 그래서 자네가 하고픈 이야기는 뭔가라는 질문을 받았을 때도 꼭 해야 할 대답을 술술 할 수 있다.

연습 내 이야기를 멋지게 만들기

누구나 내가 어떤 사람인지, 어떤 성과를 냈는지, 내가 중요하게 여기는 것은 무엇인지, 어떤 일을 하려 하는지 등을 가장 잘 설명할 수 있는 이야기 하나 정도는 갖고 싶을 것이다. 실제로 심층적인 취업 인터뷰 때 면접관들이 묻는 것도 이런 이야기다. 그들은 지원자의 장점이나 포부 외에 이 사람이 자신의 결함을 아는지, 알면 어떻게 해결할 생각인지 판단하려 한다. 그래서 취업 인터뷰에 나올 만한 질문을 통해 자신을 가장 잘 보여줄 수 있는 이야기를 만들어내는 것은 당연하고도 합리적인 시도다.

'멋진 인터뷰 질문'은 디지털 뉴스 서비스 매체 〈쿼츠Quartz〉[16]의 한 인기 게시물에 올라온 CEO들이 즐겨 활용하는 질문에서 힌트를 받은 것이다. CEO들에게 깊은 인상을 주었다면, 멋진 이야기가 있다는 얘기다. 그래서 여기 거울을 마주 보고 거울 속 인물에게 물어볼 질문이 있다. 각각의 질문을 생각해보고 최소한 몇 줄이 되도록 답을 써보라.

(1) 존경받는 사람이 되고 싶은가, 상대가 두려워하는 사람이 되고 싶은가?

(2) 지금까지 살면서 품었던 꿈 중에 가장 큰 꿈은 무엇인가?

(3) 어렸을 때는 어떤 사람이 되고 싶었는가?

(4) 실패했을 때 어떤 식으로 대응했는가?

(5) 사람들에게 어떻게 대우해주기를 바라느냐고 묻는다면 그들은 뭐라고 답할 것 같은가?

CEO들이 들려준 질문 외에도 내가 만든 질문이 더 있다. 이 책에 나온 것들이다.

(6) 내 문장은 무엇인가? 내 삶을 한 문장으로 요약한다면 어떤 문장이 될까?

(7) 나의 테니스공은 무엇인가? 강아지처럼 열심히 쫓는 나의 테니스공은 무엇인가?

(8) 더 잘했으면 하는 것이 있는가?

일단 모든 질문에 대한 답이 나오면, 그 답들을 엮어 하나의 이야기를 만들어보라. 이런 식이다. 나는 "'내 문장은 무엇인가'의 답을 적는 사람이다'. 특별히 마음이 끌렸던 것은 "'테니스 볼'이라는 대답'이었다. 어렸을 때 나는 "'아이다운' 대답'을 했다 등.

이야기의 시작과 중간과 끝이 자연스레 이어져 탄탄한 하나의 이야기로 묶일 때까지 계속 다듬는다. 그리고 필요할 때 전체든 부분이든 금방 활용할 수 있도록 머릿속에 담아두라.

질문을 하면 가족 사이가 좀 더 가까워질까?

제4부에서 얘기했지만, 회사의 리더는 조직의 연혁이나 원래의 목적과 관련해 그럴듯한 배경 이야기를 하나 가지고 있어야 한다. 즉 회사가 표방하는 명분과 사명선언문 더 나아가 사명 질문이 있어야 한다. 한 집안의 가장은 어떤가? 작가 브루스 파일러Bruce Feiler는 글을 통해 이 주제를 탐구했고, 폴 설리번Paul Sullivan도 최근 〈뉴욕타임스〉 칼럼에서 이 문제를 다뤘다.[17] 이러한 자료 등을 바탕으로 질문을 사용해 우리 집안의 이야기를 찾아내고 지금도 유효하고 각자의 분발을 촉구하는 집안의 '사명 질문'을 만들어보자.

연습 가족 이야기와 사명 만들기

집안의 전통을 중심으로 시작해보라.

- 우리 선조가 태어난 곳은 어디인가? 이 나라에는 언제 왔는가?
- 우리 선조는 이곳에 오기 위해 어떤 난관을 넘었는가?
- 우리 집안에 내려오는 전통은 무엇인가? 그것은 언제 어떻게 시작되었는가?

- 네가 아는 집안 이야기가 있는가? 내가 아는 것은?
- 특히 우리 가족은 어떤 난관을 극복해야 했고 실제로 어떤 어려움을 이겨냈는가?
- 근래 몇 해 동안 가족 중 누군가가 이룩한 업적 중 가장 대단한 업적은 무엇인가?
- 그런 이야기들은 오늘 우리에게 어떤 의미가 있는가?
- 우리 집에서만 하는 농담이나 노래는 어떤 것이 있는가?

그런 다음 의미나 목적을 질문으로 바꿔보라.

- 우리 가족의 일원이 된다는 것은 무엇을 의미하는가?
- 우리 가족의 일원이라는 것에 대해 네가 느끼는 것과 내가 느끼는 것은 어떻게 다른가?
- 네가 알고 있거나 들었던 이야기를 생각하면 누가 가장 흥미로운 삶을 살았던 것 같은가? 왜 그렇게 생각하는가?

마지막으로 공동의 사명을 알아보는 질문으로 연습을 끝낸다.

- 우리 가족의 가치관은 무엇인가?
- 일상생활 외에 우리 가족이 따로 추구하는 것은 무엇인가? 보다 더 큰 목적은 무엇인가?
- '어떻게 하면 우리는…'으로 시작하는 우리 가족의 사명 질문을 어떻게 만들어야 하는가?
- 나는 그 사명에 어떤 기여를 할 수 있는가?

결심을 '결심 질문'으로 바꾼다면?

결심을 질문으로 만들면 서술문 형태의 결심보다 더 좋은 효과를 거둘 수 있다.[18] 일리노이대학 한 연구 결과에 따르면, 뭔가를 하기 위해 스스로 동기를 부여할 때 'X를 할 거야!'라는 선언을 'X를 할까? 어떻게 하면 X을 할 수 있을까?'로 바꾸면 더 좋은 결과가 나온다고 한다. 왜 질문을 하면 그냥 결심할 때보다 더 의욕이 나는가? 우선 질문을 하면 그냥 말할 때보다 주제에 더 몰두하게 된다. 질문은 해결책이 될 만한 것들을 생각하게 하고 심지어 질문이 내게 도발하기도 한다. 질문하는 즉시 두뇌는 곧장 문제로 달려든다. '올해는 좀 더 재미있는 사람들을 만나봐야지!'라고 결심하는 대신 '어떻게 하면 좀 더 재미있는 사람들을 만날 수 있을까?'라고 물어보라.

질문은 궁금증을 촉발시킨다. 음, 만약 X를 한다면 어떻게 될까? 아니면 Y를 하려 한다면? 그러면 두뇌는 사람들을 만날 색다른 방법을 찾기 시작한다. 질문은 또한 결심에 비해 덜 위협적이다. 질문은 부담을 덜 준다. 자신에게 행동을 촉구하도록 압력을 넣어야 한다고 생각하는 사람도 있지만, 결심이 주는 압력은 좀처럼 즉각적인 결과를 만들어내지 못한다. 반면 질문은 용서도 잘하고 자기 자신에게 재량권도 더 많이 넘겨준다. 질문을 받았다고 해서 당장 대답해야 하는 것은 아니고 꼭 대답해야 하는 것도 아니다. 질문을 놓지 않고 한 단계씩 답을 향해 나아가면 된다.

게다가 질문은 진술보다 '공유하기' 더 쉽다. 어떤 대단한 일을 하겠다고 마음먹을 수는 있지만 그런 결심을 선언으로 듣고 싶어 하는 사람은 아무도 없을 것이다. 하지만 다른 사람에게 '어떻게 하면 X를 더 잘할 수 있을까?' 또는 '어떻게 하면 Y를 더 좋게 만들 수 있을까?'라고 물으면 그들도 그 질문에 대해 생각하게 되고 답을 찾도록 도움을 준다. 여기 결심을 조금 비틀어 질문으로 행동을 바꿀 수 있는 몇 가지 연습이 있다. 이를 '결심 질문'이라고 하자.

연습 자기만의 결심 질문을 만들라

(1) 자신을 위해 퀘스천스토밍을 생각할 때는 결심 질문을 '어떻게 하면' 질문으로 바꿔보라. 어떻게 하면 물을 더 많이 마실 수 있을까?

(2) 그 질문을 종이 위에 굵은 글씨로 쓰거나 출력해 벽에 붙인다.

(3) 목표를 달성하는 데 도움이 되는 아이디어가 떠오를 때마다 그것을 '만약에' 질문으로 바꾼다. 회사에 계속 쓸 수 있는 물병을 가지고 다닌다면? 이 질문을 '어떻게 하면 물을 더 많이 마실 수 있을까?' 아래에 적는다.

(4) 이렇게 만들어진 '만약에' 질문 목록을 눈에 잘 띄도록 붙여놓으면 볼 때마다 분발해 실천할 생각이 들 것이다. 그렇게 퀘스천스토밍을 한 단계씩 실천해가면 된다.

사람들이 재미있어하고 즐거워하는 질문은 없을까?

기업이나 학교에서 '질문 문화'를 조성하는 것이 CEO나 학교장만의 일은 아니다. 질문의 긍정적 효과를 확신한다면, 직장이든 집이든 학교든 동네든 장소와 관계없이 주변 사람들을 독려해 더 많은 질문을 하도록 부추겨야 한다.

연습 사람들이 즐겁고 재미있어할 만한 질문 만들기

- 집에서 일주일에 하루는 '질문의 밤'으로 정해 질문으로만 의사소통하도록 해보라. 주제를 정해놓고 질문으로 된 노래를 생각해보는 것도 좋은 방법이다. 이 책 사이트www.amorebeautifulquestion.com/50-question-songs에 실행 목록을 만들어놓았다. 퀘스천스토밍이나 그 밖의 질문과 관련된 활동을 해보라. 다음 사이트www.questionweek.com/exercises-to-build-your-questioning-muscles에 가면 몇 가지 예를 찾을 수 있다.
- 아이들을 다독여 질문을 많이 하도록 하면 질문이 얼마나 멋진 효과를 발휘하는지 아이들도 깨닫게 될 것이다. 아이라고

아무 때나 권할 수 있는 일은 아니다. 어떤 나이가 되면 질문을 '촌스럽다'라고 단정하기 때문이다. 하지만 아이폰이나 인스타그램, 인기 있는 앱 등 아이들이 좋아하는 아이디어가 전부 질문으로 시작되었다고 얘기해보라. 아이들이 구체적인 증거를 요구하면 이 책의 웹사이트에서 질문으로 시작된 멋진 아이디어에 관한 이야기를 찾아 보여주면 된다. 질문하는 사람은 반항아이자 독불장군이고 일론 머스크나 비욘세같이 규칙을 우습게 여기는 사람이라는 점도 함께 지적해보라. 그것으로 충분하지 않다면 실리콘밸리에 특히 많은 질문자가 그 질문 하나로 세상을 지배한다는 사실을 일러주어도 된다.

- 자녀나 친구가 좋은 질문을 하면 칭찬하고 축하해주어라. 그 질문을 적어 냉장고에 붙이거나 소셜미디어로 공유하라.
- 아이들이 학교에서 돌아오면, 그날 좋은 질문을 했는지 물어보라. 노벨상 수상자인 이지도어 아이작 라비Isidor Isaac Rabi는 브루클린에서 보낸 어린 시절의 이야기를 하며, 다른 집 어머니들은 아이에게 "오늘은 뭘 배웠니?"라고 묻지만, 그의 어머니는 "이지, 오늘은 무슨 좋은 질문을 했니?"라고 물었다고 한다.
- 매니저나 상사라면 정말로 아랫사람들을 소중히 여기고 그들의 말을 듣기 원하는 것처럼 보이는 질문을 해야 한다. 질문에 대한 보상도 생각해볼 필요가 있다. 나는 강연할 때 처음 질문한 사람에게 책을 선사하곤 한다. '첫 질문'을 하려면 용기가 있어야 한다. 누군가 물꼬를 트면 다른 사람들도 마음 놓고 질문하게 된다.
- 누군가 좋은 질문을 했으면 그저 "참 좋은 질문이군요"라고 말

한 후 그냥 넘어가지 말라. 왜 그것이 멋진 질문이고 중요한 질문인지 설명해야 한다. 이제 그 질문이 생명을 얻었으니 그 질문으로 무엇을 했으면 좋을지도 물어봐야 한다.

나만의 '대단하고 멋진 질문'은 무엇인가?

멋진 질문은 수없이 많다. 우리는 그런 질문들을 결정하고 창작하고 연결하고 리드하는 데 수시로 반복해서 사용한다. 이 책에 실린 질문이 아니더라도 누구나 직접 질문을 만들어 쓸 수 있다. 하지만 시간을 두고 꾸준히 탐구할 만한 단 하나의 특별한 질문을 찾아내는 것도 중요하다. 그것을 '대단하고 멋진 질문BBQ, Big Beautiful Question'이라고 하자. BBQ는 대담하고 야심 차고 실행 가능해야 한다.

내 BBQ는 10년 전에 어떻게 하면 더 많은 질문을 하게 만들 수 있을까라는 질문으로 시작되었다. 이 책을 쓰는 것도 이 질문을 깊이 탐구하는 과정의 하나다. 그런 탐구를 위해 다른 것도 한다. 여러 조직을 찾아 질문하는 요령과 방법을 알려주고 설득한다. 하지만 요즘은 학교에 비중을 두고 교사와 시간을 보내면서 교실에서 질문이 더 많이 나오도록 하는 방법을 찾는 데 집중하고 있다. 질문하는 사람들과 비판적으로 생각하는 사람, 혁신가, 평생 배우는 사람들을 얼마나 많이 육성하느냐에 따라 우리의 미래가 달라진다고 생각하기 때문이다. 앞으로 다가올 세상은 이런 사람들을 훨씬 더 많이 필요로 할 것이다.

나만의 BBQ는 어디서 어떻게 찾을 것인가? 우선 내 관심사와 열정이 어디에 있는지부터 살펴보라. 어떤 것이 내 마음을 사로잡고, 어떤 것이 마음에 걸리며, 무엇을 해야겠다고 생각하는지 등을 몇 가지 질문으로 만들어보라. '테니스 공'을 설명한 제1부를 참고해도 된다. 진짜 '문제'를 보려면 눈을 크게 떠야 한다. 그 문제는 내 마음을 흔들고 나만의 방식으로 내가 '소유'할 수 있는 문제다. 그런 문제가 내 앞에서 모습을 드러내기도 하지만 그때도 한 걸음 물러나 새로운 눈으로 바라볼 필요가 있다.

어떤 목표를 염두에 두고 적극적으로 추구하고 있다면 그것을 당장 질문으로 바꿔보라. 그렇게 하면 틀림없이 새로운 방법으로 도전할 생각이 떠오르고 다른 사람들에게 말하기도 쉬워질 것이다.

나만의 BBQ를 만들 때는 '어떻게 하면' 형식으로 바꾸는 편이 좋다. 다른 사람들과 함께 작업하는 일이라면 '어떻게 하면 우리가'로 바꾸면 된다. 이런 형태의 질문은 위력이 대단하다. 이런 질문은 개방적이고 확장성이 있지만, 행동 지향적인 질문을 만들 수 있게 해주므로 기술을 혁신하는 사람이나 질문을 기반으로 교육하는 사람, 전향적인 사상가들이 점점 더 많이 사용하는 추세다. 혁신적인 기업으로 유명한 IDEO의 CEO 팀 브라운의 말대로 '어떻게 하면' 질문은 창의적인 사고를 자유롭게 풀어놓아 그것이 제 기량을 마음껏 발휘할 수 있게 만든다.[19] '어떻게 하면'에서 "'어떻게' 부분은 해결책이 어딘가에는 있다고 가정한다. 그것이 창의적 자신감을 제공한다." 한편 "'하면' 부분은 우리가 아이디어를 세상에 내놓을 수 있다는 뜻으로, 그 아이디어가 통하고 통하지 않고는 중요하지 않다."

이런 함축성이 많은 BBQ를 만드는 것을 두려워할 필요는 없다. 복잡한 도전의 다양한 측면을 다루려면 질문의 몸집을 불려야 한다. 아까 말했던 내 질문은 완전한 형태의 모습을 갖췄을 때 이렇게 되었다. 어떻게 하면 교육에 일차적인 초점을 맞추되 업무와 비영리 단체에서도 글과 직접 대면을 통해 질문을 더 많이 하도록 독려할 수 있을까? 이런 식으로 질문을 확대하는 이유는 전반적인 과제 중에 특별히 초점을 맞춰야 할 핵심 사항을 상기시키기 위해서다.

질문이 좀 거창해도 크게 문제될 것은 없지만 그래도 어느 정도는 선을 지키는 것이 좋다. 오늘부터 어떻게 하면 세상의 모든 전쟁을 종식시킬 수 있을까라는 식으로 BBQ를 만들면, 실행하기 어렵다는 것을 금방 알게 되고 오래 지속하기도 어렵다. 물리학자 에드워드 위튼Edward Witten의 말에 따르면, 가장 매력적인 질문은 "답변할 가치가 있을 만큼 어렵거나 흥미로우면서도 실제로 대답할 수 있을 만큼 쉬운 질문"[20]이다.

리더라면 조직이나 집단이 필요로 하는 BBQ, 즉 모두가 그것을 중심으로 모여 앞을 내다보게 되는 비전 질문을 찾아야 한다. 이런 연습을 조직의 목표와 꿈과 미래에 대한 비전을 압축하는 '어떻게 하면' 질문을 탐구하는 기회로 삼아보라.

일단 질문을 만들었으면 적어놓고, 친구들에게 말하고, 소셜미디어에 올리는 등 사람들과 공유할 방법을 찾아야 한다. 그러면 사람들이 멋진 질문을 추구하는 사람을 적극 지지하고 돕는다는 사실에 놀랄 것이다. 그런 질문을 다른 사람들과 공유하고 싶은 사람을 위해 독자들이 보낸 멋진 질문들을 올리는 공간www.amorebeautifulquestion.com/whats-your-beautiful-question을 따로 마련해놓았다. 아직 나만의 질문을 생각하지 못했다면 이 사이트에 접속해서 다른 사람들이 만든 질문을 확인해보기 바란다.

무엇보다 질문을 계속하는 것이 중요하다. 구글 시대를 사는 우리는 질문을 하면 답이 즉시 나와야 한다고 기대한다. 그러나 가장 좋은 질문, 가장 멋진 질문은 구글이 답해주지 못한다. 그런 질문은 다른 성격의 '탐색'을 요구한다. 기꺼운 마음으로 질문의 여정을 계속하되 나만의 질문을 붙들고 고심하고 질문과 함께 잠들고 사람들과 함께 몰두하기 바란다.

감사의 말

먼저 이 책을 쓰도록 계기를 만들어준 편집자 조지 깁슨과 벤 하이먼, 저작권 에이전트 짐 레빈 세 분께 감사하고 싶다. 조지는 『어떻게 질문해야 할까』의 후속작을 쓰도록 격려해주었고 짐은 블룸스베리와 계약을 성사시켰다.

그러다 예상하지 못했던 일이 벌어졌다. 이 책을 끝내기도 전에 조지가 오래 둥지를 틀었던 블룸스베리를 떠난 것이다. 내 책은 편집자도 없는, 이쪽 용어로 '고아'가 되고 말았다. 다행히 블룸스베리는 문제를 즉시 해결해주었다. 조지는 회사를 떠났지만, 이 책의 편집만큼은 계속 맡아서 해주기로 한 것이다. 덕분에 문제는 생기지 않았다. 그들은 벤을 이 책의 사내 편집자로 임명했다. 벤과 조지의 콜라보레이션도 훌륭했지만, 두 사람의 능력은 블룸스베리의 유능한 마케터와 홍보 책임자와 제작진의 지원을 받아 더욱 빛을 발했다.

집필 과정은 쉽지 않았다. 너무 많은 내용을 담으려는 내 욕심 때문이다. 다행히 많은 분이 도와주어 탈고할 수 있었다. 특히 데이비드 클리어리, 로렌 다이얼, 마셜 사엔즈, 에머카 패트릭에게 빚을 졌다. 모두 이 책을 만드는 데 필요한 방대한 조사를 불평 없이 해주었다. 이 자리를 빌려서 다시 감사를 드린다.

인터뷰에 응해준 분들에게도 감사드린다. 책을 쓰는 사람에게 인터뷰를 허락하는 것은 웬만한 관용이 없이는 내리기 힘든 결단이다. 이런 인터뷰는 더 많은 보상을 더 빨리 제공하는 언론 매체의 인터뷰와 다르다. 책은 언제 출간되는지 얼마나 많은 사람이 읽을지 확실히 장담하지 못한다. 그들이 인터뷰에 응하는 것은 순전히 책의 주제에 진짜 관심이 있기 때문이고 저자에게 도움을 주려는 배려심이 있기 때문이다.

그런 점에서 따로 귀중한 시간을 내어 질문에 관한 문제를 내게 들려준 분들을 지면을 통해 밝히고 싶다. 이분들이 전부는 아니지만 말이다. 애덤 그랜트, 나디아 로페즈, 더글러스 코넌트, 아서 아론, 앤지 모건, 대니얼 J. 레비탄, 캐서린 밀크먼, 닐 브라운, 에드 헤스, 데이비드 버커스, 애덤 핸슨, 로빈 드리크, 돈 더로스비, 마이클 번가이 스태니어, 히마리드 하이, 톰 켈리, 콰메 도스, 키스 야마시타, 리사 케이 솔로몬, 제임스 라이언, 스티브 슬로먼, 캐서린 크롤리, 매슈 프레이, 제이 하인리히, 스콧 배리 코프먼, 레이철 서스만, 크리스토퍼 슈뢰더, 데이비드 쿠퍼라이더, 론 프리드먼, 브루스 마우, 조너선 필즈, 존 실리 브라운, 에릭 메이젤 등은 전작을 쓸 때도 나와 이야기를 나누었고 이번에도 귀한 말을 들려주었다. 조지 콜라이저와 낸시 케슬러, 마크 스트라우스 또한 대단한 통찰과 자료로 적지 않은 도움을 주었다.

『최고의 선택을 위한 최고의 질문』을 쓰는 동안 나는 열심히 '학교를 다녔다'. 교실과 대학 연구센터 등 여러 곳을 방문해 학생과 교사와 이야기를 나누고 질문 연습을 직접 실행하면서 끊임없이 배웠다. 볼링그린주립대학, 뉴욕 비주얼아트스쿨, 볼더의 콜로라도대학, 캘리포니아아트칼리지, 사우스캐롤라이나대학, 오클라호마대학, 메릴랜드아트칼리지, 존스홉킨스대학, 뉴욕대학의 특히 루크 윌리엄스에게 감사드린다.

그래도 가장 많은 것을 배웠던 곳은 중고등학교와 초등학교였다. 그곳에서 만난 분들의 이름을 모두 옮기지 못하는 것이 아쉽지만, 로스앤젤레스교육청, 웨체스터카운티의 여러 공립학교에 감사드린다. 웨체스터카운티의 여러 공립학교 몇몇 분과는 질문 클리닉을 운영했다. 브롱스의 카사중학교로 초대해준 자말 보우먼에게도 감사하다는 말을 꼭 전하고 싶다. 조지아주의 한적한 시골 캐롤카운티의 여러 학교, 달튼스쿨, 로욜라스쿨, 에비뉴즈월드스쿨, 버크셔스쿨, 찰스리버스쿨, 누에바스쿨에는 특별한 감사를 표하고 싶다. 이들 학교와 교사와 학생들은 질문하는 모습을 직접 보여줌으로써 이 책을 쓰는 데 커다란 기여를 해주었다.

나를 초대해주어 질문 기법을 알리고 나름대로 배울 기회를 제공해준 여러 기업과 정부기관에도 심심한 감사를 드린다. 그런 강연을 허락한 기업이 상당히 많아서 일일이 지면에 올릴 수는 없지만, 펩시코, 노보노디스크, 보잉, 샤넬, 오라클만큼은 따로 언급하고 싶다. 과학 분야에서 세계 최고의 지성들과 토론할 자리를 마련해준 NASA도 잊을 수 없다.

바른질문연구소 댄 로스스타인과 루스 산타나를 비롯한 내 동료 '질문학자들'에게 경의를 표한다. 나도 그들을 지지했지만, 그들은 내 작업을 적극 지지해주었고 많은 정보를 제공해주었으며 만남도 주선해주었다. 매년 주최하는 '질문 주간'을 공동 후원해주었다. 조지워싱턴대학에서 질문 연구를 진행하고 있는 전 CNN 앵커이자 『판을 바꾸는 질문들』의 저자 프랭크 세스노에게도 감사드린다. MIT 할 그레거슨은 작가 마릴리 애덤스와 마찬가지로 이 분야를 개척한 사람이다. 밥 티에드Bob Tiede의 블로그 〈Leading with

Questions〉도 매우 귀중한 자료였다. 에드거 샤인과 책 『겸손한 질문』에서 많은 영향을 받았다. 이 분야의 전문가인 에일린 깁과 제라드 세네히와 커트 매든 같은 새로운 사람들을 계속 만나 영감을 얻고 있다. 하나의 학문으로서 이 분야의 수준은 계속 높아지고 있다. 이제 우리는 질문학을 공식적으로 인정받는 그 '무엇'으로 만들 필요가 있다.

그 많은 문헌을 다 열거할 수는 없고 이 책을 쓰는 데 큰 영향을 준 저서 몇 편만 골라서 감사의 말을 전하려 한다. 대니얼 카너먼의 『생각에 관한 생각』을 필두로 칩 히스와 댄 히스의 『자신 있게 결정하라』, 톰 켈리와 데이비드 켈리의 『유쾌한 크리에이티브』, 에드 헤스와 캐서린 루드위그의 『미래를 준비하는 인간』, 그렉 맥커운의 『에센셜리즘』, 이안 레슬리의 『큐리어스Curious』, 닐 브라운의 『11가지 질문도구의 비판적 사고력 연습』, 칼 세이건의 『악령이 출몰하는 세상』, 마크 고울스톤의 『뱀의 뇌에게 말을 걸지 마라』 등은 무엇과도 바꿀 수 없는 아주 소중한 자료들이다.

나는 리차드 래릭, 잭 솔, 캐서린 밀크먼, 존 페인, 차란 란가나스, 김경희, 이선 크로스, 에밀리 에스파하니 스미스, 마틴 셀리그먼, 댄 애리얼리, 존 해먼드, 랠프 키니, 하워드 레이파, 미하이 칙센트미하이, 폴 슬로언, 대니얼 핑크, 엘리자베스 길버트, 칼 뉴포트, 댄 록웰, 스콧 벨스키, 비판적사고재단의 고 리처드 폴 박사, 실용합리성센터 줄리아 갤럽 등의 저술과 연구에도 많은 신세를 졌다.

창의성을 다룬 부분은 존 클리스, 린 마누엘 미란다, 린 노티지, 앤 패칫, 마이크 버비글리아, 고 조지 칼린 등 많은 예술가의 작품과 지혜로부터 영감을 받았다. 조지 칼린의 딸 켈리 칼린은 칼린의 질문 방식에 관해 쉽게 듣기 힘든 정보를 알려주었다.

질문에 관한 내 글과 포스트를 꾸준히 실어주는 〈패스트컴퍼니〉와 〈하버드비즈니스리뷰〉, 비판적 사고에 관한 내 글을 실어주는 〈쿼츠〉와 내 블로그 〈Questionologist〉의 플랫폼을 제공해준 〈사이칼러지투데이Psychology Today〉에도 깊은 감사를 드린다.

질문과 호기심과 창의적 사고와 관련된 훌륭한 칼럼과 기사를 적극적으로 실어주고 알려주는 출판사와 블로그에도 감사의 뜻을 전하고 싶다. 특히 〈뉴욕타임스〉, 〈와이어드〉, 〈오, 디 오프라 매거진〉. 〈오, 디 오프라 매거진〉은 2018년을 '빅 퀘스천Big Questions'의 해로 정했다, 빅 싱크Big Think, 마리아 포포바의 〈Brain Pickings〉, 셰인 패리시Shane Parrish의 〈Farnam Street〉, 에릭 바커Eric Barker의 〈Barking Up the Wrong Tree〉 등에 감사드린다. 내가 사는 동네의 월요마티니클럽에도 특별한 감사를 드린다. 리더인 벤 치버Ben Cheever는 따뜻한 격려와 전적인 지지 외에도 훌륭한 헨드릭스 진을 제공해주었다. 덕분에 글쓰기의 지난한 과정을 이겨낼 수 있었다.

언제나 그렇듯 바버라, 월터, 캐시 버거, 켈리 가족에게 깊은 감사와 사랑을 보낸다. 특히 고 로렌스 켈리에게 따로 감사하고 싶다. '늘 왜라고 물었던' 로렌스의 아버지는 우리에게는 거대한 산이셨다.

내 일과 삶에서 가장 중요한 아내이자 창작의 파트너, 비즈니스 파트너, 평생의 동반자, 질문하는 동료인 로라 켈리Laura E. Kelly에게 모든 공을 돌리며 마무리하려 한다. 로라는 나의 모든 전작에서도 그랬지만 이 책도 처음부터 끝까지 창작 과정에 깊이 관여했다. 몇 해 전 아내를 콕 집어 멋진 질문을 던졌다. "이 여정을 나와 함께 해주겠소?" 고맙게도 그녀는 그러겠다고 답해주었다.

질문 색인

서문

제1부

제2부

이 프로젝트가 어떻게 된 건지 설명해보세요. 잘된 것은 무엇이고 문제점은 무엇이죠? 그리고 배울 점은 무엇인가요? 194

[의견 차이를 좁히기 위한 질문] 어떻게 하면 양쪽 의견을 모두 고려할 수 있을까? 195 나는 무엇 때문에 이런 사지로 뛰어들려 하는가? 198 내가 정말 상대방에게 뭘 배울 생각이 있기는 한가? 199 도저히 이해할 수 없는 저들에게 무엇을 배울 수 있을까? 199 어떻게 하면 양쪽의 의견을 모두 고려할 수 있을까? 199 나는 어떻게 편견을 갖게 되었는가? 201 내가 어느 한쪽으로 기우는 경향이 있다는 것을 안다면, 어떻게 해야 이 새로운 정보나 상황에 대한 견해를 바꿀 수 있을까? 내 문화로 인해 내가 볼 수 없는 것은 무엇인가? 202 지금 '자유'라고 하셨는데 당신이 생각하는 자유의 정의는 무엇입니까? 204 잠깐 제 생각을 설명해도 될까요? 205 당신의 입장을 설명할 때 조금 망설여지는 부분이 있나요? 205, 207 내 주장 중에 마음에 끌리거나 흥미로운 부분이 있습니까? 205, 207 내 주장에 몇 점 주시겠습니까? 당신 주장은 몇 점이라고 생각합니까? 전혀 타당하지 않으면 1이고, 100% 타당하면 10이다. 207 내 점수가 1이 아니고 당신 점수가 10이 아니라면, 이유가 무엇입니까? 207 적어도 우리 두 사람의 생각을 일부나마 충족시켜줄 입장을 생각해볼 수 있을까요? 207 사소한 것이라도 좋으니 우리가 실제로 의견의 일치를 볼 수 있는 부분이 없을까요? 207

어떻게 하면 파트너십을 더 강화할 수 있을까? 209

내가 사랑해서 결혼까지 한 사람이 내게 그런 행동은 문제가 있다고 말하고 또 말하는데, 왜 나는 그녀의 말을 건성으로 듣는 거지? 210

내가 계속하거나 계속하지 않는 일로 인해 결혼생활이 고통스럽게 끝나리라는 것을 안다해도 나는 같은 선택을 반복할까? 210

내가 생각하는 당신 입장을 설명해볼까? 그런 다음 당신도 당신이 생각하는 내 입장을 설명해줄래? 210

내가 어떤 요청을 놓치고 있는 건가?(내가 방금 스마트폰만 뚫어지게 들여다보다 사랑하는 사람의 요청을 무시한 건가?) 211

저 사람이 하는 이런저런 요청에 어떤 반응을 보여야 하나? 211

[막역한 친구끼리 하는 질문] 요즘 힘든 일이 뭐야? 212 평소에 해보고 싶었던 것 있어? 212 돈벌이와 관계없는 일을 시작한다면 뭘 하고 싶어? 212 자서전을 쓴다면 제목은 뭘로 할래? 212 만약 다른 나라에서 1년을 산다면, 어디서 살고 싶어? 212

그 소식을 들었을 때 무슨 생각이 났어? 212

자랑스러웠겠다. 어땠어? 212

그러면 어떤 기회가 생길 것 같아? 212

내가 옳다는 걸 입증하는 게 그렇게 중요한가? 213

부부 사이에 어떤 부분이 문제인지 두 사람 모두 분명히 알고 있는가? 213

저 사람이 없다면 더 행복해질까? 213

파경을 피하려면 무엇부터 해야 할까? 214

미안해. 내가 잘못했어. 용서해줄래? 214

제4부

가 우리의 고객이 되기를 원하는가? 269 어떻게 하면 3번째 파도에 대비할 수 있을까? 270 7세대 뒤의 후손은 지금 우리가 하고 있는 일을 어떻게 생각할까? 270, 271 어떻게 하면 내 일의 모습을 보여줄 수 있을까? 우리의 '비전 질문'은 무엇인가? 270

지금 누구와 시간을 보내고 있는가? 다루는 현안은 무엇인가? 어디로 여행하는가? 무엇을 읽고 있는가? 270

10분 뒤, 10개월 뒤, 10년 뒤에 이 결정은 어떤 의미가 있는가? 270

어떻게 도와주어야 하는가? 273

어떻게 도와드릴까요? 274

잘되고 있는 것이 뭔가? 우리가 지금 제대로 하고 있는 것이 뭔가? 275

자네 왜 아직도 여기 있는가? 277

사람들에게 무엇을 물어봐야 할까? 277

현장이 어떻게 돌아가는지 살피고 있는가? 278

마감 문제에 관해 설명해줄 수 있을까? 278

품질을 양보하지 않고 일의 속도를 높일 방법은 없을까? 내가 뭘 도와주면 되겠나? 278

어떻게 해야 내가 아닌 그들의 니즈와 관심사를 대화의 주제로 만들 수 있을까? 279

내 우선순위가 아닌 저들의 우선 사항에 초점을 맞추고 있는가? 내가 저들에게 할 일을 알려주는 것이 아니라 그들에게 선택권을 주고 있는가? 279

[직원에게 물을 때 삼가야 할 질문] 어떻게 돼가나? 왜 그랬나? 누가 일을 망쳤지? 이걸 아직도 안 해봤다고? 280

[대신 이렇게 질문하라] 지금 당장 가장 힘든 일이 무엇인가? 진전이 있나? 내가 이해할 수 있도록 설명을 해주겠나? 우리가 무엇을 하고 있는지, 왜 하는지 자네는 분명히 아는가? 내가 뭘 도와주면 되겠나? 280 오늘 일을 진척시키기 위해 최선을 다했는가? 281 혹시 우리가 자네 일을 방해하는 것이 있나? 281 자네가 지금 가장 뜨거운 열의를 가지고 하는 일이 무엇인가? 281 어떻게 이런 방법을 쓸 생각을 하게 되었나? 281 어떻게 하면 이 일을 잘하게 될 것 같은가? 281

내가 직원들에게 회사의 비전과 우선순위를 물어보면 그들이 과연 분명하게 말할 수 있을까? 282

일 외의 삶에서 자네에게 가장 영감을 주는 일은 무엇인가? 한 인간으로서 계속 배우고 성장하기 위해 따로 하는 일이 있는가? 282

X에 대한 자네의 열정을 우리가 조금 빌려서 되살릴 수 있다면 어떻게 될까? 우리가 어떻게 하면 그럴 수 있을까? 282

나는 진심으로 호기심의 문화를 원하는가? 284

왜 리더는 더 많은 질문을 하도록 독려하는가? 왜 뚜껑을 열어 직원들의 질문을 쏟아져 나오게 하는가? 284

당신 회사에서 직원들의 질문이 많아진다면 그 질문을 어떻게 처리하겠습니까? 285

참고문헌

서문

1 Warren Berger, "The Power of Why and What If?," *New York Times*, July 3, 2016.

2 Karen Huang, Michael Yeomans, Alison Wood Brooks, Julia Minson, and Francesca Gino, "It Doesn't Hurt to Ask: Question Asking Increases Liking," *Journal of Personality and Social Psychology* Vol. 113, mentioned in the *Boston Globe* Ideas column by Kevin Lewis, May 12, 2017, www.bostonglobe.com/ideas/2017/05/12/nYdE1qm6gpihhxChjdrpXP/story.html.

3 Daniel Kahneman, *Thinking, Fast and Slow* (New York: Farrar Strauss and Giroux, 2011).

4 Paul Harris, *Trusting What You're Told: How Children Learn from Others* (Boston: Harvard Press, 2012). Studies also cited in the article "Mothers Asked Nearly 300 Questions a Day, Study Finds," *Telegraph*, March 28, 2013.

5 Ibid.

6 "The Power of the Question," Liesl Gloecker, The Swaddle (blog), March 3, 2017, www.theswaddle.com/how-to-stimulate-curiosity-questions.

7 Ibid.

8 Right Question Institute study based on question-asking data gathered by the National Center for Education Statistics for the 2009 Nation's Report Card. For more on the study, see www.rightquestion.org.

9 This is a widely used term. A recent article on the subject: www.scientificamerican.com/article/you-don-t-know-as-much-as-you-think-false-expertise.

10 *Brain Droppings*, by George Carlin (New York: Hyperion, 1997).

11 *Steve Jobs: The Lost Interview*, a documentary released to theaters in 2012 consisting of an original seventy-minute interview that Steve Jobs gave to Robert X. Cringely in 1995 for the Oregon Public Broadcasting documentary, *Triumph of the Nerds*.

12 Elie Wiesel's essay "The Loneliness of Moses" in *Loneliness* by Leroy S. Rouner (Boston: University of Notre Dame Press, 1998); quoted by Maria Popova in "Loneliness of Leadership, How Our Questions Unite Us, and How Our Answers Divide Us," *Brain Pickings*, May 29, 2017, www.brainpickings.org/2017/05/29/elie-wiesel-the-loneliness-of-moses.

13 Scott Stossel, "What Makes Us Happy, Revisited," *Atlantic*, May 2013.

14 Krista Tippett, *Becoming Wise: An Inquiry into the Mystery and Art of Living* (New York: Penguin Press, 2016).

15 Carl Sagan's last interview in 1996 on *Charlie Rose*. Available on YouTube: www.youtube.com/watch?v=U8HEwO-2L4w.

16 From my interview with Daniel J. Levitin in Apr. 2017, and from his August 2014

Talks at Google, "The Organized Mind: Thinking Straight in the Age of Information Overload," www.youtube.com/watch?v=aR1TNEHRY-U, uploaded Oct. 28, 2014. These themes are also covered in Levitin's book *Weaponized Lies: How to Think Critically in the Post-Truth Era* (New York: Dutton, 2016).

17 Sagan's Baloney Detection Kit was featured on *Brain Pickings* on Jan. 3, 2014, in Maria Popova's "The Baloney Detection Kit: Carl Sagan's Rules for Bullshit-Busting and Critical Thinking," www.brainpickings.org/2014/01/03/baloney-detection-kit-carl-sagan, which excerpted it from Sagan's *The Demon-H aunted World: Science as a Candle in the Dark* (New York: Ballantine, 1996).

제1부

1 From my interview with Katherine Milkman of the University of Pennsylvania, Sept. 2017.

2 From my email exchanges and interview with Daniel Levitin, Apr. 2017. Levitin also covers this theme in his book *Weaponized Lies*.

3 Mike Whitaker's advice in Stephanie Vozza's "How Successful People Make Decisions Differently," *Fast Company*, Aug. 7, 2017.

4 From my interviews with Steve Quatrano of the Right Question Institute, at various points in 2014 and 2015. This quote also appeared in *A More Beautiful Question*.

5 From my interview with Levitin, Apr. 2017.

6 Jack B. Soll, Katherine Milkman, and John Payne, "Outsmart Your Own Biases," *Harvard Business Review*, May 2015.

7 John S. Hammond, Ralph L. Keeney, and Howard Raiffa, "The Hidden Traps of Decision Making," *Harvard Business Review*, Jan. 2006.

8 Daniel Kahneman, "Don't Blink! The Hazards of Confidence," *New York Times Magazine*, Oct. 19, 2011.

9 Ibid.

10 Nelson Granados, "How Facebook Biases Your News Feed," *Forbes*, Jun. 30, 2016.

11 Arno Penzias said this at a Fast Company conference, and it was reported in *The Art of Powerful Questions* by Eric E. Vogt, Juanita Brown, and David Isaacs of the World Café(Whole Systems Associates: Mill Valley, CA, 2003).

12 Daniel Pink shared this question during an online interview with Adam Grant, conducted Aug. 2015 on Parlio.com, www.parlio.com/qa/daniel-pink.

13 Ben Tappin, Leslie Van Der Leer, and Ryan McKay, "Your Opinion is Set in Stone," Gray Matter, *New York Times*, May 28, 2017.

14 Richard Larrick, "Debiasing," a chapter in the *Blackwell Handbook of Judgment and Decision Making* (New York: Wiley-Blackwell, 2004).

15 "The Opposite" aired May 19, 1994, the twenty-first episode of the fifth season of *Seinfeld*. The idea originates when Jerry suggests to George, "If every instinct you have is wrong, then the opposite would be right."

16 From my interview with Daniel J. Levitin, Apr. 2017. Unless otherwise indicated, all quotes from Levitin in this chapter are from that interview.

17 From Julia Galef's TED Talk, "Why You Think You're Right Even When You're Wrong," Mar. 9, 2017, www.ted.com/talks/julia_galef_why_you_think_you_re_right_even_if_

you_re_wrong.
18 Thomas Friedman, "How to Get a Job at Google," *New York Times*, Feb. 22, 2014.
19 Cindy Lamothe, "How 'Intellectual Humility' Can Make You a Better Person," The Cut, Feb. 3, 2017, www.thecut.com/2017/02/how-intellectual-humility-can-make-you-a-better-person.html.
20 From my interview conducted with Edward Hess, Nov. 2017. Hess is also quoted from a podcast interview with Knowledge@Wharton, Jan. 24, 2017. www.knowledge.wharton.upenn.edu/article/why-smart-machines-will-boost-emotional-intelligence.
21 Christopher Schroeder shared this question during my interview with him in Oct. 2017.
22 From Julia Galef's TED Talk "Why You Think You're Right…," Mar. 9, 2017.
23 From my interview conducted with Neil Browne at Bowling Green State College in Feb. 2017.
24 The five critical thinking questions featured are based on my interviews with Neil Browne and also drawn from his book *Asking the Right Questions: A Guide to Critical Thinking*, coauthored with Stuart Keeley (London: Pearson, 2007), as well as from my interviews with Daniel Levitin, and from the chapter on critical thinking/baloney detection in Carl Sagan's 1996 book, *The Demon-Haunted World: Science as a Candle in the Dark*.
25 Featured on Maria Popova's *Brain Pickings* blog, Jan. 3, 2014, www.brainpickings.org/2014/01/03/baloney-detection-kit-carl-sagan/, which excerpted it from Sagan's book *The Demon-Haunted World*.
26 Dr. Richard Paul's thoughts on critical thinking are featured at the website for his Foundation for Critical Thinking (www.criticalthinking.org), and in Dr. Paul's talks available on YouTube, including "Critical Thinking: Standards of Thought," www.youtube.com/watch?v=gNCOOUK-bMQ. "Weak-sense critical thinking" is also discussed in Neil Browne's *Asking the Right Questions*.
27 Daniel Kahneman, "Don't Blink! The Hazards of Confidence," *New York Times Magazine*, Oct. 19, 2011.
28 Jack B. Soll, Katherine Milkman, and John Payne, "Outsmart Your Own Biases," *Harvard Business Review*, May 2015.
29 Chip and Dan Heath, *Decisive: How to Make Better Decisions in Life and Work* (New York: Currency, 2013).
30 "Outsmart Your Own Biases," *Harvard Business Review*, May 2015.
31 From Paul Sloane's blog, *Destination Innovation*, "Got a Big Decision to Make? Try the Three by Three Method," May 2017, www.destination-innovation.com/got-big-decision-make-try-three-three-method.
32 Chip and Dan Heath, *Decisive: How to Make Better Decisions in Life and Work*.
33 Dan Ariely, "A Simple Mind Trick Will Help You Think More Rationally," Big Think, www.bigthink.com/videos/dan-ariely-on-how-to-be-more-rational.
34 Chip and Dan Heath, *Decisive: How to Make Better Decisions in Life and Work*.
35 Ethan Kross's research on using the third person to make decisions is covered in a number of articles, including Pamela Weintraub's "The Voice of Reason,"

Psychology Today, May 4, 2015, www.psychologytoday.com/articles/201505/the-voice-reason.

36 This anecdote involving Intel cofounders Andrew Grove and Gordon Moore has been widely reported. When Grove died last year, it appeared in a number of obituaries, including one by Phil Rosenthal, "What the Late Intel Boss Andrew Grove Can Teach about Managing," *Chicago Tribune*, Mar. 22, 2016.

37 Dave LaHote, "Improvement for the Sake of Improvement Means Nothing," *The Lean Post* (blog of the Lean Enterprise Institute), Apr. 4, 2014, www.lean.org/LeanPost/Posting.cfm?LeanPostId=179.

38 Amazon CEO Jeff Bezos's "2016 Letter to Shareholders," Apr. 12, 2017, www.amazon.com/p/feature/z6o9g6sysxur57t.

39 Various sources, including Marcia Reynolds, "When You Should Never Make a Decision," *Psychology Today*, Apr. 17, 2014. Also covered in Daniel Kahneman's book *Thinking, Fast and Slow* (New York: Farrar Strauss and Giroux, 2011).

40 A variation of this question is found in T. A. Frank, "The Fine Art of Making the Right Decision," *Monday* (an online magazine from The Drucker Institute), Jan.-Feb. 2017.

41 Todd Henry shared this question and other quotes on Srini Rao's *Unmistakable Creative* podcast episode titled "Todd Henry: Becoming the Leader Creative People Need," www.unmistakablecreative.com/podcast/todd-henry-becoming-leader-creative-people-need.

42 From my interview conducted with Khemaridh Hy, May 2017. Unless otherwise indicated, other quotes from Hy in this chapter are from this interview.

43 Heather Long, "Meet Khe Hy, the Oprah for Millennials," CNN Money, Dec. 31, 2016. money.cnn.com/2016/12/30/news/economy/khemaridh-hy-rad-reads-oprah-for-millennials/index.html.

44 Hara Estroff Marano, "Our Brain's Negative Bias," *Psychology Today*, June 20, 2003.

45 James Ball, "Sept. 11's Indirect Toll: Road Deaths Linked to Fearful Fliers," *Guardian*, Sept. 5, 2011.

46 From my fall 2017 series of interviews with Adam Hansen, coauthor of *Outsmart Your Instincts: How the Behavioral Innovation™ Approach Drives Your Company Forward* by Adam Hansen, Edward Harrington, and Beth Storz (Minneapolis: Forness Press, 2017). Unless otherwise indicated, subsequent quotes from Hansen in this chapter are from this interview.

47 These tips are extracted from my interview with Keoghan for the book *No Opportunity Wasted* (New York: Rodale, 2004).

48 Curt Rosengren, "8 Fear-Busting Questions," *Passion Catalyst* (blog), www.passioncatalyst.com/newsletter/archive/fear.htm.

49 The benefits of asking this question are discussed by Eric Barker in "Stoicism Reveals 4 Rituals That Will Make You Mentally Strong," *Barking Up the Wrong Tree* blog, Dec. 2016 www.bakadesuyo.com/2016/12/mentally-strong/.

50 From my interview with Jonathan Fields in 2013 for *A More Beautiful Question*. A couple of Fields's comments here originally appeared in that book, as well as in my Mar. 10, 2014 post for *Fast Company*, "Scared of Failing? Ask Yourself These 6 Fear-Killing Questions," www.fastcodesign.com/3027404/scared-of-failing-ask-

yourself–these–6–fear–killing–questions.

51 Gary Klein, "Performing a Project Premortem," *Harvard Business Review*, Sept. 2007, www.hbr.org/2007/09/performing–a–project–premortem.

52 Also from my 2013 interview with Jonathan Fields.

53 This question, also featured in *A More Beautiful Question*, was used in a slightly different version by Pastor Robert H. Schuller in *Possibility Thinking: What Great Thing Would You Attempt … If You Knew You Could Not Fail?* (Chicago: Nightingale–Conant Corp., 1971). The question, worded as "What would you attempt to do if you knew you could not fail?," was also featured in Regina Dugan's March 2012 TED Talk, "From Mach 20 Glider to Hummingbird Drone" www.ted.com/talks/regina_dugan_from_mach_20_glider_to_humming_bird_drone.

54 From my interview conducted in 2013 with John Seely Brown, also taken from an article by Brown and Douglas Thomas, "Cultivating the Imagination: Building Learning Environments for Innovation," *Teachers College Record*, Feb. 17, 2011, www.newcultureoflearning.com/TCR.pdf.

55 Ron Lieber, "'What Would You Do If You Weren't Afraid?'and 4 Money Questions from Readers," Your Money, *New York Times*, Sept. 2, 2016, www.nytimes.com/2016/09/03/your–money/what–if–you–werent–afraid–and–4–more–money–questions–from–readers.html.

56 Ibid.

57 Levitt's study is described in a column by Arthur C. Brooks, "Nobody Here but Us Chickens," *New York Times*, Jul. 22, 2017.

58 Ibid.

59 This is story is told by Julia Galef in a video titled "Decision Making: Reframing," featured on the Center for Applied Rationality website. (www.rationality.org/resources/videos.)

60 Ed Batista, "Stop Worrying about Making the Right Decision," *Harvard Business Review*, Nov. 8, 2013.

61 Rob Walker, "Finding a New Direction When a Plum Job Turns Sour," from Walker's Workologist column, *New York Times*, Apr. 17, 2016.

62 From Dan Gilbert's March 2014 TED Talk, "The Psychology of Your Future Self," www.ted.com/talks/dan_ gilbert_you_are_always_changing.

63 Adam Grant, "Which Company is Right for You?," *New York Times*, Dec. 20, 2015. (Additional quotes by Grant in this section are from this article.)

64 Ron Friedman is quoted in Ron Carucci's "Before You Accept That Job Offer, Make Sure the Company Does These 3 Things Well," *Forbes*, Jul. 27, 2016, www.forbes.com/sites/roncarucci/2016/07/27/before–you–accept–that–job–offer–make–sure–the–company–does–these–3–things–well.

65 Ayelet Fishbach, "In Choosing a Job, Focus on the Fun," *New York Times*, Jan. 13, 2017. (Other quotes from Fishbach are from the same article.)

66 All quotes from Joseph Badaracco in this section are from a post by Jared Lindzon, "Ask Yourself These 5 Questions before Making Any Major Decisions," *Fast Company*, Aug. 15, 2016. www.fastcompany.com/3062721/ask–yourself–these–five–questions–before–making–any–major–decisions.

67 This question was shared by Michael Bungay Stanier during my interview conducted with him Sept. 2017.

68 Dan Ariely shared this question during an interview with Ron Friedman during the Peak Work Performance Summit (www.thepeakwork performance summit.com). It is also discussed on Dan Ariely's website: www.danariely.com/2014/08/30/ask-ariely-on-mandatory-meetings-the-meaning-of-free-will-and-macroeconomist-musings.

69 Carl Richards, "A Life Full of Experiences May Not Mean Less Financial Security," Your Money, *New York Times*, May 24, 2016.

70 This question from John Hagel also appeared in *A More Beautiful Question*, and originated in Hagel's post "The Labor Day Manifesto of the Passionate Creative Worker," *Edge Perspectives with John Hagel* (blog), Sept. 2012, www.edgeperspectives.typepad.com/edge_perspectives/2012/09/the-labor-day-manifesto-of-the-passionate-creative-worker.html.

71 Cal Newport said this to Dr. Scott Barry Kaufman on Kaufman's *The Psychology Podcast*, Episode 47: "Deep Work," www.acast.com/thepsychologypodcast/dr-cal-newport-on-deep-work.

72 OWN's Super Soul Sessions, "The Advice Elizabeth Gilbert Won't Give Anymore," Oct. 13, 2015, www.oprah.com/own-supersoulsessions/the-advice-elizabeth-gilbert-wont-give-anymore_1.

73 Drew Houston's comments excerpted from his commencement speech at Massachusetts Institute of Technology, Jun. 7, 2013.

74 Martin Seligman discusses this in Julie Scelfo, "The Happy Factor: Practicing the Art of Well-Being," *New York Times*, April 9, 2017.

75 This question was shared by Keith Yamashita during my 2013 interview with him for *A More Beautiful Question*.

76 Tom Rath, *StrengthsFinder 2.0* (New York: Gallup Press, 2007).

77 Greg McKeown, "How to Design Your Life's Mission into Your Career," posted Nov. 27, 2014 on McKeown's blog, www.gregmckeown.com/blog/design-lifes-mission-career/.

78 From my 2012 interview with Dr. Eric Maisel for *A More Beautiful Question*.

79 Mark Manson, "7 Strange Questions That Help You Find Your Life Purpose," posted Sept. 18, 2014 on Manson's blog, www.markmanson.net/life-purpose.net.

80 Mihaly Csikszentmahalyi, *Flow: The Psychology of Optimal Experience* (New York: Harper & Row, 1990).

81 David Brooks, "The Summoned Self," *New York Times*, Aug. 2, 2010, www.nytimes.com/2010/08/03/opinion/03brooks.html.

82 Angela Duckworth, "No Passion? Don't Panic," Preoccupations, *New York Times*, Jun. 5, 2016.

83 Daniel Pink shared this during his interview with Ron Friedman during the 2017 Peak Performance Summit.

84 From Newport's discussion with Scott Barry Kaufman on *The Psychology Podcast*, episode 47.

85 From Manson's post "7 Strange Questions That Help You Find Your Life Purpose."

86 Pink's quotes, plus the original quote by Clare Booth Luce, drawn from Daniel Pink's *Drive: The Surprising Truth about What Motivates Us* (New York: Riverhead Books, 2009). This question and the description of its origin also was featured in *A More Beautiful Question*.

제2부

1 Kelley's story comes from my Sept. 2017 interview with Tom Kelley, earlier interviews (between 2008 and 2012) with Tom Kelley and David Kelley, plus their book *Creative Confidence: Unleashing the Creative Potential Within Us All* (New York: Crown Business, 2013). See also David Kelley's 2012 TED Talk "How to Build Your Creative Confidence," www.ted.com/talks/david_kelley_how_to_build_your_creative_confi dence.
2 Linda Tischler, "IDEO's David Kelley on Design Thinking," *Fast Company*, Feb. 1, 2009, www.fastcodesign.com/1139331/ideos-david-kelley-design-thinking.
3 Tom Kelley and David Kelley, *Creative Confidence*.
4 Girija Kaimal, Kendra Ray, and Juan Muniz, "Reduction of Cortisol Levels and Participants'Responses Following Art Making," *Art Therapy: Journal of the American Art Therapy Association*, Vol. 33, Apr. 2016.
5 Phyllis Korkki, *The Big Thing: How to Complete Your Creative Project Even if You're a Lazy, Self-Doubting Procrastinator Like Me* (New York: Harper, 2016).
6 Mihaly Csikszentmihalyi, *Creativity: The Work and Lives of 91 Eminent People* (New York: HarperCollins, 1996).
7 Quote from poet and author Kwame Dawes, drawn from Jeremy Adam Smith, Jason Marsh, "Why We Make Art," *Greater Good Magazine*, Dec. 1, 2008, www.greatergood.berkeley.edu/article/item/why_we_make_art.
8 Ibid.
9 Cal Newport said this to Dr. Scott Barry Kaufman on Kaufman's *The Psychology Podcast*, Episode 47: "Deep Work," www.acast.com/thepsychologypodcast/dr-cal-newport-on-deep-work.
10 from my Sept. 2017 interview with David Burkus, also discussed in his book *The Myths of Creativity: The Truth About How Innovative Companies and People Generate Great Ideas* (New York: Jossey-Boss, 2015). Unless otherwise indicated, all quotes in this chapter from Burkus are from this interview.
11 From *Creative Confidence*. Brené Brown has talked about creative scars on Elizabeth Gilbert's *Magic Lessons* podcast.
12 Thomas Oppong, "To Get More Creative, Become Less Judgmental," *The Mission* (blog), Nov. 19, 2017. www.medium.com/the-mission/to-get-more-creative-become-less-judgemental-14413a575fa9.
13 Unless otherwise indicated, all of Fadell's quotes in this chapter are from his May 2012 talk at the 99U conference titled "Tony Fadell on Setting Constraints, Ignoring Experts, and Embracing Self-Doubt," www.99u.adobe.com/videos/7185/tony-fadell-on-setting-constraints-ignoring-experts-embracing-self-doubt.
14 Blake Ross, "Lin-Manuel Miranda Goes Crazy for *House* and Hamilton," Playbill, Sept. 21, 2009, and many other sources.

15 Rebecca Mead, "All about the Hamiltons," *New Yorker*, Feb. 9, 2015.
16 Quote from the designer Saul Bass is from his 1968 short film, "Why Man Creates." www.fastcodesign.com/3049941/watch-legendary-designer-saul-bass-explains-why-we-create.
17 Rebecca Mead, "All About the Hamiltons."
18 This term was used and defined in John Thackara's book *In the Bubble: Designing in a Complex World* (Cambridge: MIT Press, 2005).
19 Oliver Sacks, from the essay "The Creative Self," in the posthumous book *The River of Consciousness* (New York: Knopf, 2017).
20 Csikszentmihalyi and Getzel's study is described in Maria Popova's interview of Daniel Pink in "Ambiverts, Problem-Finders and the Surprising Psychology of Making Your Ideas Happen," *BrainPickings*, Feb. 1, 2013. www.brainpickings.org/2013/02/01/dan-pink-to-sell-is-human/.
21 Blake Ross, "Lin-Manuel Miranda Goes Crazy for *House* and Hamilton," Playbill, Sept. 21, 2009.
22 "Tony Fadell on Setting Constraints," 2012 99U Conference.
23 From my interview with Adam Grant, Sept. 2017. Unless otherwise indicated, all quotes from Grant in this chapter are from this interview.
24 Anthony Breznican, "Dennis Lehane's Place in the Sun," *Entertainment Weekly*, May 12, 2017.
25 Robert I. Sutton, *Weird Ideas That Work: 11 and ½Practices for Promoting, Managing and Sustaining Innovation* (New York: The Free Press, 2000).
26 From Bezos's "2016 Letter to Shareholders," Apr. 12, 2017, www.amazon.com/p/feature/z608g6sysxur57t.
27 Thomas Wedell-Wedellsborg, "Are You Solving the Right Problems," *Harvard Business Review*, Jan.-Feb. 2017.
28 From Todd Henry's interview on Srini Rao's *Unmistakable Creative* podcast episode titled: "Harnessing the Power of Your Authentic Voice with Todd Henry," https://unmistakablecreative.com/podcast/harnessing-the-power- of- your-authentic-voice-with-todd-henry/
29 Amy Tan, "Where Does Creativity Hide?" TED Talk, Feb. 2008, www.ted.com/talks/amy_tan_on_creativity.
30 Edward Delman, "How Lin-Manuel Miranda Shapes History," *Atlantic*, Sept. 29, 2015, www.theatlantic.com/entertain ment/archive/2015/09/lin-manuel-miranda-hamilton/408019.
31 KH Kim, *The Creativity Challenge: How We Can Recapture American Innovation* (Amherst, NY: Prometheus Books, 2016).
32 John Kounios, "Eureka? Yes, Eureka!" Gray Matter, *New York Times*, Jun. 11, 2017.
33 Camille Sweeney and Josh Gosfield quoting Laura Linney in *The Art of Doing: How Superachievers Do What They Do and How They Do It So Well* (New York: Plume, 2013).
34 Cleese has discussed this in speeches on creativity, as noted in Chris Higgins, "John Cleese: Create a Tortoise Enclosure for Your Mind," Mental Floss, Nov. 11, 2009.

35 Scott Adams, "Creativity Hack," Aug. 18, 2014, www.blog.dilbert.com/2014/08/18/creativity-hack.
36 Cal Newport said this to Dr. Scott Barry Kaufman on Kaufman's *The Psychology Podcast*, Episode 47: "Deep Work," www.acast.com/thepsychologypodcast/dr-cal-newport-on-deep-work.
37 Andrew Sullivan, "I Used to Be a Human Being," *New York* magazine, Sept. 19, 2016 issue.
38 Stefan Sagmeister said this to me in my 2008 interview with him for my book *Glimmer* (New York: Penguin Press, 2009).
39 Matthew B. Crawford, "The Cost of Paying Attention," *New York Times*, Mar. 7, 2015, www.nytimes.com/2015/03/08/opinion/sunday/the-cost-of-paying-attention.html.
40 Cal Newport said this to Dr. Scott Barry Kaufman on Kaufman's *The Psychology Podcast*, Episode 47: "Deep Work," www.acast.com/thepsychologypodcast/dr-cal-newport-on-deep-work.
41 Khe Hy shared these tips with me during my May 2017 interview with him.
42 Clive Thompson, "How Being Bored Out of Your Mind Makes You More Creative," *Wired*, Jan. 25, 2017, www.wired.com/2017/01/clive-thompson-7.
43 Ibid.
44 Paul Graham in a July 2009 post on his blog: "Maker's Schedule, Manager's Schedule," www.paulgraham.com/makersschedule.html,Jul. 2009.
45 Dan Ariely, "Forget Work-Life Balance. The Question is Rest Versus Effort," Big Think, www.bigthink.com/in-their-own-words/forget-work-life-balance-the-question-is-rest-versus-effort.
46 From Todd Henry's interview with Ron Friedman during the 2017 Peak Work Performance Summit. www.thepeakworkperformancesummit.com/.
47 from Pink's 2009 book *Drive*; also discussed in his new book, *When: Scientific Secrets of Perfect Timing* (New York: Riverhead Books, 2018).
48 Paul Thagard, "Daily Routines of Creative People," *Psychology Today*, Apr. 27, 2017, www.psychologytoday.com/blog/hot-thought/201704/daily-routines-creative-people; analysis of Mason Currey's book *Daily Rituals: How Artists Work* (New York: Knopf, 2013).
49 Dorothea Brande, *Becoming a Writer*. This book was originally published in 1934, and has been subsequently republished by TarcherPerigee in 1981, and by other publishers.
50 Jessie Van Amburg, "Elizabeth Gilbert Never Imagined Being a Childless Adult," *Time*, Nov. 25, 2016.
51 From my interview with Kaufman in July 2017.
52 KH Kim, *The Creativity Challenge: How We Can Recapture American Innovation*.
53 Marc Myers, *Anatomy of a Song: The Oral History of 45 Iconic Hits That Changed Rock, R&B and Pop* (New York: Grove Press, 2016).
54 Scott Adams, "Creativity Hack," Aug. 18, 2014, www.blog.dilbert.com/2014/08/18/creativity-hack.
55 Hugh Hart, "7 Pieces of 'Damn Good' Creative Advice From '60s Ad Man George Lois," *Fast Company*, Mar. 22, 2012, www.fastcompany.com/1680316/7-pieces-of-

damn-good-creative-advice-from-60s-ad-man-george-lois.

56 William Deresiewicz, "Solitude and Leadership" lecture at West Point, NY, Mar. 1, 2010.

57 Ann Patchett's quotes about "killing the butterfly" are from her essay "The Getaway Car: A Practical Memoir About Writing and Life," which appears in the book *This is the Story of a Happy Marriage* (New York: Harper, 2013).

58 Scott Belsky, *Making Ideas Happen: Overcoming the Obstacles between Vision and Reality* (New York: Portfolio, 2010).

59 From Phyllis Korkki's interview with Chris Baty in her book *The Big Thing: How to Complete Your Creative Project Even if You're a Lazy, Self-Doubting Procrastinator Like Me* (New York: HarperCollins, 2016).

60 From my 2008 series of interviews with Bruce Mau for the book *Glimmer*.

61 Scott Sonenshein, "How to Create More from What You Already Have," *Time*, Feb. 27-Mar. 6, 2017.

62 From my 2008 series of interviews with Bruce Mau for the book *Glimmer*.

63 William Grimes, *New York Times* obituary of novelist and critic William McPherson, Mar. 29, 2017.

64 Stephen Watt, "Questions for Robert Burton," *Rotman Magazine*, Winter 2010.

65 From my 2012 interview with Tom Monahan for *A More Beautiful Question*.

66 From my interview with Grant in Sept. 2017.

67 I interviewed Clow many times during the late 1990s and early 2000s in my reporting for *Advertising Age*, *Wired*, and other publications.

68 Seth Godin, "Fear of Shipping," *Seth's Blog*, June 11, 2010, sethgodin.typepad.com/seths_blog/2010/06/fear-of-shipping.html.

69 Dean Keith Simonton quoted by Robert I. Sutton, "Forgive and Remember: How a Good Boss Responds to Mistakes," *Harvard Business Review*, Aug. 19, 2010, www.hbr.org/2010/08/forgive-and-remember-how-a-goo.

70 From Mark Zuckerberg's 2012 letter to investors, "The Hacker Way," published in *Wired*, Feb. 1, 2012, www.wired.com/2012/02/zuck-letter.

71 Guy Kawasaki, *The Art of the Start: The Time-Tested, Battle-Hardened Guide for Anyone* (New York: Portfolio, 2004).

72 Douglas Stone and Sheila Heen, *Thanks for the Feedback: The Science and Art of Receiving Feedback Well* (New York: Viking, 2014).

73 From my interview with Kwame Dawes, Oct. 2017.

74 Mike Birbiglia, "6 Tips for Making It Small in Hollywood," *New York Times*, Sept. 4, 2016.

75 Laurel Snyder, "When to Listen to Other Readers … and When to Ignore Them," *The NaNoWriMo Blog*, Jan. 13, 2014, http://blog.nanowrimo.org/post/73214585258/when-to-listen-to-your-readers-and-when-to.

76 Mike Birbiglia, "6 Tips for Making It Small in Hollywood."

77 Ed Catmull, *Creativity, Inc.: Overcoming the Unseen Forces That Stand in the Way of True Inspiration* (New York: Random House, 2014).

78 From a YouTube video, "George Carlin Dropping Words of Wisdom," posted Aug. 20, 2013, www.youtube.com/watch?v=0WmTt0ynTdQ.

79 Kelly Carlin said this in my Nov. 2016 interview with her.
80 From my Sept. 2017 interview with David Burkus.
81 From Gilbert's talk on Oprah Winfrey's SuperSoul Conversations, Oct. 17, 2015. www.oprah.com/ownsupersoulsessions/elizabeth-gilbert-the-curiosity-driven-life-video.
82 Ian Leslie, *Curious: The Desire to Know and Why Your Future Depends on It* (New York: Basic Books, 2014).
83 Quote from Bono, the lead singer of the band U2, in the documentary *From the Sky Down*, directed by Davis Guggenheim and broadcast on Showtime Oct. 2011.
84 Jon Friedman, "Bob Dylan's Relentless Reinvention," *Boston Globe*, May 23, 2016.
85 Todd Haynes, director of the 2007 film *I'm Not There*, which was about Dylan, said this, and it has been widely quoted, including here: www.moma.org/calendar/events/1485.
86 Robert Minto, "What Happens When a Science Fiction Genius Starts Blogging?," *New Republic*, Sept. 7, 2017.
87 This question was shared by Tim Ogilvie during my 2013 interview with him for *A More Beautiful Question*.

제3부

1 Interview with Arthur Aron, Oct. 2017. Additional information from: Yasmin Anwar, "Creating Love in the Lab: The 36 Questions That Spark Intimacy," *Berkeley News*, Feb. 12, 2015, www.news.berkeley.edu/2015/02/12/love-in-the-lab; Elaine N. Aron, "36 Questions for Intimacy, Back Story," *Psychology Today*, Jan. 14, 2015, www.psychologytoday.com/blog/attending-the-undervalued-self/201501/36-questions-intimacy-back-story.
2 Mandy Len Catron, Modern Love, "To Fall in Love with Anyone, Do This," *New York Times*, Jan. 11, 2015, www.nytimes.com/2015/01/11/fashion/modern-love-to-fall-in-love-with-anyone-do-this.html.
3 From my interview with Robin Dreeke, Dec. 2017. Unless otherwise indicated, all quotes from Dreeke in this chapter are from this interview.
4 Paul L. Harris, *Trusting What You're Told: How Children Learn from Others* (Boston: Belknap Press, 2012). Studies also cited in the article "Mothers Asked Nearly 300 Questions a Day, Study Finds," *Telegraph*, March 28, 2013.
5 Tara Parker-Pope, "What Are Friends For? A Longer Life," *New York Times*, Apr. 21, 2009.
6 Scott Stossel, "What Makes Us Happy, Revisited," *Atlantic*, May 2013.
7 E. M. Forster, *Howards End*, originally pub lished in 1910 by Edward Arnold (London).
8 Emily Esfahani Smith, "Psychology Shows It's a Big Mistake to Base Our Self-Worth on Our Professional Achievements," Quartz, May 24, 2017, www.qz.com/990163/Psychology-shows-its-a-big-mistake-to-base-our-self-worth-on-our-professional-achievements. These themes are also covered in Emily Esfanani Smith's *The Power of Meaning: Finding Fulfillment in a World Obsessed with Happiness* (New York: Crown, 2017).

9 Sarah Landrum, "Millennials Are Happiest When They Feel Connected to Their Co-Workers," *Forbes*, Jan. 19, 2018, www.forbes.com/sites/sarahlandrum/2018/01/19/millennials-are-happiest-when-they-feel-connected-to-their-co-workers.

10 Tony DuShane, "Chris Colin, Rob Baedeker Are the Kings of Conversation," SFGate, Mar. 16, 2014, www.sfgate.com/books/article/Chris-Colin-Rob-Baedeker-are-the-kings-of-5351986.ph p. All quotes from Colin and Baedeker are from this article and the article "27 Questions to Ask Instead of What Do You Do?" by Courtney Seiter, Buffer Open, Nov. 30, 2015, www.open.buffer.com/27-question-to-ask-instead-of-what-do-you-do.

11 Chris Colin and Rob Baedeker, *What to Talk About: On a Plane, at a Cocktail Party, in a Tiny Elevator with Your Boss's Boss* (San Francisco: Chronicle Books, 2014).

12 Tim Boomer, "Dating in the Deep End," Modern Love, *New York Times*, Jan. 17, 2016.

13 Eleanor Stanford, "13 Questions to Ask Before Getting Married," *New York Times*, Mar. 24, 2016.

14 Mandy Len Catron, "To Stay in Love, Sign on the Dotted Line," Modern Love, *New York Times*, Jun. 25, 2017.

15 The six questions in the box were selected from a longer list compiled by Sara Goldstein, "21 Questions to Ask Your Spouse Instead of "How Was Your Day?," Mother.ly, Mar. 16, 2016, www.mother.ly/parenting/21-questions-to-ask-your-spouse-instead-of-how-was-your-day-after-work.

16 Adam Bryant, "Deborah Harmon, on Playing to Your Team's Strengths," Corner Office, *New York Times*, Nov. 1, 2014.

17 From an Oct. 2017 Quiet Revolution interview, "'The Power of Moments': An Interview with Chip and Dan Heath," www.quietrev.com/power-moments-interview-chip-dan-heath.

18 "Save Your Relationships: Ask the Right Questions," Momastery, Jan. 16, 2014, www.momastery.com/blog/2014/01/16/save-relationships-ask-right-questions. Unless otherwise indicated, all quotes in this chapter from Doyle are from this article.

19 From my 2017 interviews with Frank Sesno, and this is covered in his book, *Ask More: The Power of Questions to Open Doors, Uncover Solutions, and Spark Change* (New York: AMACOM, Jan. 10, 2017).

20 Nick Morgan, "How to Use Improv to Make Your Work Day Better: Interview with Cathy Salit," Public Words, Jul. 28, 2016, www.publicwords.com/2016/07/28/use-improv-make-work-day-better.

21 Alison Davis, "Dramatically Improve Your Listening Skills in 5 Simple Steps," *Inc.*, Jul. 27, 2016, www.inc.com/alison-davis/dramatically-improve-your-listening-skills-in-5-simple-steps.html.

22 Judith Humphrey, "There Are Actually 3 Kinds of Listening-Here's How to Master Them," *Fast Company*, Aug. 16, 2016, www.fastcompany.com/3062860/there-are-actually-3-kinds-of-listening-heres-how-to-master-them.

23 Dianne Schilling, "10 Steps to Effective Listening," *Forbes*, Nov. 8, 2012, www.forbes.com/sites/womensmedia/2012/11/09/10-steps-to-effective-listening/#1731bd7a3891.

24 Eric Barker, "How to Get People to Like You: 7 Ways from an FBI Behavior Expert,"

Barking Up the Wrong Tree interview with Robin Dreeke, Oct. 26, 2014, www.bakadesuyo.com/2014/10/how-to-get-people-to-like-you.
25 Ronald Siegel, "Wisdom in Psychotherapy," *Psychotherapy Networker*, Mar.–Apr. 2013.
26 Michael J. Socolow, "How to Prevent Smart People from Spreading Dumb Ideas," *New York Times*, Mar. 22, 2018.
27 Heleo editors in conversation with Celeste Headlee and Panio Gianopoulous, "Conversation Is a Skill. Here's How to Be Better at It," Heleo, Oct. 2, 2017, www.heleo.com/conversation-conversation-is-a-skill-heres-how-to-be-better-at-it/16595.
28 Mark Goulston, *Just Listen: Discover the Secret to Getting Through to Absolutely Anyone* (New York: AMACOM, 2010). Unless otherwise indicated, all quotes in this chapter from Goulston are from this book.
29 "Influence Anyone with Secret Lessons Learned from the World's Top Hostage Negotiators with Former FBI Negotiator Chris Voss," *The Science of Success* podcast, Oct. 20, 2016, www.podcast.scienceofsuccess.co/e/influence-anyone-with-secret-lessons-learned-from-the-world%E2%80%99s-top-hostage-negotiators-with-former-fbi-negotiator-chris-voss.
30 From my interview with Michael Bungay Stanier, Oct. 2017, and also appearing in his book *The Coaching Habit: Say Less, Ask More & Change the Way You Lead Forever* (Toronto: Box of Crayons Press, 2016).
31 Nick Morgan, "How to Use Improv to Make Your Work Day Better: Interview with Cathy Salit."
32 Susan Cain, "7 Ways to Use the Power of Powerless Communication," Quiet Revolution, Apr. 2015, www.quietrev.com/7-ways-to-use-powerless-communication.
33 From my interview with Michael Bungay Stanier, Oct. 2017.
34 Hal Mayer, "Can You Actually Help People by Just Asking Them Questions?" Leading with Questions, Apr. 27, 2017, www.leadingwithquestions.com/leadership/can-you-actually-help-people-by-just-asking-them-questions-2.
35 Martha Beck, "The 3 Questions You Need to Ask Yourself Before Criticizing Someone," Oprah.com, Oct. 5, 2017, www.oprah.com/inspiration/martha-beck-how-to-stop-criticizing-everyone.
36 From my interview with David Cooperrider for my *Harvard Business Review* article "The 5 Questions Leaders Should Never Ask," Jul. 2, 2014, www.hbr.org/2014/07/5-common-questions-leaders-should-never-ask.
37 "Another Round with SWEAT: In Conversation with Lynn Nottage and Kate Whoriskey, posted on YouTube by Sweat Broadway, Mar. 22, 2017, www.youtube.com/watch?v=nfGaZuCE6TY.
38 Liz Spayd, "New Voices, but Will They Be Heard?," Public Editor, *New York Times*, Apr. 23, 2017.
39 Michael Schulman, "The First Theatrical Landmark of the Trump Era," *New Yorker*, Mar. 27, 2017.
40 Ibid.

41 Liz Spayd, "New Voices, but Will They Be Heard?"

42 Alexis Soloski, "Breaking 'Sweat': How a Blue-Collar Drama Crossed Over to the Great White Way," *Village Voice*, Apr. 5, 2017.

43 Elizabeth Kolbert, "Why Facts Don't Change Our Minds," *New Yorker*, Feb. 27, 2017.

44 Ian Leslie, *Curious: The Desire to Know and Why Your Future Depends On It* (New York: Basic Books, 2014).

45 From Terry Gross's interview with Tom Perotta on NPR's *Fresh Air* radio program, Jul. 31, 2017.

46 From my 2017 interview conducted with Edward D. Hess, author of multiple books on innovation and a professor of business administration at University of Virginia's Darden School of Business.

47 From my 2017 interview with Hansen.

48 Sean Illing, "Why We Pretend to Know Things, Explained by a Cognitive Scientist," Nov. 3, 2017, Vox, www.vox.com/conversations/2017/3/2/14750464/truth-facts-psychology-donald-trump-knowledge-science.

49 Kenneth Primrose interview of Iain McGilchrist on *The Examined Life* (blog), Dec. 2016, www.examined-life.com/interviews/iain-mcgilchrist.

50 Elizabeth Kolbert, "Why Facts Don't Change Our Minds."

51 Jay Heinrichs, "How to Talk to Someone You Hate," Vice's *Tonic* blog, Nov. 8, 2017, www.tonic.vice.com/en_us/article/gqymzx/how-to-talk-to-someone-you-hate.

52 Krista Tippett, *Becoming Wise: An Inquiry into the Mystery and Art of Living* (New York: Penguin Press, 2016). The questions were shared with Tippett by Frances Kissling, retired head of Catholics for Choice.

53 This "motivational interviewing" technique is described by Yale professor Michael V. Pantalon in his book *Instant Influence* (New York: Little, Brown and Company, 2011). Hat tip to Adam Grant for calling this to my attention.

54 "Hey Bill Nye! How Do You Reason with a Science Skeptic?," *Big Think*, April 4, 2017, www.bigthink.com/videos/hey-bill-nye-how-do-you-reason-with-a-science-skeptic.

55 Carl Sagan in his 1996 book *The Demon-Haunted World: Science as a Candle in the Dark*, and as quoted by Maria Popova in "Carl Sagan on Moving Beyond Us vs. Them, Bridging Conviction with Compassion, and Meeting Ignorance with Kindness," on her *Brain Pickings* blog, Nov. 9, 2016, www.brainpickings.org/2016/11/09/carl-sagan-demon-haunted-world-ignorance-compassion.

56 Matthew Fray, from a Jan. 14, 2016 post on his blog, *Must Be This Tall to Ride*, www.mustbethistalltoride.com/2016/01/14/she-divorced-me-because-i-left-dishes-by-the-sink. The background info is from an Aug. 2017 interview I conducted with Fray.

57 These and other Matthew Fray quotes are from an Aug. 2017 interview I conducted with Fray.

58 Emily Esfahani Smith citing psychologist John Gottman in "The Secret to Love Is Just Kindness," *Atlantic*, June 2014.

59 The five questions in the box were selected from a longer list compiled by Kaitlyn Wylde, "20 Things to Ask Your Best Friend to Make Your Relationship Even

Stronger," Bustle, Oct. 26, 2015, www.bustle.com/articles/119084-20-things-to-ask-your-best-friend-to-make-your-relationship-even-stronger.

60 Jeremy McCarthy, "The 3 Magic Words That Create Great Conversations," HuffPost, Dec. 12, 2013, www.huffingtonpost.com/jeremy-mccarthy/conscious-relationships_b_4414955.html.

61 Eric V. Copage, "Questions to Ask Before Getting a Divorce," Vows, *New York Times*, May 28, 2017.

62 Ibid, quoting Rev. Kevin Wright, minister of Riverside Church in New York.

63 Michael Hyatt, "Ten Difficult, But Really Important Words," an Aug. 4, 2017 post of Hyatt's blog, www.michaelhyatt.com/Ten-Difficult-But-Really-Important-Words.

64 From my 2017 interview with Brown University cognitive scientist Steven Sloman, coauthor with Philip Fernbach of *The Knowledge Illusion: Why We Never Think Alone* (New York: Riverhead Books, 2017).

65 Oprah Winfrey, "What Oprah Knows for Sure about Letting Go," Oprah.com, Jul. 11, 2017, www.oprah.com/inspiration/what-oprah-knows-for-sure-about-letting-go.

66 Wanda Wallace, "Questions Employees Should Ask Their Managers," Jan. 5, 2017, in a guest post on *Leading with Questions*, www.leadingwithquestions.com/personal-growth/questions-great-employees-should-ask-their-leaders.

67 From my Aug. 2017 interview with Katherine Crowley of K Squared Enterprises in New York.

68 Lydia Dishman, "This Is Why We Default to Criticism (and How to Change)," *Fast Company*, Nov. 3, 2017, www.fastcompany.com/40487947/this-is-why-we-default-to-criticism-and-how-to-change.

69 Mark C. Crowley, "Gallup's Workplace Jedi on How to Fix Our Employee Engagement Problem," *Fast Company*, Jun. 4, 2013, www.fastcompany.com/3011032/gallups-workplace-jedi-on-how-to-fix-our-employee-engagement-problem.

70 Ibid.

71 Adam Grant in "The Power of Powerless Communication," a May 2013 TedxEast talk, www.youtube.com/watch?v=n_ffqEA8X5g.

72 Ibid.

73 Daniel Pink, "How to Persuade Others with the Right Questions," Big Think, May 21, 2014, www.youtube.com/watch?v=WAL7Pz1i1jU. Ideas derived from Pink's book *To Sell is Human: The Surprising Truth about Moving Others* (New York: Riverhead Books, 2012).

74 Drucker's belief in the power of questions was described to me by Drucker Institute executive director Rick Wartzman in our 2013 conversations, as well as in Wartzman's article "How to Consult Like Peter Drucker," *Forbes*, Sept. 11, 2012.

제4부

1 Posted on Brandon Stanton's *Humans of New York* Facebook page, Jan. 19, 2015, www.facebook.com/humansofnewyork/photos/a.102107073196735.4429.102099916530784/865948056812629.

2 Footage of Nadia Lopez in action at the school from "Why Principals Matter,"

Atlantic, Feb. 26, www.theatlantic.com/video/index/385925/why-principals-matter.
3 From my Jan. 2018 interview with Nadia Lopez.
4 Lisa Kay Solomon, "How the Most Successful Leaders Will Thrive in an Exponential World," SingularityHub, Jan. 11, 2017, www.singularityhub.com/2017/01/11/how-the-most-successful-leaders-will-thrive-in-an-exponential-world.
5 From my interview with Angie Morgan of Lead Star, Oct. 2017. Morgan also discusses this concept in her book *Spark: How to Lead Yourself and Others to Greater Success* by Angie Morgan, Courtney Lynch, and Sean Lynch (New York: Houghton Mifflin Harcourt, 2017).
6 David B. Peterson, "The Paradox of Leadership: Navigating the New Realities," speech from World Business Executive Coach Summit 2017, June 15, 2017, www.wbecs.com/wbecs2017/presenter/david-peterson.
7 Shiza Shahid, World Economic Forum, "Crisis in Leadership Underscores Global Challenges," Nov. 10, 2014, https://www.weforum.org/press/2014/11/crisis-in-leadership-underscores-global-challenges/.
8 Deborah Ancona and Elaine Backman, "Distributed Leadership: From Pyramids to Networks: The Changing Leadership Landscape," MIT whitepaper, Oct. 2017, https://mitsloan-php.s3.amazonaws.com/leadership_wp/wp-content/uploads/2015/06/Distributed-Leadership-Going-from-Pyramids-to-Networks.pdf.
9 From my interview with Douglas Conant in Jan. 2018. The concept of "inside out" leadership is also featured in Conant's essay "Leaders, You Can (And Must) Do Better. Here's How" on LinkedIn, (www.linkedin.com/pulse/leaders-you-can-must-do-better-heres-how-douglas-conant), and in Conant's book *TouchPoints: Creating Powerful Leadership Connections in the Smallest of Moments*, coauthored with Mette Norgaard (New York: Jossey-Bass, 2011). Unless otherwise indicated, quotes from Conant in this chapter are from the interview cited above.
10 William Deresiewicz, "Solitude and Leadership," *The American Scholar*, Mar. 1, 2010.
11 Douglas Conant, "Leaders, You Can (And Must) Do Better. Here's How," on LinkedIn.
12 Susan Cain, "Followers Wanted," *New York Times*, Mar. 26, 2017.
13 Scott Spreier, Mary H. Fontaine, and Ruth Malloy, "Leadership Run Amok: The Destructive Potential of Overachievers," *Harvard Business Review*, June 2006.
14 Robert K. Greenleaf, "The Servant as Leader," an essay first published in 1970, now available on from the Robert K. Greenleaf Center for Servant Leadership (www.greenleaf.org/products-page/the-servant-as-leader).
15 Tomas Chamorro-Premuzic, "Why Do So Many Incompetent Men Become Leaders?," *Harvard Business Review*, Aug. 22, 2013, www.hbr.org/2013/08/why-do-so-many-incompetent-men.
16 Jonathan Mackey and Sharon Toye, "How Leaders Can Stop Executive Hubris," *Strategy+Business*, Spring 2018/Issue 90.
17 Adam Bryant, "Brian Chesky: Scratching the Itch to Create," Corner Office, *New York Times*, Oct. 12, 2014.
18 Roselinde Torres's TED Talk, "What It Takes to Be a Great Leader," Feb. 2014, www.

ted.com/talks/roselinde_torres_ what_it_takes_to_be_a_great_leader.

19 Taken from the 2015 CEO survey by PwC, "Responding to Disruption." Published Jan. 2016, www.pwc.com/gx/en/ceo-survey/2015/assets/pwc-18th-annual-global-ceo-survey-jan-2015.pdf. Also discussed in Will Yakowicz, "This Is the Most Valuable Leadership Trait You Can Have," *Inc.*, Sept. 15, 2015, www.inc.com/will-yakowicz/why-leaders-need-to-be-curious.html.

20 John Marshall, "Why Relentless Curiosity Is a Must for CEOs," *TNW*, Jul. 29, 2017, www.thenextweb.com/contributors/2017/07/29/relentless-curiosity-must-ceos.

21 Roselinde Torres's TED Talk, "What It Takes to Be a Great Leader," Feb. 2014, www.ted.com/talks/roselinde_torres_what_it_takes_to_be_a_great_leader.

22 David B. Peterson, "The Paradox of Leadership: Navigating the New Realities," speech from World Business Executive Coach Summit 2017, June 15, 2017, www.wbecs.com/wbecs2017/presenter/david-peterson. Peterson refers to the following Deloitte study on diversity: Juliet Bourke, Stacia Garr, Ardie van Berkel and Jungle Wong, "Diversity and Inclusion: The Reality Gap," Deloitte Insights, Feb. 28, 2017, www2.deloitte.com/insights/us/en/focus/human-capital-trends/2017/diversity-and-inclusion-at-the-workplace.html.

23 Erica Anderson, "23 Quotes from Warren Buffett on Life and Generosity," *Forbes*, Dec. 2, 2013, www.forbes.com/sites/erikaandersen/2013/12/02/23-quotes-from-warren-buffett-on-life-and-generosity. Charlie Munger's comments about Buffett's "haircut day" are from Munger's speech at the 2016 Daily Journal annual meeting, captured by Shane Parrish, "Charlie Munger Holds Court at the 2016 Daily Journal Meeting," posted on *Medium*, Feb. 14, 2016, www.medium.com/@farnamstreet/charlie-munger-holds-court-at-the-2016-daily-journal-meeting-542e04784c5e.

24 Roselinde Torres, Marin Reeves, Peter Tollman, and Christian Veith, "The Rewards of CEO Reflection," BCG blog, June 29, 2017, www.bcg.com/en-us/publications/2017/leadership-talent-people-organization-rewards-ceo-reflection.aspx.

25 Ray Dalio, *Principles: Life and Work* (New York: Simon & Schuster, 2017).

26 Angie Morgan, Courtney Lynch, and Sean Lynch, *Spark: How to Lead Yourself and Others to Greater Success* (New York: Houghton Mifflin Harcourt, 2017). The "Galatea effect," as described by Morgan, is defined here: www.psychologyconcepts.com/galatea-effect/.

27 Shared with me during a 2013 interview I conducted with Doug Rauch for *A More Beautiful Question*.

28 William C. Taylor, "Simply Brilliant: 8 Questions to Help You Do Ordinary Things in Extraordinary Ways," *ChangeThis*, Issue 145, www.changethis.com/manifesto/show/145.01.SimplyBrilliant. Taylor also explores these themes in his book *Simply Brilliant: How Great Organizations Do Ordinary Things in Extraordinary Ways* (New York: Portfolio, 2016).

29 David Gelles and Claire Cain Miller, "Business Schools Now Teaching #MeToo, N.F.L. Protests, and Trump," *New York Times*, Dec. 25, 2017.

30 From my 2013 interview with business consultant Tim Ogilvie for *A More Beautiful Question*.

31 Greg McKeown's question from "Essentialism," Talks at Google, Apr. 29, 2014, www.youtube.com/watch?v=sQKrt1-lDaE. He also covers this theme in his book *Essentialism: The Disciplined Pursuit of Less* (New York: Crown Business, 2014).

32 From Greg McKeown's book *Essentialism*.

33 Walter Isaacson, "The Real Leadership Lessons of Steve Jobs," *Harvard Business Review*, April 2012.

34 From the interview I conducted with executive coach Michael Bungay Stanier, Sept. 2017.

35 The concept, sometimes referred to as "purposeful abandonment," is described in Leigh Buchanan, "The Wisdom of Peter Drucker from A to Z," *Inc.*, Nov. 19, 2009. www.inc.com/articles/2009/11/drucker.html.

36 Lisa Bodell for futurethink, "Killer QuickWin: Kill a Stupid Rule," Mar. 9, 2012, www.youtube.com/watch?v=eqN3AYjkxRQ.

37 From my interview with James E. Ryan Oct. 2017. Ryan's five questions are featured in his book *Wait, What? And Life's Other Essential Questions* (New York: HarperOne, 2017).

38 Dan Schawbel, "Gary Keller: How to Find Your One Thing," *Forbes*, May 23, 2013. Also see Gary Keller's book, coauthored with Jay Papasan, *The ONE Thing: The Surprisingly Simple Truth Behind Extraordinary Results* (Austin: Bard Press, 2013).

39 Warren Bennis, *On Becoming a Leader* (New York: Basic Books, 2009; originally published in 1989).

40 Adam Bryant, "Surfing the Three Waves of Innovation," Corner Office, *New York Times*, Oct. 8, 2017.

41 From multiple interviews I conducted with business consultant Don Derosby in the fall of 2017.

42 Leigh Buchanan, "100 Great Questions Every Entrepreneur Should Ask," *Inc.*, April 2014.

43 Ibid.

44 Ibid.

45 Molly Larkin, "What Is the 7th Generation Principle and Why Do You Need to Know About It?," from her blog, May 15, 2013, www.mollylarkin.com/what-is-the-7th-generation-principle-and-why-do-you-need-to-know-about-it-3.

46 Rodger Dean Duncan, "How Campbell's Soup's Former CEO Turned the Company Around," *Fast Company* Sept. 18, 2014, www.fastcompany.com/3035830/how-campbells-soups-former-ceo-turned-the-company-around.

47 Art Kleiner, "The Thought Leader Interview: Douglas Conant," *Strategy+Business*, Autumn 2012/Issue 68.

48 Ibid.

49 Mark C. Crowley, "Gallup's Workplace Jedi on How to Fix Our Employee Engagement Problem," *Fast Company*, June 4, 2013, www.fastcompany.com/3011032/gallups-workplace-jedi-on-how-to-fix-our-employee-engagement-problem.

50 Tim Kuppler, "Leadership, Humble Inquiry & the State of Culture Work-E dgar Schein," Mar. 10, 2014, CultureUniversity.com, www.cultureuniversity.com/

leadership-humble-inquire-the-state-of-culture-work-edgar-schein.
51 Jack and Suzy Welch, "The One Question Every Boss Should Ask," LinkedIn, Dec. 2, 2014, www.linkedin.com/pulse/20141202054906-86541065-the-one-question-every-boss-should-ask.
52 David L. Cooperrider and Diana Whitney, *Appreciative Inquiry: A Positive Revolution in Change* (Oakland: Berrett-Kohler, 2005).
53 Nathaniel Greene, "Misguided Questions Kill Businesses," *Leadership Freak* (blog), Apr. 5, 2017, www.leadershipfreak.blog/2017/04/05/misguided-questions-kill-businesses.
54 Teresa Amabile, "The Progress Principle," TEDxAtlanta Talk, Oct. 12, 2011, www.youtube.com/watch?v=XD6N8bsjOEE.
55 John Barrett, "The Can't, Won't, Don't Question…," *John Barrett Leadership* (blog), Nov. 21, 2017, www.johnbarrettleadership.com/the-cant-wont-dont-question.
56 William Arruda, "Coaching Skills Every Leader Needs to Master," *Forbes*, Oct. 17, 2015, www.forbes.com/sites/williamarruda/2015/10/27/coaching-skills-every-leader-needs-to-master.
57 Robert S. Kaplan, "What to Ask the Person in the Mirror," *Harvard Business Review*, Jan. 2007.
58 Michael Bungay Stanier, "The Right Way to Ask a Question," *Toronto Globe and Mail*, Apr. 6, 2016.
59 Socrates says this to the playwright Agathon at a dinner party at the start of Plato's dialogue, the "Symposium." Ronald Gross, *Socrates' Way: Seven Keys to Using Your Mind to the Utmost* (TarcherPerigee, Oct. 2002).
60 Annie Murphy Paul, "This Is the Biggest Reason Talented Young Employees Quit Their Jobs," *Business Insider*, Sept. 18, 2012, www.businessinsider.com/why-young-employees-quit-their-jobs-2012-9.
61 This has been the focus of work by educator Susan Engel and is covered in her article "The Case for Curiosity," *Educational Leadership*, Feb. 2013. Environmental effects on curiosity are also discussed Ian Leslie's book *Curious: The Desire to Know and Why Your Future Depends on It* (New York: Basic Books, 2014).
62 From my Dec. 2017 interview with Ed Hess of the University of Virginia.
63 Adam Bryant, "How to Be a CEO, from a Decade's Worth of Them," Corner Office, *New York Times*, Oct. 27, 2017.
64 Chuck Leddy, "The Seven Principles of Productivity: Author Morten Hansen Explains How to Be Great at Work," National Center for the Middle Market, Jan. 22, 2018, www.middlemarketcenter.org/expert-perspectives/the-7-principles-of-productivity. See also Morten Hansen's book *Great at Work: How Top Performers Do Less, Work Better, and Achieve More* (New York: Simon & Schuster, 2018).
65 Adam Bryant, "Pedro J. Pizarro: A Leader Who Encourages Dissent," Corner Office, *New York Times*, Oct. 27, 2017.
66 Warren Berger, "5 Ways to Help Your Students Become Better Questioners," Edutopia, Aug. 18, 2014, www.edutopia.org/blog/help-students-become-better-questioners-warren-berger.
67 Todd Kashdan, "Companies Value Curiosity, But Stifle It Anyway," *Harvard Business*

Review, Oct. 21, 2015, www.hbr.org/2015/10/companies-value-curiosity-but-stifle-it-anyway.

68 Heather Wolpert-Gawron, "What the Heck is Inquiry-Based Learning?" Edutopia, Aug. 11, 2016, www.edutopia.org/blog/what-heck-inquiry-based-learning-heather-wolpert-gawron.

69 Chuck Leddy, "The Seven Principles of Productivity: Author Morten Hansen Explains How to Be Great at Work," National Center for the Middle Market, Jan. 22, 2018, www.middlemarketcenter.org/expert-perspectives/the-7-principles-of-productivity.

70 From Bezos's "2016 Letter to Shareholders," Apr. 12, 2017, www.amazon.com/p/feature/z608g6sysxur57t.

71 Ian Leslie, *Curious: The Desire to Know and Why Your Future Depends on It* (New York: Basic Books, 2014).

72 Leigh Buchanan, "100 Great Questions Every Entrepreneur Should Ask," *Inc.*, April 2014.

제5부

1 The effectiveness of checklists is explored at length in Atul Gawande's *The Checklist Manifesto: How to Get Things Right* (New York: Henry Holt & Co., 2009).

2 Hal Gregersen of the MIT Leadership Center created an initiative, the 4-24 Project, encouraging 4 minutes a day of questioning. The project's website: www.4-24project.org.

3 Michael Simmons, "Why Successful People Spend 10 Hours a Week on Compound Time," *The Mission* (blog), August 10, 2017, www.medium.com/the-mission/why-successful-people-spend-10-hours-a-week-on-compound-time-79d64d8132a8.

4 For more on how to use rewards to encourage habit changes, see Charles Duhigg, *The Power of Habit: Why We Do What We Do In Life and Business* (New York: Random House, 2012).

5 For more on this technique, visit the Right Question Institute website (www.rightquestion.org) or refer to the book by Dan Rothstein and Luz Santana, *Make Just One Change: Teach Students to Ask Their Own Questions* (Cambridge, MA: Harvard Education Press, 2012).

6 To borrow a phrase from the *Saturday Night Live* character Stuart Smalley, played by Al Franken.

7 Here's just one of a number of articles that makes this point: Nicholas Kristof, "Good News, Despite What You've Heard," *New York Times*, July 1, 2017.

8 The negative-thinking questions were shared by psychologist Judith Beck in my interview with her in 2013 for *A More Beautiful Question*.

9 Psychologist Martin Seligman discusses the importance of reflecting on positive events in an article by Julie Scelfo, "The Happy Factor: Practicing the Art of Well-Being," *New York Times*, April 9, 2017.

10 This is covered at length in *A More Beautiful Question*, but for a shorter explanation of the "Why?," "What If?," and "How?" questioning cycle, see my post "Tackle Any

Problem with These 3 Questions," *Fast Company*'s Co.Design site, May 19, 2014, www.fastcodesign.com/3030708/tackle-any-problem-with-these-3-questions.

11 In this video interview, posted March 22, 2012 on the site ComicBookMovie.com, Grahame-Smith discusses the inspiration for his mashup idea. www.comicbookmovie.com/horror/abraham-lincoln-vampire-hunter-seth-grahame-smith-on-his-inspiration-a56768.

12 James Ryan's quote comes from an article by Christina Nunez, "These 5 Questions Might Boost Your Curiosity-and Make You Happier," *National Geographic*, May 26, 2017, news.nationalgeographic.com/2017/05/wait-what-book-talk-chasing-genius-jim-ryan-commencement-speech.

13 This is an original exercise created for this book by Laura E. Kelly, based on her research of family conversation techniques.

14 From an Oct. 2017 Quiet Revolution interview, "'The Power of Moments': An Interview with Chip and Dan Heath," www.quietrev.com/power-moments-interview-chip-dan-heath.

15 The list of questions is inspired by Hal Mayer, "Can You Actually Help People by Just Asking Them Questions?" Leading with Questions, Apr. 27, 2017, www.leadingwithquestions.com/leadership/can-you-actually-help-people-by-just-asking-them-questions-2.

16 Jason Karaian, "We Got 10 CEOs to Tell Us Their One Killer Interview Question for New Hires," Quartz, Feb. 4, 2016, www.qz.com/608398/be-prepared-we-gotasked-10-ceos-to-tellgive-us-their-killer-interview-questions.

17 Author Bruce Feiler has explored the idea of having a family mission/purpose in his book, *The Secrets of Happy Families: Improve Your Mornings, Rethink Family Dinner, Fight Smarter, Go Out and Play, and Much More* (New York: William Morrow, 2013). In addition, ideas for this passage on family questioning, and several of the questions listed, were drawn from Paul Sullivan, "Keeping the Family Tree Alive," *New York Times*, Dec. 29, 2017.

18 Based on more than 100 studies spanning forty years of research, as reported in, among other sources, Cheyenne MacDonald, "Will You Stick to Your New Year's Resolutions? Psychologists Say Asking Questions Rather than Making Statements Helps People Follow Goals," *The Daily Mail*, Dec. 28, 2015.

19 Quote is from my interview with Tim Brown for my post "The Secret Phrase Top Innovators Use," *Harvard Business Review*, Sept. 17, 2012.

20 From my email interview with physicist Edward Witten in Feb. 2013 for *A More Beautiful Question*. Witten originally said this in an interview for "Physics'Sharpest Mind Since Einstein," CNN, Jul. 5, 2005.

KI신서 9884
최고의 선택을 위한 최고의 질문

1판 1쇄 발행 2021년 9월 13일
1판 3쇄 발행 2023년 1월 3일

지은이 워런 버거
옮긴이 이경남
펴낸이 김영곤
펴낸곳 (주)북이십일 21세기북스

정보개발팀장 장지윤 **정보개발팀** 강문형
표지디자인 말리북 **본문디자인·교정** 제이알컴
해외기획실 최연순
출판마케팅영업본부장 민안기
마케팅1팀 배상현 한경화 김신우 강효원
출판영업팀 최명열 김다운
제작팀 이영민 권경민

출판등록 2000년 5월 6일 제406-2003-061호
주소 (10881) 경기도 파주시 회동길 201(문발동)
대표전화 031-955-2100 **팩스** 031-955-2151 **이메일** book21@book21.co.kr

(주)북이십일 경계를 허무는 콘텐츠 리더

21세기북스 채널에서 도서 정보와 다양한 영상자료, 이벤트를 만나세요!
페이스북 facebook.com/jiinpill21 **포스트** post.naver.com/21c_editors
인스타그램 instagram.com/jiinpill21 **홈페이지** www.book21.com
유튜브 www.youtube.com/book21pub

서울대 **가**지 않아도 들을 수 있는 **명강**의! 〈서가명강〉
유튜브, 네이버, 팟캐스트에서 '**서가명강**'을 검색해보세요!

ISBN 978-89-509-9727-4 03320